（上）1919年參加巴黎和會的顧維鈞。（〈「中國小貓」〉）
（下）巴黎和會會場。（〈「中國小貓」〉）

(右上) 1944年，顧維鈞夫婦在中國駐英使館，與英國瑪莉王太后茶敘時的合影（後立者為顧維鈞三子顧福昌）。(〈沒有不散的「筵席」〉)

(右下)《辛丑和約》條文。(〈上海少年〉)

(左上) 1945年，顧維鈞在聯合國憲章上代表中國首先簽字。(〈前途更漫漫〉)

(左下)《辛丑和約》簽字儀式。左為十一國公使，右為清政府代表奕劻(前)、李鴻章(後)。(〈上海少年〉)

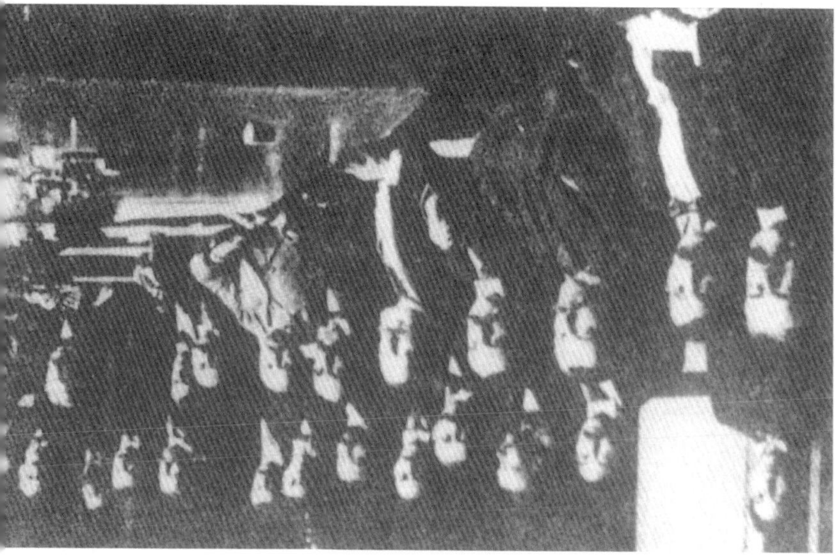

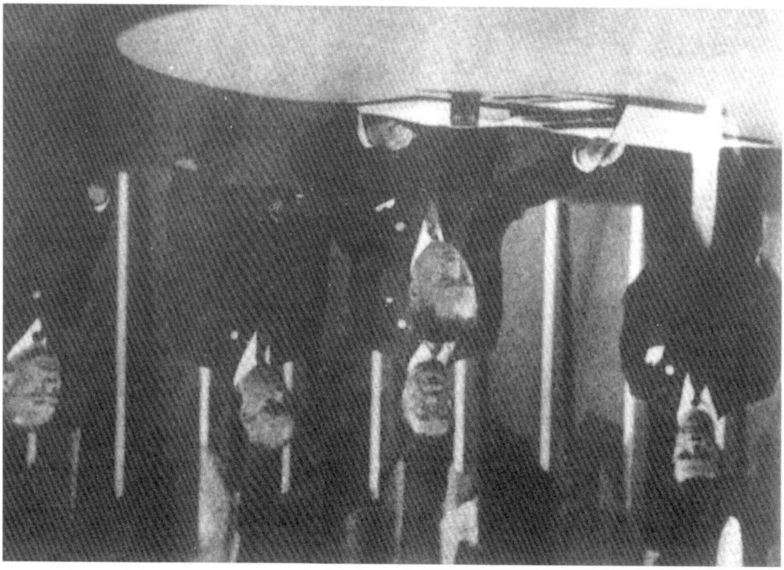

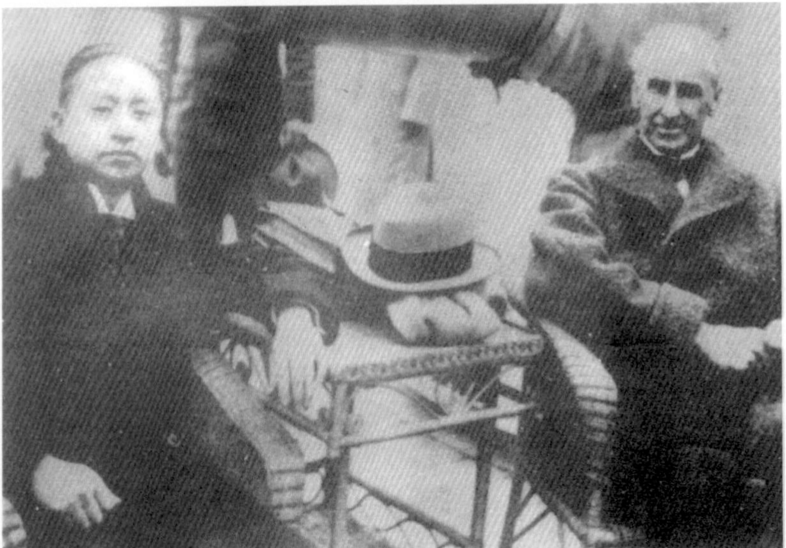

（上）1932年，顧維鈞與張學良攝於北平。（〈「大帥」與「少帥」之間〉）
（下）1932年4月20日，顧維鈞和李頓攝於由秦皇島開往大連的中國戰艦「海圻號」上。
（〈日本人的眼中釘〉）

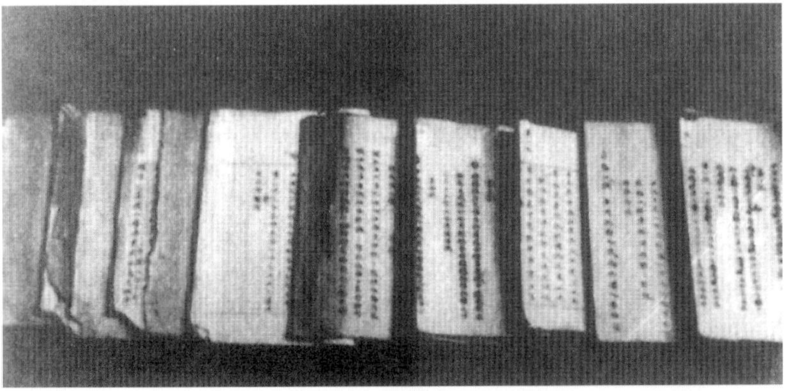

（上）1976年，顧維鈞夫婦將英文回憶錄原稿捐贈哥倫比亞大學時，與哥大校長麥基（左二）和韋慕庭教授（左一）的合影。（〈口述百年滄桑〉）
（下）袁世凱手批的《二十一條》原件書影。（〈雙重秘書〉）

顧維鈞父親顧溶。
（〈好運從何來〉）

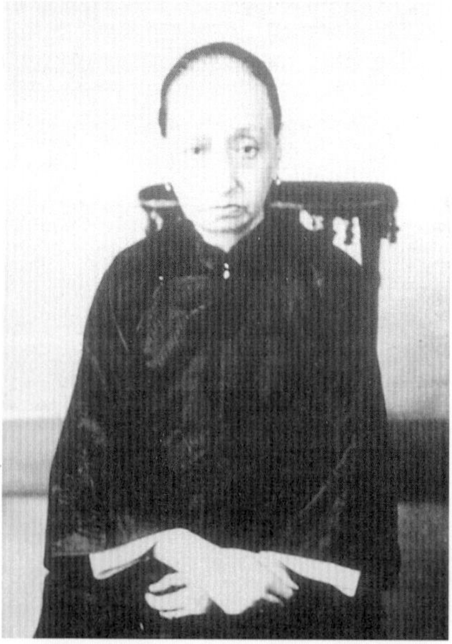

顧維鈞母親蔣福安。
（〈好運從何來〉）

（上）嘉定西門外西下塘街的顧氏宗祠遺址（今嘉定麵粉廠所在地），刻有「顧氏家祠」的石碑。（〈家道離亂中〉）

（下）位於練祁河和橫瀝河交會處的嘉定法華塔。（〈水光塔影〉）

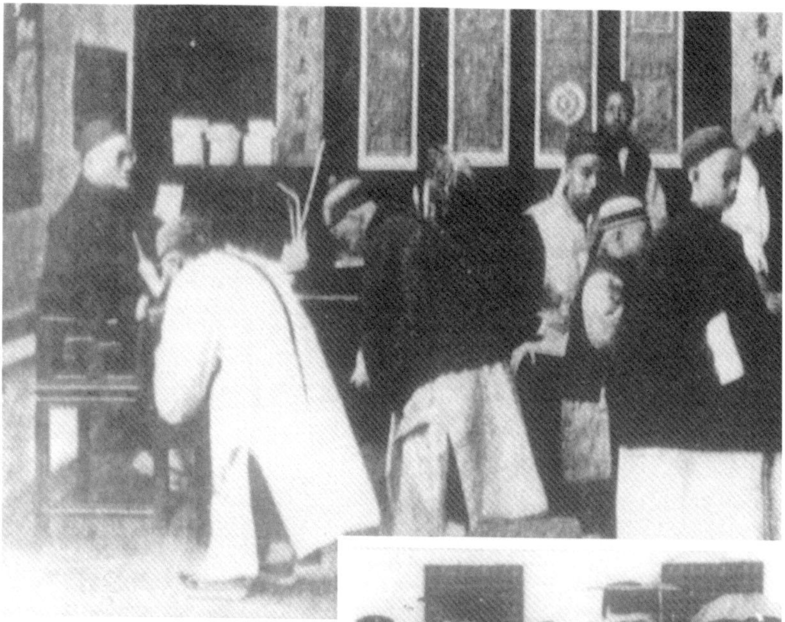

（右上）愛國老人馬相伯。
（〈畢竟父老鄉親〉）
（中上）晚年的章太炎。
（〈畢竟父老鄉親〉）
（上）清末南方的一家私塾學堂。
（〈父子兩代間〉）
（右下）北洋政府總理唐紹儀。
（〈顧唐聯姻〉）
（中下）1888年任聖約翰書院校長的卜舫濟。
（〈上海少年〉）
（左下）顧維鈞和導師穆爾教授。
（〈學士・碩士・博士〉）

（上）一家三口（顧維鈞、唐寶玥和長子顧德昌的合影）。（〈顧唐聯姻〉）
（左上）黃蕙蘭與兒子顧裕昌（右）、顧福昌（左）的合影。（〈兒女心〉）
（右下）糖王千金黃蕙蘭。（〈沒有不散的「筵席」〉）
（左下）1947年，黃蕙蘭與母親魏氏的合影。（〈沒有不散的「筵席」〉）

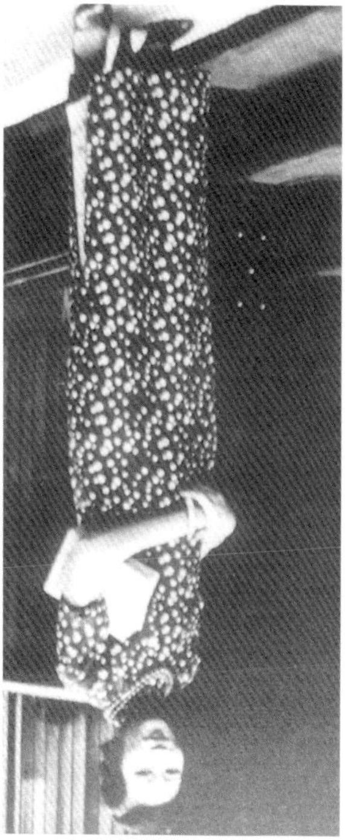

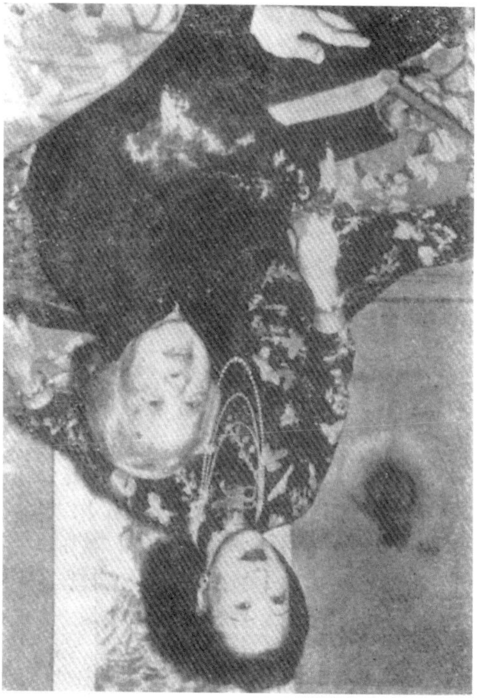

「爪哇糖王」黃仲涵。
（〈沒有不散的「筵席」〉）

黃蕙蘭著《沒有不散的筵席》（中譯本）。
（〈沒有不散的「筵席」〉）

1959年，再婚後的顧維鈞與嚴幼韻攝於紐約。（〈千古夕陽紅〉）

（右上）1983年，顧菊珍與父親顧維鈞攝於紐約街頭。（〈兒女心〉）
（右下）三兄弟（左起顧福昌、顧裕昌、顧德昌）。（〈子不承父業〉）
（左上）顧維鈞去世前不久與紐約的家人合影。（〈兒女心〉）
（左下）大陸中華書局出版的《顧維鈞回憶錄》（中譯本）共13冊及縮編本2冊，回憶錄由美國哥倫比亞大學根據其口述而歷17年完成。（〈口述百年滄桑〉）

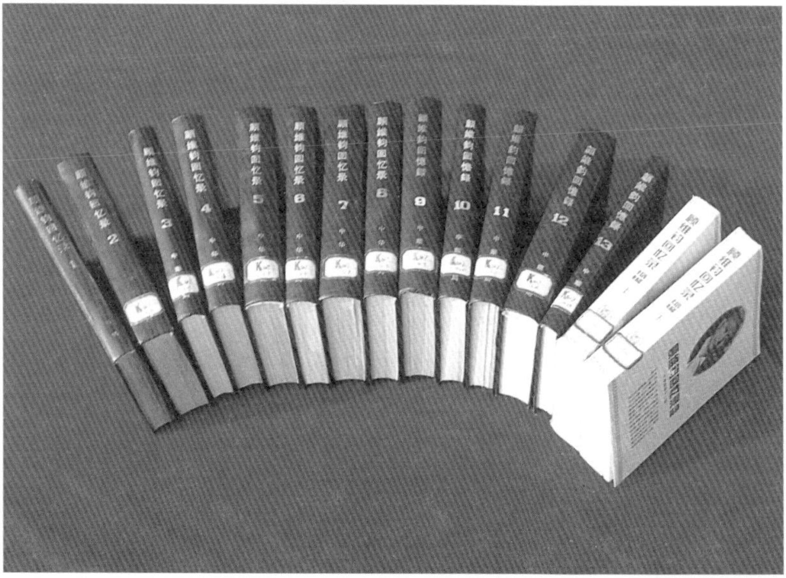

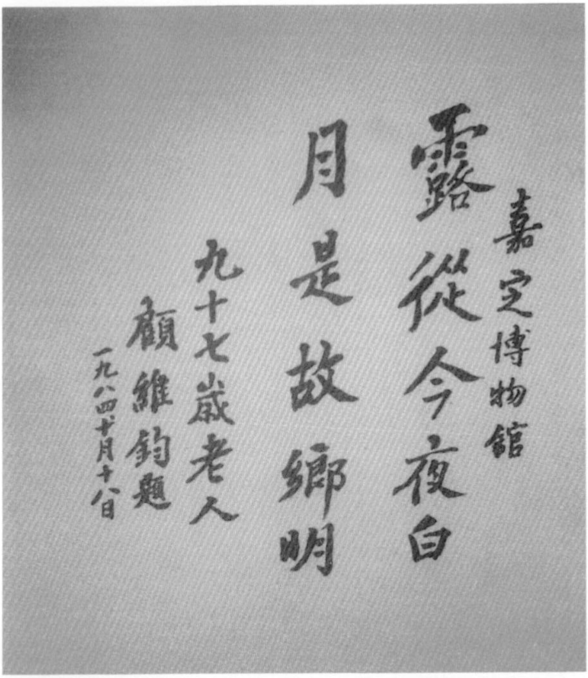

（上）1984年，顧維鈞書贈嘉定博物館的墨跡。
（〈故鄉明月裡〉）

（下）嘉定法華塔下的顧維鈞生平陳列室。
（〈兒女心〉）

•本書部分圖片採自嘉定顧維鈞生平陳列室，以及《顧維鈞回憶錄》、《沒有不散的筵席》、《顧維鈞其人其事》、《顧維鈞傳》、《舊中國大博覽：1900－1949》、《五四圖史》等書刊，謹此致謝。

新世紀叢書

當代重要思潮・人文心靈・宗教
社會文化關懷

百年家族——顧維鈞

沈　潛◎著
李恩涵・林碧炤◎序

無論是整個中華民族，還是顧維鈞個人及其家族，
巴黎和會都是一個新的里程碑。
從中國近代外交史來看，
巴黎和會標識著中國外交開始衝破「始爭終讓」的慣例，
開創了一個敢於抗爭的先例。

中國著名外交家顧維鈞在一九一九年五月巴黎和會，
以其滔滔雄辯之才，力爭山東歸還問題，
堪稱為中國近現代外交史上破天荒之壯舉，聲振中外。
而其終以拒簽和約，令列強刮目相看，
謂「今日之中國，真中國也！」

他是弱勢年代中的強者，
在弱國外交的情勢之下，
發揮了其深謀遠慮的才識與機智，未讓列強壓服。
消息傳回國內，
掀起百年來中國一次重要的五四愛國運動，影響至深且鉅。
當時，他才三十歲。

〈內文摘要〉

顧維鈞對山東問題慷慨激昂的演說，成為整個和會期間中國代表團最重要的發言。既然日本人想瞞天過海，政府又怯而不談，那就乾脆捅它個底朝天，且讓世人公判。經此一辯，山東問題的嚴重性空前大曝光，不僅引起國內外人士的普遍關注，迫使中日兩國不得不公佈有關各項密約，從而贏得各方列強的同情。

當時會中情形是，顧維鈞話音甫落，全場為之動容。日方代表遭人冷落在旁，中國代表則被團團圍住。顧維鈞的雄辯，博得多數與會者的一致讚揚。美、英、法三國巨頭等相繼走上前去，向顧維鈞握手道賀。威爾遜和勞合·喬治並稱顧氏發言是中國觀點的卓越論述。

語驚四座的顧維鈞已無法不讓人刮目相看了。一時之間，顧維鈞成了巴黎的頭號新聞人物，由此聲名鵲起。有關當天的所有會議細節很快地刊載報章，傳遍到世界的各個角落。

顧維鈞豁出去了，中國只能說「不」了！

當天上午的法國凡爾賽宮，和約簽字儀式上為中國指定的兩個代表座位，終於空無一人。

顧維鈞料定，中國此舉，將是一個極其引人注目的先例。始爭終讓，至此不再。毅然決然，雖敗猶勝。

「今日之中國，真中國也！」當中國代表未往簽字的消息爆出，一時間在會場內外爭相傳開。據目擊者稱，嗟歎者有之，錯愕者有之，冷笑者亦有之，大抵法美兩國人士懷驚詫歎服之感為多，英國人則多露輕蔑之色，至於會場內，「威爾遜之笑容，喬治之蠻態均無異於平日，唯克里蒙梭頗有不悅之相，或者此倔強之老翁以彼未能令舉世大政治家對之低頭，且不能壓服一積弱之中國，引為深憾耶？」

——見一四二一一五七頁

所謂「弱國無外交」，但顧維鈞又偏不相信。在他看來，唯其弱，就更需要外交，那麼如何為弱國爭外交？當爭的時候必爭，當讓的時候也必讓。他說：「中國的外交，從巴黎和會以來，我經手的就很多。所犯的毛病，就是大家亂要價錢，不願意吃明虧，結果吃暗虧；不願吃小虧，結果吃大虧……內政的對象是人民，外交的對象是與國。在內政上有時候可以開大價錢，可以開空頭支票。至於外交，就得貨真價實，不能要大價錢，否則就會自討沒趣，自食苦果。」

「我的政策是不要野心過大，第一我們必須保持還在手中的一切東西，然後才能收回我們失去的東西。許多政治家許諾要收回失地，但是當他們在努力收復失地時，卻又繼續失去現有的東西。」

——見二七九—二八〇頁

〈序①〉

顧維鈞與中國近現代外交

前中研院近史所研究員
李恩涵

顧維鈞（一八八八－一九八五）為我國著名的外交家。他早在二十七歲即嶄露頭角，以一青年人出任我國駐美國與墨西哥公使，四年後的一九一九年更在全球性國際舞台的凡爾賽和會（編註：即「巴黎和會」）上，一鳴驚人，以其有理、有據的滔滔雄辯峻拒日本企圖霸占德國原在山東的各項權益，力爭應將這些權益直接交還其主人中國。此事雖未成，但他協同其他的我國外交代表，繼續努力，終於在三年後的華盛頓會議（一九二一－一九二二）中達到了收回山東權益的目的。這是一項相當重要的外交成就。此後他在服務政府的公職中，七任總長（六任外交總長、一任財政總長）、兩任閣揆（國務總理），並曾任攝政元首，擔任過五個月零三天的事實上的國家元首。一九二八年六月後，除短期外，他一直服役於中國外交界，參與一些重大的外交交涉；一直到一

九五六年才自駐美大使任上退休。總計他於役我國外交等公職，達四十五年之久。一九五七年後，他更膺選擔任海牙國際法院法官十一年，其間於一九六四至一九六七年更擔任該法院副院長，至一九六七年完全退休。綜其一生，顧氏服務我國外交與國際社會，實達五十六年之久。

顧維鈞在我國外交界向以英美派中的翹楚著稱，與同時代的顏惠慶、施肇基、王正廷、王寵惠等外交家並駕齊驅。如果我們將鴉片戰爭（一八三九—一八四二）後我國主要的外交官員耆英、桂良等人作爲第一代外交家（完全不懂外事）；一八六〇至一九〇〇年間李鴻章、恭親王等人作爲第二代外交家（稍懂外事，但全不懂外交精義）；一九〇〇至一九一〇年間的袁世凱、唐紹儀等人爲第三代外交家（稍懂外交精義，但時不我予）；那麼，顧、顏、施與二王等可算是我國第四代的外交家了。**他們共同的特徵是，在作為外交家的才能、專業訓練與時機掌握方面，都能超越前人，並能向同時代第一流的外交家相學習，不只在國家國力尚弱時，能夠折衝樽俎，堅守住國家權益不再喪失的樊籬，並在有利的時機到來時，則能把握機會，大力積極地推動撤廢不同範圍內的中外不平等條約體系，並各有所收穫。**所以，不只在對日抗戰前的一九三一年六月五日王正廷外交部長有著與英國簽訂「廢棄領事裁判權草約」的佳績（上海保留十年，天津保留五年，但可惜爲稍後之九一八事變所破壞）；一九四三年一月，配合著對日抗戰的總形勢漸入佳境，中國更成功地與美、英兩大國簽訂了撤廢一切不平等條約的平等新約。都可說是這些新型外交家的集體成就。顧維鈞作爲一九四三年時的中國駐英大使，也是在這方面有所貢獻的。

不過，六〇年代之前，研究顧維鈞外交事業的論著尚少。我們一般只是靠閱讀金問泗（Wunsz King）的幾種著作，如 *China at the Paris Peace Conference*（N. Y. 1961），*China at the Washington Conference*（N. Y. 1963），才得以稍稍瞭解顧氏的一些外交作爲。但自一九六〇至一九七六年美國哥倫比亞大學東亞研究所成立中國歷史口述學部，在韋慕庭教授（Prof. C. Martin Wilbur）的領導下與唐德剛教授（Prof. Te-kang Tong）與夏連蔭女士（Ms. Julie Howe）的實際執行下，完成了長達五十六卷一萬一千多頁微膠捲版的《顧維鈞回憶錄》（*Reminiscence Wellington Koo*）（計口述時間達五百小時，歷時十七年之久，耗資二十五萬美元，由四位博士、五位打字員和二位庶務員協助而成，並發行問世）；我們對於顧氏一生五十多年之久的外交事業，才可窺齊全豹（中央研究院近代史所承蒙哥倫比亞大學韋慕庭教授的盛意，很早即受贈了一套《顧維鈞回憶錄》的微膠捲版全份）。但因該微膠捲版的回憶錄閱讀起來仍然不太方便，因此，顧氏家族乃授權北京中國社會科學院近代史研究所予以迻譯爲中文，該所又委託天津編譯中心自一九八二年七月開始敦聘專家學者從事翻譯，到一九八三年五月中譯本的《顧維鈞回憶錄》第一分冊（北京：中華書局）乃得刊行問世。在一九九三年該回憶錄的第十三分册出版，全書共計十三册約共六百多萬字的巨著，始告全部完成（計先後參加迻譯者六十多人，多爲任教各大學院校的學者與精通外交的社會知名人士）。這是有意研究顧維鈞與中國近代外交史者的一大盛事。

除此之外，早在一九八一年，美國加州聖地牙哥州立大學的朱寶縉教授也由香港中文大學出版了他的 *V. K. Wellington Koo: A Case Study of China's Diplomat and Diplomacy of Nationalism* 一書，算是研究顧維鈞一生外交事業的先驅性著作。去年（二〇〇〇年）九月，上海復旦大學並舉辦過「顧維鈞與中國外交」的國際學術研討會，惟迄今尚未見其論文集出版行世。

沈潛先生的這本《百年家族——顧維鈞》的大著，雖然不是以研究顧氏在外交與政治上的功業爲著重點，而是以顧氏爲主軸，**透過其家族上下三代人物的人生際遇，並就其上下三代代表人物的婚姻家庭、子弟教育、理想抱負、事業成就、境遇命運等方面，全方位地檢述其家族的興衰起落，藉以揭示江南水鄉一隅百年間社會嬗變的歷程。這對我們瞭解顧氏思想行為的背景，實最有幫助。**沈先生是以文學性婉約秀麗的筆觸，以對顧氏故鄉嘉定小城周遭的景貌與社會風物，作周延而描繪入微的叙述，娓娓道來，使我們對於一位江南家道中落世家子出身的顧維鈞，所背負的醇厚深邃的傳統文化在歷經歐風美雨襲擊後所形成的「古今中外大交會」的新文化之後，是如何的在適應中蛻變，在蛻變中如何對於故國民族的回饋報恩，有了更深切的體會。顧氏本人的個人遭際與其事功成就，他家族之最後留寓海外與在海外落地飄零，不正象徵著此一新文化衝擊面的典型代表嗎？我在拜讀過沈先生的大著之後，除去多所獲益之外，我深深感悟到在這二十一世紀的新世界裡，中華民族的部分精英，已花果飄零，在亞、歐、美洲各地，都已落葉生根，生長茁壯、欣欣向榮地繁衍下去了——我們中華民族像盎格魯·撒克遜民族一樣，已經是一個世界性的中華民族了。這是我拜讀本書後的一項感想。讓我誠懇地在此向沈先生大著的出版道賀！

二〇〇一年四月二十一日

瑯琊李恩涵敬識

台灣台北中央研究院近代史研究所研究員（退休）

國立政治大學外交研究所／國立台灣師範大學歷史研究所兼任教授

美國加州大學博士，一九七一

前國立台灣大學政治系所教授

前新加坡國立大學教授 Reader, A. P.

〈序②〉

弱勢年代的強者

政治大學外交系教授
林碧炤

立緒文化事業公司要我為沈潛先生寫的《百年家族——顧維鈞》的書寫序，自覺不敢當。兩岸之間多少人研究中國近代史，對於顧維鈞先生的貢獻早有許多專書或專文，實在輪不到我來寫這篇序。不過，作為一個長期研究國際關係的學者，顧維鈞先生是我很景仰的外交家，他的理念、風範與做事原則確實值得學習與效法。因此，我很樂意介紹沈先生的書給讀者們。

研究國際關係本來就有不同的學派和理論。不論這些理論如何的複雜，它們總是不能脫離一個根本，就是以歷史作為研究和判斷的根據。歷史可以以人為中心，也可以用事件來闡述。從人與事的變化中，我們可以整理出一些脈絡與類型，作為觀察國際關係的基礎。更重要的是，我們可以從不同的人物和事件中明白歷史的經驗，也知道哪些錯誤應該避免，哪些經驗是寶貴的，應該好好學習。

顧維鈞先生負責外交的時期，是中國處於弱勢的年代，他一方面要面對國際列強，一方面又要處理內政問題。不論環境多麼困難，他總是能夠掌握問題的重點，提出解決的辦法。沈潛先生以深入淺出的筆法，把這位中國近代史上很傑出的外交家作了很詳細的介紹，眞是不容易。從顧維鈞先生的成長背景，一直到他爲中國外交奮鬥的過程，作者都有很淸楚的說明，更是難得。看了這本書等於再一次的回顧了中國近代史，可以說是雙重的收穫。沈先生在書裡提到**顧維鈞先生辦理外交時，唯一考慮的是民族利益，而不是黨派和政治利益，更不能考慮個人政治上的得失**。也就是說，將民族利益和政治利益區別，將外交與黨派區別，以一種超黨派的中性立場爲國家服務，成了顧維鈞先生的立身之道，立業之本。這是很深刻的觀察，我完全同意。《百年家族——顧維鈞》是一本很有意義的書，謹向讀者們推薦。

〈前言〉

濃縮別裁的歷史話本

百年，標誌了一段歲月的流程；放在歷史的長河裡，百年彈指一揮間。百年，負載了一段歲月的滄桑；放在家族的座標上，百年情深意更長。

綜觀中華民族走過的漫長歷史行程，以家庭爲基礎、以血緣爲紐帶形成的家族或宗族，當是其中一道獨特的人文景觀。溯自西周以下數千年間，著姓望族有如綿綿瓜瓞，傳承不絕。

曾有當代評論家把家族比作一種「人間序數」，精闢地論述說：

「家」只是「族」的一分子，「族」又只是社會的一分子，它們都統一在一個叫做「國」的範疇裡。這是人世間最繁博也最偉大的一種秩序數。家庭↓家族↓社會組織↓國家，這麼簡單的排列，卻包含著無上的哲理與深廣的情愫，包含著人世間斑駁陸離的種種。這是一個神秘而秩序井然的磁場結構，家是個體的人的磁場，族是家的磁場，這些大大小小的磁場又那麼神奇地吸附在「國家」這個巨大無比的磁場之內。

毫無疑問，「國」與「家」，如藤連瓜，似水融乳，彼此聯體同構，不可分割。由此，家族作爲一種社會存在，它就不僅僅是代代相傳的血脈延伸，流淌著個體生命在成長的歲月裡無可避免的喜怒哀樂、悲歡離合；它更應該是生生不息的歷史剪影，傳遞著家族羣體在薪火傳承中無以超脫的時代衝擊、社會影響。

從某種程度上講，一個個家族，幾乎就是一部部濃縮別裁的歷史話本。

本書以百年家族顧維鈞爲視角，顧名思義，旨在以顧氏家族的人物爲載體、爲場景，透過再現家族三代主要成員的人生道路，包括理想抱負、事業成就、境遇命運、子弟教育、婚姻家庭等方面情況，全方位地反映其家族的興衰起落，揭示百年社會的嬗變歷程。

但在相當長一段時間裡，稍識中國近代史的讀者對於顧維鈞恐怕大多不甚了了。教科書裡或隻字不提，或一筆帶過；偶有所論，也多有失公允。要說學術界給予客觀全面的評價，還是近二十年來的事。

自一九九九年電影《**我的一九一九**》公映以來，民國外交家顧維鈞的形象開始爲越來越多的人所熟悉。**當一九一九年「巴黎和會」上中國拒簽對德和約，從此開創了**

近代以來敢於抗爭的先例。而這位站在列強霸道的國際論壇上第一次敢說「不」的中國代表，就是顧維鈞。此後，從二〇年代到四〇年代，大凡有中國參與的國際組織和重大的國際會議，無不留下他折衝樽俎的身影，留下了他縱橫馳騁的心影。

個人離不開社會。所以，知其人必須論其世，必須放寬歷史的視界。

試想，始於一八四〇年的鴉片戰爭，面對遠隔萬里重洋、持暴叩關而入的西方列強，處於舉步蹣跚狀態的清王朝茫然失措，最終不堪一擊地敗下陣來，從此門戶洞開，以割地賠款、開埠通商、協定關稅、領事裁判權、租地造屋、傳教自由爲基本內容的條約制度，便利了外國侵略勢力從沿海沿江向內陸腹地步步深入，把一個主權獨立領土完整的泱泱大國強行拉入近代門檻的同時，又推向了權喪國辱的半殖民地深淵。

試想，處多災多難之世，多少仁人志士懷憂國憂民之心，抱自強自立之志，在此「數千年未有之變局」的驚歎中審時度勢，徐籌對策，以憂憤交集的心靈喋血飲恨，趦趄而行。於是，從「師夷制夷」發其端，始而有順乎變局、慘澹經營軍事民用企業的洋務新政；繼有倡君主立憲、謀保國保種的戊戌維新；再則有高揚民主共和、掀翻皇座結束帝制的辛亥革命。箇中自然不乏交織了義憤激進的農民風暴，前有「奉天討胡」的太平天國起義，後有仇洋排外的義和團運動。

要言之，一部中國近現代編年史，滿載著喪權辱國的傷痛，銘刻著救亡圖存的奮勉，展現在我們面前的是一幅中華民族從傳統走向現代，從封閉走向開放，更必須從屈辱走向新生的悲壯畫卷。

這一充滿新陳代謝的過渡時代、轉型社會，無疑構成了顧維鈞及其家族所依託的深刻歷史背景。

以顧維鈞爲中軸，將顧氏家族作上下兩代延伸，前後跨度上百年，大體與中國近現代史的歷程交相伴生演進。

試看其父顧溶一代。生當十九世紀中葉嘉定古城的仕宦首戶之家，因世道變亂而家道離亂，孤兒寡母飽嘗人間苦辛。但在慈母督教下長大的顧溶，適逢招商局帶來好運氣，走上經商起家之路，更以他後來升任大清上海交通銀行總裁，自有一段歷經坎坷的人生境遇與時代息息相關。

既已發財致富，如何綿世澤而振家聲，也就有了顧溶的良苦用心。傳統社會裡，「欲高門第須爲善，要好兒孫必讀書」，「傳家無別法非耕即讀，裕後有良圖唯儉與勤」，諸如此類的楹聯話語，從來就在族中長者耳提面命、族中晚輩耳濡目染之中，成爲不證自明的行爲方式和道德準則。所以，顧溶既有秉承祖訓、捐建義莊之舉，更有迎師訓子、望子成龍之想。在他看來，只有透過子弟讀書做官，登第入仕，才有可能鞏固家族的社會地位，保持家族的世代綿延。

試看顧維鈞一代。際會十九世紀末二十世紀初「古今中西大交會」的歷史大背景，身處上海灘開埠通商的特定地域環境，伴隨歐風美雨襲入中國的西方文化，經過半個多世紀從器物到制度再到精神諸層面的漸次展開和深入，如新鮮血液源源不斷地輸導入華，廢科舉，興學堂，派遊學，世風變動，新潮湧起，大勢所趨下的清末社會，西學越來越成爲讀書人的大課題，一代新人隨之氤氳化育。有幸櫛沐了西學教育的顧維鈞，更在留學熱的鼓蕩下遠赴大洋彼岸。由此，其人生軌跡不可能再墨守陳規，而是闢出了一條別開生面的經世從政、外交救國之道。

於是，爲民族救亡的時代主題所鑄就，爲西學東漸的近代化潮流所潤澤，也爲其特殊的成長道路所規範，**學成歸國的顧維鈞，以其憂患彌深的民族意識、放眼世界的國際視野、勇於任事的獻身精神、清廉自律的人格魅力以及超越政派的處世原則，竭誠報國之志、竭盡經世之力。上述品格，既與傳統儒家文化修身齊家治國平天下的經世思想一脈相承，又在新的歷史條件下拓展了新的時代特色。**在此基礎上邁開人生前程，建立經世事業，不僅使他出類拔萃，飲譽國際外交界幾近半個世紀；也給他的家族帶來了休戚與共的社會影響，更賦予了馨香久遠的歷史底蘊。

試看其女顧菊珍一代。概與顧維鈞爲弱國爭外交的艱難歷程不無關聯，更有後來山重水複的歷史迷霧中一度陷入黯淡失色的苦境，以致最後不得不爲晚年生計而憂心。濡染之間，兒女們自當不無感觸，也不能不影響到他們的人生選擇，子不承父業，也就自所難免。但有兒女們對父親發自內心的尊敬和愛戴，但有女兒顧菊珍又意外地成全了乃父心願，成爲活躍於現代國際舞臺的女中豪傑，更傳承了父輩愛國家愛民族的精神。如此，縱然今日的顧氏家族成員大都星雲海外，仍一樣地瀰散著歷久不磨的韻味。

據說有一次，當晚年顧維鈞繪了一幅畫後，隨手落款「亭林顧氏」，夫人不禁發問：「怎麼能這樣寫呢？」顧維鈞道：「爲啥不可以呢？亭林就是嘉定，顧氏就是我顧維鈞啊！」夫人又說：「誰知道亭林就是嘉定，嘉定顧氏多著呢。」且聽顧維鈞如何應答：「嘉定顧氏唯我是焉。」那神情，那語氣，是好一派自豪自信。

那麼，還是讓我們循著一代外交家的足跡和心跡，由此及彼，由小及大，走進滄桑幾更的百年家族，走進風雲激盪的百年歷史。

由於資料有限，作者學識更有限，本書努力程度如何，還有待於讀者的審視和評判。

百年家族——顧維鈞

【目錄】本書總頁數共448頁

水光塔影

煙雨江南，朦朧迷眼。

早聽說今日的嘉定已是上海著名的科學衛星城，所以，出上海西北，沿滬寧高速公路行程三十里許，但見衆多的科研單位紛紛在此落戶，高科技密集的現代化氣息撲面而來。

與此相對應，走進嘉定老城保護區，感覺深處，空氣中瀰漫著千年的餘韻，水霧裡飄散著百年的舊情，歷經千百年的歲月浸潤和風雨蕩滌，分明傳遞出悠遠而綿長的歷史品味。

這是一個人文氤氳的江南水鄉古城，一塊由特定的地域環境和特定的時代氛圍交織而成的濃重深厚的社會歷史土壤。

來到占地約有三十四萬平方米的老城保留區，首先映入眼簾的是高聳在城中心的古塔。這座始建於南宋開禧年間的法華塔，又名「金沙塔」，俗稱「文筆峰」，寓祈求科舉中試之意。塔呈樓閣式方形七級，幾經歷代修繕，至今仍依河傍街地屹立著它古老而挺拔的身姿。坐落在東大街的秋霞圃，建於明弘治、正德年間，由龔氏、沈氏、金氏等明代私家園林和邑廟（城隍廟）合併而成，古樸典雅，小巧玲瓏，與不遠處的匯龍潭公園，同在上海五大古典園林之列。

以州橋爲中心的嘉定老街，因爲現代化城市建設規劃所需，已有所拆除、拓寬和改造。但，曾經的風貌仍依稀可辨，曾經的風情仍隱約可感。特別是往西大街去，仍有一段保存相對完好的街巷，散發著古色古香的氣息，這裡，民居臨河而築，青灰色的牆壁、青灰色的屋脊連片伸展開去。一條由西向東的練祁河斜貫古城，緩緩流淌，至法華塔下與南北向的橫瀝河縱橫交會。沿河兩岸，間跨著高義橋、爲善橋、太平永安橋、登龍橋、普濟橋、登瀛橋、青雲橋、德富橋、永寧橋等一座座年代久遠的單拱石橋。

夕陽映照下，粼粼波光，巍巍塔影，彷彿正訴說著被歷史風塵所湮沒了的往事歲月，它默默地提醒人們，歲月如流，流水不盡，江南，不只是今日的江南；嘉定，也不只是今日的嘉定……

一個百年家族的最初生成背景，不妨就讓我們在此餘光斑駁的投影裡去作歷史的追尋。

「東南財賦地，江浙人文藪。」

地處長江三角洲的嘉定，自明清到民國，一直隸屬於江蘇省管轄。這裡東近大海，南接吳淞江，北枕瀏河口，有著得天獨厚的自然地理優勢。境內氣候濕潤，河湖交錯，素有舟楫之利，通海之便，物產豐饒，貨暢其流。伴隨宋金對峙並宋室南渡的歷史大動蕩，北方士民爲避免兵亂戰禍，紛紛南遷，由他們帶來的生產技術和科學文化，在很大程度上加速了包括嘉定在內的江南地區經濟和文化的發展。

此地經濟以農爲本，自明代起形成了「棉九稻一」的格局。境內植棉織布，民間機杼之聲相聞，促進了家庭手工業和集市貿易的興盛。南翔、安亭、黃渡、外岡、婁塘、錢門塘等衆多市鎮，作爲土布貿易集散中心，布莊林立，徽商叢集。據萬曆《嘉定縣誌》稱：「商賈販鬻，近至杭、歙、淸、濟，遠至薊、遼、山、陝，其用至廣，而利亦至饒。」可見當時商貿往來之活躍之稱盛。

優越的經濟條件，爲文化的繁榮奠定了雄厚的物質基礎。

從南宋嘉定十年（一二一七年）建縣起，先是首任知縣高衍孫，在縣治南一里創縣學、置學田；隨後，龔天定在城內拱星橋建北府書院。入元代後，學正王子昭助學捐田二千七百餘畝，瞿懋、林疇創辦義塾。歷宋元而明淸的數百年間，嘉定一地隨著社會經濟漸趨繁榮，帶動了文化教育的興盛，重文重敎，人文薈萃，以文化之邦稱譽四方。

史載，明嘉靖二十一年（一五一二年），文學家歸有光（號震川先生）從家鄉昆山遷居安亭，講學論道十三年，吸引了遠近士子爭相趨從。所謂「隆慶（筆者按：始自一五六七年）之後，天下文章萃於嘉定，歸有光之眞傳也。」流風所播，可見影響深遠。

明正德、嘉靖年間，朱鶴以刀代筆，以竹當紙，融雕鏤玉石之技和書畫之法爲一體，始創風格獨特的嘉定派竹刻，其子朱纓、孫朱稚徵師承家法，刻竹藝術更是名聞全國，世稱「嘉定三朱」。以此，明清兩代嘉定刻竹名家輩出，流派紛呈，史籍著錄的名人就有一百三十位。明萬曆、天啓年間，寓居西城近五十年的程嘉燧，與唐時升、李流芳、婁堅等邑中名士相與交往，唱和無間，以詩文書畫聲著海內，有「嘉定四先生」之稱。此間，曾師從上海徐光啓，後來官至兵部職方主事的孫元化，學習西方科學技術，既撰《泰西算要》、《西學雜著》、《幾何體論》等數學專著，同時有《西法神機》一書，介紹研製西式火器的辦法，並協助乃師和義大利耶穌會士利瑪竇翻譯《幾何原本》，成爲中國早期推動西學東漸的先驅代表。

時至明末，感於朝政腐敗，國事堪憂，各地黨社紛起。江南一帶，繼萬曆三十二年（一六〇四年）無錫顧憲成等創辦著名的東林書院後，一時文士翕然風向。崇禎初年，松江陳子龍等組成幾社，此後太倉張溥、張采兄弟匯合大江南北社集，統歸於復社，期與四方之士興復古學，務爲有用。受此影響，當時爲蘇州府所屬的嘉定，也是社集不斷，如黃淳耀組織直言社，關注時事，主張以學救時。逮至明清鼎革之際，侯峒曾和黃淳耀率義兵抗擊清軍，寧死不屈，「嘉定三屠」的酷烈慘禍，凸顯了本地民風之剛毅。遭此改朝換代的腥風血雨，文士殉難，家族流散，但仍有陸元輔等嘉定「六君子」，以詩文負有盛名。

幾經世事嬗變，到了清代乾隆、嘉慶年間，嘉定再現人文蔚起的景象。以王鳴盛、錢大昕為代表的嘉定文士，在盛極一時的乾嘉漢學中獨樹一幟。他們受漢學吳派代表惠棟之教澤，恪守尊崇漢儒宗旨，鑽研經史之學，形成陣容可觀的吳派學者羣體。王鳴盛幼從長洲沈德潛學詩，後又師從惠棟問經義。乾隆十九年（一七五四年）中一甲二名進士，授編修，官至內閣學士兼禮部侍郎，出為福建鄉試主考官、光祿寺卿。丁憂回籍後不復出仕，里居三十多年。其間「日以經史詩古文自娛，撰述等身，弟子著錄數百人」。其傳世名著《十七史商榷》一百卷，廣徵博引，校勘考核，於輿地、職官、典章、名物等方面考訂尤詳。錢大昕自小受祖父輩薰陶，勤奮好學，有神童之譽。少時與王鳴盛同學於紫陽書院，同年中進士，選翰林院庶吉士，歷官少詹事、廣東學政。乾隆四十年（一七七五年）奔父喪而歸，從此絕意仕進，先後主講鍾山、婁東、紫陽等書院達二十四年之久，門下弟子達二千多人。錢氏視野寬闊，博涉多通，《廿二史考異》是他窮畢生精力的代表作。不僅於此，錢大昕和錢大昭兄弟，以及從子錢塘、錢坫、錢東、錢垣、錢繹、錢侗，還有兒子錢東壁、錢東塾，一門羣從，兄弟子姪皆治古學，時有「嘉定九錢」之稱，成為當時吳中著名的經學世家。所有這些，都對嘉定及其周邊地帶的人文涵養產生廣泛效應。

據不完全統計，自元至正年間（一三四一——一三六八年）至道光二十九年（一八九四年），見諸史籍的書畫名家就有二百九十多人，僅清乾隆年間就不下百多人。綜明清兩代，嘉定縣中試進士一百八十名，舉人五百三十名，可謂科第不絕，儒風不衰。

至今位於法華塔南首的孔廟，創建於置縣後二年（一二一九年），自清同治年間清丈廟基占地二十六・五畝，規制崇宏，甲於他邑，殿堂門廡，雄偉壯觀。孔廟門前，「興賢」、「仰高」和「育才」三座石柱牌坊，依次排列在由東向西的通道上，掩映於蒼松翠柏間，潛移默化地濃重了嘉定的文化氛圍。而歷代文人學士的努力，更點點滴滴地滋養著這裡代代相傳的人文風尚。及至道光二十三年（一八四三年）後上海開埠通商，嘉定以它近水樓臺的地理位置，得風氣之先，開始了它在近代社會新陳代謝的歷史行程中新的時代動向。

《白虎通・宗族篇》稱：

族者何也，族者湊也，聚也，謂恩愛相流湊也。上湊高祖下至玄孫，一家有吉，百家聚之，合而為親。生相親愛，死相哀痛，有會聚之道，故謂之族。

這一由血緣紐帶維繫起來的宗法性組織，始終是構成中國社會的基石。由一個男性先祖的子孫團聚而成的家族，因其趨同的經濟利益和文化心態，形成了穩固並往往超越朝代的社會實體。宋明以後，隨著家族制度的日趨完善，因血緣紐帶而形成的族權，在社會生活中發揮深刻的作用，如清代康熙頒發的《聖諭廣訓》中所要求的：

敦孝弟以重人倫，篤宗族以昭雍睦，和鄉黨以息爭訟，重農桑以足衣食，尚節儉以惜財用，隆學校以端士習，黜異端以崇正學，講法律以儆愚頑，明禮讓以厚風俗，務本業以定民志，訓子弟以禁非為，息誣告以全良善，誡窩逃以免株連，完錢糧以省催科，聯保甲以弭盜賊，解仇忿以重身命。

它集中說明了宗族士紳在道德教化和社區穩定方面應盡的職責。

可以說，正是在世代積澱的歷史人文傳統濡染下，到明清時期，嘉定縣城及四周鄉鎮，湧現出了許多世澤綿延、顯稱於世的知名家族。數百年間，全縣逐漸形成了龔氏、張氏、錢氏、王氏、徐氏、黃氏、程氏、周氏、時氏、封氏、秦氏、廖氏、童氏、浦氏、顧氏等相對穩定的著姓望族。他們建祠堂，修家譜，制族規，置族田，以此達到「親親故尊祖，尊祖故敬宗，敬宗以收族」的目的，血緣關係的親和力，穩固地灌輸、傳導著各自不辱家聲、不墮門風的價值信念，維護並滋養世代延傳的精神基因。

起自元代，迄於今，見諸於著錄和留存於世的嘉定望族家譜就不下五十種之多。據研究者分析，這些知名家族，其淵源並非全都是唐以前的舊有世家大族，宋元以後流寓入境的占有一定的比例，如龔氏、陸氏、楊氏、姚氏、秦氏、唐氏等族姓。大多是明清兩朝由安徽、江蘇諸縣及福建、浙江等地遷來，遷徙原因或因經商移民，或因貶官隱居，或因爲官定居，或因聯姻遷居，或因兵禍避居。另有專家據上海地區族譜、家乘等譜牒資料分析後得出結論，認爲明清時期該地區所有的望族幾乎都是由科甲起家的官僚縉紳、鄉紳等封建士大夫支撑，而其家世與出身，大致可歸納爲這樣幾種類型：一是出身於世代官宦之家；二是出身於文化世族之家，三是由務農耕讀起家；四是經商、行醫和手工業工人等勞動者起家。返觀嘉定各望族的實際情況，大概也不外乎於此。

顧維鈞祖籍嘉定。

因此，考察以他爲中堅核心的這一百年家族承先啓後之系脈，沿波溯源，還得從他生於斯、長於斯，安身立命於斯的祖輩父輩說起。

然而，到目前爲止，由於史料缺考，有關顧維鈞祖父、父親輩的生平行狀，我們幾乎知之甚少，難得其詳；再往上溯其高祖、曾祖輩，更是渺不可言了。在此，只能據以極其有限的資料，探得一些斑斑點點的留痕。

顧氏乃江東大家。明末清初著名學者顧炎武（號亭林先生）在他的《顧氏譜系考》中，就曾有過「江東無二顧」的說法。據說顧氏自東漢以後播遷吳地繁衍發展，大多散居在蘇州、松江等府縣境內。

要問嘉定顧維鈞這一支系何時何地遷居於此，雖然有關族譜無從考實，不過，在纂修於民國年間的《嘉定縣續志》裡，一篇〈嘉定顧氏承裕義莊碑記〉，無疑爲今人提供了一些有價值的線索脈絡。錄之如下：

昔錢公輔記範文正義田，嘗曰：公之忠義滿朝廷，事業滿邊隅，功名滿天下，公固一代偉人。而義田者，公之初志，即其忠義、事業、功名之所由大也。士君子苟饒資財，而途人其族，屬宗法收族，古誼蕩然，亦人心世道之憂矣。

余友顧君晴川，名溶。其先系出吳丞相雍之後。君之高祖在揚，昆山諸生，始遷居嘉定之西郭。曾祖諱廷珍，祖諱滙淮。父諱晉恩，並好施重義，有文正之志而未逮也。庚申遭難，家產無存。繼母鄒太夫人守節撫孤，教養周至。臨沒，以祖父遺命付君，君受之，弗敢忘。及壯經商，垂三十年，節衣縮食，稍稍贏羨，乃建莊祠於西郭之陽，置祭田，又設族學，以課族中子弟，割膏腴產，以贍族人貧乏者，寒有衣，饑有食，疾病有醫藥，子女有婚嫁，生有養，死有葬，盡人世營治資給之道，燦然備具，而無遺憾。捐田凡二千三百二十畝，有奇名之曰：承裕義莊，其規模閎遠，條理井然，有足稱者，豈非去文正之世未遠？又生於其鄉，故聞風而興起者歟？

余嘗謂：古者井田，制民之產，所入皆足以自給，故其時無甚貧甚富之民。自井田廢，而富者連阡陌，貧者無立錐矣。良法既壞於數千載之前，萬不能以再復而有。可以校其敝者，唯在睦姻任恤，裒多益寡，以教以養，相為調劑而已。文正義田之舉，惠止於一族，身為將相，豈欲以此市名哉？誠欲使天下則而效之，由各親其親，以進於不獨親其親，庶大同之治可冀也。吾故曰：義田者，文正之初志，即其忠義、事業、功名之所由大也。今君足下履朝端家，不受祿入，獨能志先人之志，而行文正之行，使其出為時用，先憂後樂，當必更有可述者。余文雖不及錢公輔，猶樂為記之，以為顧氏之子姓勸雲。

這篇碑文，由前任清朝兩江總督、後來辭官寓居上海的袁樹勳寫於一九一一年（宣統三年）。它記述了顧維鈞之父顧溶捐建義莊的概況。其中雖不無溢美之辭，不過還是反映了一些基本史實。

顧溶，字晴川，先祖出自東吳重臣顧雍之後，到高祖顧在揚時，從江蘇昆山遷至嘉定西門外定居下來，其曾祖顧廷珍，祖父顧匯淮，父親顧晉恩。

碑文所示，顧溶繼承祖父遺願，捐建承裕義莊的行爲，正反映出顧氏家族具有樂善好施傳統。

說起義莊，是以義田爲主體，以贍養貧困族人爲宗旨的宗族共同體。始自一〇五〇年（宋皇佑二年），范仲淹在蘇州首創全國最早的范氏義莊起，對後世衆生有廣泛而深遠的影響。到清代，政府出於維護地方社會利益和致力社會救濟事業考慮，倡導家族行爲，要求族人以同宗同祖而相親相愛，所謂「凡屬一家一姓，當念乃祖乃宗，寧厚毋薄，寧親毋疏，長幼必以序相洽，尊卑必以分相聯，喜則相慶以結其綢繆，戚則相憐以通緩急。」把興建祠堂，設立家塾、置辦義田、纂修族譜作爲維持強化宗族的要務。由此，有清一代，「義莊設普天下」。江南各地義莊數量之多，規模之大，更是獨步全國。

至少在顧匯淮一輩，就有修建義莊的心願。力所不逮之餘，便告誡家人遺命子孫。至其子顧晉恩，又因遭兵亂，以致家產無存。至其孫顧溶在家道離亂中長大，走上經商治生、發財致富之路，歷三十多年之艱辛，最終得以在一九〇九年（宣統元年）回家鄉嘉定捐田二三二〇畝，置莊屋二所。這一賑濟族人、惠及鄰里的家族行為，重振了顧氏家族的地方威望。

如今嘉定西門外西下塘街，原來的顧氏宗祠已然踪影難覓。但細心留意，宗祠遺址所在，仍有一塊刻有「顧氏家祠」字樣的石碑依稀可辨。恍惚間，似能令人感受到顧家曾經的歷史變遷。

實際上有一點是可以肯定的，即到了顧維鈞祖父顧晉恩這一輩，作為嘉定城裡的仕宦首戶，顧家無疑還是地方上有地位、有影響的一支望族。

然而也就在顧晉恩這一代上，顧家偏離了原來的生活軌跡，家道頓然中衰。

世事難料，禍從天降。

距一八四〇年鴉片戰爭後十年，以洪秀全為領袖的太平天國農民革命，以深悲國運日衰、萌發救民於水火的鬥志，揭竿而起，並挾千里席捲之勢，勝利進軍，定都天京（今南京）；頒佈《天朝田畝制度》，以期實現「無處不均勻，無人不飽暖」的理想社會。太平軍所到之處，以封建地主官紳為主要的打擊目標。於是，當烽火勢不可擋地蔓延至此，顯赫有名的顧家焉有不受衝擊之理？

大概是一八六〇年春天，太平天國忠王李秀成從天京出發，移師東征，攻克蘇州，建立蘇福省。一時間，「吳中士民流離遷徙，以上海一隅爲避秦之桃源。」在李秀成所部將士東進昆山、太倉之後，逼近嘉定縣境，許多當地的世家大族和一般平民，只得攜資偕眷，逃往獨立於戰爭之外的上海。

但顧晉恩還未來得及準備，就和他的幾個小兄弟遭綁架和監禁，成爲首當其衝的肉票。聽說只有交出全部家產才能保證生還，爲保身家性命，家裡人不得不把土地和房產抵押了，把珠寶等貴重物品變賣了，以求放人。人總算回來了，但在此突兀打擊下，顧晉恩因過度驚恐、憂慮，加之身體虛弱，不久便嗚呼哀哉了。另外幾個兄弟也因傷勢嚴重，接二連三地死去。

本來家境富裕的顧家，轉眼間變成了家破人亡的落難貧民。剩下來的孤兒寡母，又當何以爲生，何以爲繼？

後人難以想像，在此家難困苦的境遇面前，作爲顧家的媳婦鄒氏，開始了她爲苦撐門楣、重振家業而艱辛卓絕、飽經苦難的後半生。這位堅強的女性，便是顧溶的繼母，顧維鈞的祖母。

出身於鄉紳家庭，十多歲就嫁到顧家的鄒氏，大概沒有想到，經此變亂，丈夫死了，自己成了年輕的寡婦，留下一個四歲的兒子顧溶，還有襁褓中的女兒。一個好端端的大戶人家就此敗落。

眼看著左鄰右舍紛紛棄家出逃，嘉定是不能久留了。鄒氏忍著喪夫之痛，只得拖兒帶女，晝伏夜行地直奔臨近的上海，設法投靠親戚謀生。據說，趕在路上的第三天，因爲追兵正緊，鄒氏一咬牙，忍痛把女兒扔在路邊的小河溝裡，只帶兒子趕路。安頓下來後的一段時間，她對女兒自是牽掛極了，後悔當初的狠心。於是鼓起勇氣，順著原路挨家挨戶地打聽，終於在一對好心的農家夫婦那裡找回自己的孩子。

此後，鄒氏不得不獨自挑起養家餬口的重擔。孩子們年尚幼小，渾不解事，一家人唯一的生活來源，就是她做針線活掙的那一點錢。爲維持家用，更爲了供兒子上學讀書，她沒日沒夜地不停編織和刺繡，昏暗的豆油燈幾乎從黃昏迎來黎明。這種艱難苦況，前後持續了將近十年之久。直到兒子長到十四歲那年，去一家京廣洋雜貨店做夥計，食宿可以自理，鄒氏的負擔才得以稍稍減輕，生活也開始有所好轉。在這期間，她督促獨生子勵志苦學，以望其成。

一路艱難，終於挺了過來。

憶起幼時經歷的境況，顧維鈞曾由衷感歎：

談談我童年時的家庭情況和環境，或許有助於理解我的成長過程和形成我品質性格的某些影響。父親大部分時間在外，只是在輪船來到上海時每周回家二三次。因此，祖母成了公認的一家之主。

在孫子的印象裡，祖母爲人正直，嚴於律己，小心謹愼，全家事務都由她老人家掌管。老人一生講求實際，勤勉儉僕，一直把生活簡樸、辛勤勞動和勤儉持家視作不可或缺的美德。即使晚年家境比較富裕時，她仍然珍惜這些美德，以此經常教誨家庭中的每一個人。

就像《安吳四種》的作者包世臣曾說過：「史册所載知名氏，率多成賢母之手。蓋其計門戶者深，鞠育以正，孩提浸漬，柔巽善入而易化也。」在中國，母教傳統古來有之。自唐宋以還，更有不少聖賢豪傑秉承慈訓，卓然自立。顧氏後代深受母教之惠，艱難困苦中保持著奮發振拔的精神。

童年的記憶，孩提的經歷，是一筆終生受用的情感儲備，它會潛在而持久地影響一個人的感知。

在顧維鈞後來的立身處世中，我們可以找到他祖母的影子。

好運從何來

一八八八年（光緒十四年）歲次戊子，農曆正月二十九日，位居上海麥根路上的一幢石庫門房子裡，伴著一聲清脆而響亮的啼哭，一個小生命呱呱墜地，降臨人間。

這對剛剛搬遷至此的戶主顧溶和顧家太夫人來說，實在是喜上加喜。此刻，望著眼前依偎在妻子蔣福安懷裡的男嬰，顧溶心裡別說有多歡喜和興奮，太夫人更是樂得合不攏嘴。孩子的母親則以充滿憐愛的目光注視著身邊這個活潑可愛的小生命，看著看著，不由得把孩子摟得更緊，一行熱淚順著面頰流了下來。夫婦倆相視的目光交會，那神情裡分明透著一份歉疚，一份感動。

一個尋常百姓之家，伴此不尋常的小生命的出世，一如窗外的殘冬過後，春天的腳步正悄然而來。此刻，顧家上下全然忘卻了嚴寒的侵逼，一家人升騰著一股融融的暖意。

一個嬰兒的出生，本屬尋常，說不尋常，實在因爲這是個父母曾經並不指望出世的小生命。

緣何於此呢？

說來也不足爲怪。自從因二十多年前的那場劫難而衰敗中落的顧家，離亂中度過了一段相當艱難困頓的歲月。靠顧家太夫人含辛茹苦的養育，好不容易把兒子顧溶撫養長大。成婚後的顧溶在岳父家開設的報關行裡工作，雖然收入微薄，卻也能勉強維持一家老小的基本生活。沒想到由於經濟衰退，報關行倒閉，顧溶不得不一度失業在家。

這個時候的顧家，上有年邁的太夫人和長期寄住在顧家的岳母大人，下有兩男一女，三個年幼的孩子，這對年輕的顧溶夫婦來講，未免不堪重負，多有憂心。偏偏在這時，妻子又懷孕在身，倘若再添一個孩子，雖然人丁興旺，但全家的生活更是難上加難了。迫於無奈，夫婦倆商議墮胎，指望服用某種茶水而流產，卻不知怎地，所謂的偏方不見其效。小生命在母體內一天天地發育健全，顯現了特別頑強的生命力。

也許，這是個吉祥的徵兆。正爲衣食愁苦的夫婦倆相互安慰著，一同呵護起這個讓他們驚訝的小生命快快降生。

說來又有些湊巧，未過多久，顧家的生活還眞的出現了轉機。

在岳父家的一位老友幫助下，顧溶終於在官辦招商局的一條輪船上找到一份幫帳（會計）工作。僅僅幾個月的收入，就使全家有條件搬進上海城裡這幢較大的房子；而且，家裡重新雇用一名廚娘和一名女僕。從此，顧家的經濟明顯好轉。雖然說不上大富大貴，但較之過往，畢竟擁有了比較富裕而優越的生活條件。

於是，當全家大小告別原來困苦的日子，當這一頑強的小生命又恰逢其時地降生在這所新宅，在顧家長輩頗有些宿命論的傳統眼光裡，似乎有理由相信，正是這個小生命的出世，讓顧家交上了好運。

這個被顧家見重看好的小生命，就是在兄弟姐妹中排行老四的顧維鈞。在他之上除了兩個哥哥之外，還有一個姐姐。照傳統宗法女不列子嗣的觀念，他被理所當然地稱爲顧家三少爺。

貧困中奮發，逆境中自強，自古以來就是貧寒之家振家聲、換門庭的強大精神動力。如今，正是依靠了祖母的言傳身教，依靠了父親歷經磨難的艱苦創業，當然也依靠了母親的辛勤持家，才使一個趨於破落的家庭有了起色，並開始振興起來。所以，當後來外婆和母親把顧維鈞這一身世告訴他時，他更記取了祖父輩在因時變遷的家道中所付出的努力和艱辛。

不過，往後看，這個原來不該出世的小生命，在他逐步邁開的人生道路上，應了時代的感召和社會的激盪，憑著自己的膽識和智慧。無可置疑地爲個人，也爲整個家庭帶來了榮光和顯耀。

這，大概就是所謂的時來運轉。

那麼，顧維鈞出生在一個怎樣的時代呢？

人所共知，始自一八四〇年鴉片戰爭起，西方殖民者用大炮轟開了中國古老而封閉的大門，從此，外來侵略勢力從沿海向內陸腹地步步深入。在與列強發動的侵華戰爭幾經較量後一次次敗下陣來的清政府，被迫簽訂了一個個不平等條約，割地賠款、權喪國辱之事接連不斷。

急劇變化的時勢，給中國社會各個不同的階級和階層以震撼性的巨大刺激，迫使人們從「天朝上國」的神話殿堂裡漸次覺醒，開始改變對外部世界的傳統看法。一八四四年，揚州黃鈞宰率先提出「變局」觀念。稍後，郭嵩燾、王韜、馬建忠、鄭觀應等也隨之提出「古今之變局」的觀點，類似的看法在時人詩文中屢見不鮮。李鴻章則在呈交朝廷的奏疏中，更明確表述了中國面臨「數千年來未有之變局」和「數千年來未有之強敵」的著名命題。前所未有的變局觀幾乎成爲越來越多先知先覺者共同的認識。因此，在外患迫臨的變局面前，如何應付？如何處變？不可避免地成爲他們滿懷憂患，迫切思考的時代新課題。

古老的中華大地上，從南到北，自東徂西，一切已顯得極不平靜。內憂外患的民族危機，啓動了每一個有志於經邦治國、建功立業者的憂患心魂，救亡圖存、禦侮圖強的時代主題，成爲他們前呼後應，相繼相續，激盪於心胸，付諸於行動的主旋律。

就在顧維鈞出生前幾近半個世紀內，有賴於道咸經世派魏源、林則徐等以「師夷長技以制夷」的理論倡導，揭開學習西方的序幕。到了第二次鴉片戰爭後，清政府統治集團裡奕訢、曾國藩、李鴻章等開明官僚以「自強求富」爲口號，開展洋務事業，引進西學西技，由此先後興辦同文館和各地洋務學堂，舉辦軍事民用企業，派遣留學生與譯介軍事科技書籍等，使早期「師夷長技」的思想得到一定範圍的基本實踐。

拿顧維鈞父親謀職的那艘輪船來講，就屬當時洋務派創辦的招商局管轄範圍。招商局由李鴻章開辦，目的在於「無事時可運官糧客貨，有事時裝載援兵軍火，藉紓商民之困，而作自強之氣。」一八七二年（同治十年）十月，開始在上海籌辦。翌年一月招商集股，正式成立，並暫借官款以應急需，成爲洋務派興辦的由軍事工業轉向民用工業，由官辦轉向官督商辦的第一個企業，也成爲近代中國第一家輪船航運企業。該局總辦設上海，分局設天津、牛莊、煙臺、漢口、福州、廣州、香港以及國外的橫濱、神戶、呂宋、新加坡等處。成立之初，只有輪船三艘，及至一八七七年收購美商旗昌輪船公司產業後，擴大經營，擁有輪船三十三艘，二萬三千九百七十六噸，其間，主要從事沿海與內河航運，每年淨利達三十萬兩左右，被李鴻章稱爲「招商輪船實爲開辦洋務四十年來最得手文字」。

不過，就在顧維鈞出生的一八八八年，中法戰爭的瀰漫硝煙剛剛過去三年，民族危機日益煎迫。當年十月，一位叫康有爲的南國士子，以憂憤之心從廣州趕往北京，以布衣身份上書大清皇帝，指出：「日謀高麗，而伺吉林於東；英啓藏衛，而窺川滇於西；俄築鐵路於北，而迫盛京；法煽亂民於南，以取滇粵。」一面臨列強環伺的嚴重處境，痛

父子兩代間

較之父親少小時的生活，顧維鈞和他的哥哥、姐姐和妹妹，無疑是幸運的一代。

自乃父在官辦招商局的一條輪船上謀職幫帳，家境大大地得到了改善。及至後來，顧溶升任上海兵備道財政主管；到一九一一年三月，更當上了大清交通銀行上海分行的第三任總辦。歷經多番苦辛，顧家至此多少獲得了令人羨慕的社會地位。

以是之故，幾乎白手起家的顧溶，爲了孩子們的未來，也爲了顧家的未來，對兒子當然所懷者大，所望者深，所教者嚴。

蒙養以正，識字爲先。

顧維鈞剛滿三歲，乃父就把他和二哥送進了一家私塾讀書。孺子幼童，說讀書，大抵不過念念《三字經》、《百家姓》、《千字文》、《千家詩》、《幼學瓊林》、《增廣賢文》之類童蒙讀物，內容不外乎「誘之詩歌，以發其志意；導之習禮，以肅其威儀；諷之讀書，以開其知覺」，灌輸一些孝悌忠信、禮義廉恥的儒家倫理道德。

這裡的氣氛是寬鬆而自由的。塾師朱先生是個屢試不第、落魄窮困的書生，對於自己的二十多名學生，似乎也頗多溫和地順其天性，孩子們嬉鬧玩耍，樂在其中。在這些不超過十五歲的黃齒小兒中間，顧維鈞算是最小的一個。在老師眼裡，他既愛念書，也愛娛樂。別看他小小年紀，卻堅持天天上學，即使颳風雨下大雪，也從不耽誤。至於在校遊戲，什麼踢毽子、製弓箭、放風箏等等，他也樣樣有份；有時還會突發奇想地做些小發明小玩意。節假裡，他會幫著母親和姐姐剪紙，做做各種紙燈籠，碰到難題了，會偷偷地溜到附近的城隍廟，跟手藝人學上幾招。當然，讓他特別入迷的還是臨摹書畫，包括古今書法家寫的格言、詩詞或名句，包括著名國畫家的山水、花卉、翎毛畫，學起來饒有興趣。孩提時的這份愛好，一直保持到了他的晚年。此外，他又被各式各樣的樂器吸引，演奏樂器成了另一個嗜好。

不知不覺間，無憂無慮的童年時光就這樣悄悄流逝，成爲遙遠的夢境。

看著兒子如此地天眞而頑皮，活潑而機靈，顧溶別有一番心事，他知道得爲兒子的前程早作準備。

一八九八年（光緒二十四年），顧維鈞已長成一個英俊少年。就在新年剛過，寒假快要結束之前，顧溶在兒子面前鄭重其事地宣佈了自己的計畫，一條由父親安排的人生之路，明確地擺在顧維鈞的面前：

他說我正在長大成人，應該集中精力於中國經書和八股文章，為參加科舉作好準備。他有一位知名的朋友，這位朋友也是為了這個目的，請了一位傑出的學者當家庭教師，教他的子女，他願意讓我和他們一起念書。這個家館三天後就要開學，我必須作好準備。消息來得這樣突然，使我大吃一驚。我反對他的意見並和他爭論，但毫無用處。第三天，他作好一切準備，並且沒有像平常那樣早晨七點半去上海兵備道衙門上班，而是留在家裡執行為我安排的新計畫。

殊不知，出此考慮，自有父親的深意所在。

自隋唐以來逐漸確立並完備的科舉制度，歷朝歷代爲選拔官吏、士子進階的定制，綿延一千多年之後，在讀書人中間形成了唯有科舉入仕方爲正途的普遍價值觀念。時至清代，雖然科舉取士制已弊竇叢生，但是，「無論文武，總以科甲爲重，謂之正途；否則胸藏韜略，學貫天人，皆目爲異路。」換言之，讀書人仍以科舉爲正途，此外別無其他選擇餘地。科舉制度下，各地公私學校皆以教人科舉入仕爲鵠的，政府官學「考其學業，科舉之外無他業也。窺其志慮，求取功名之外無他志也。」至於遍及城鄉的私塾、家館，正是應付科舉的預備所，「朝爲田舍郎，暮登天子堂」，「少小須勤學，文章可立身。滿朝朱紫貴，盡是讀書人。」在官本位意識濃厚的傳統中國人看來，讀書爲官，躋身仕途，正是夢寐以求的理想人生，吸引無數士人癡迷追求。

事實上，對於渴望出人頭地的家族來說，只有鼓勵子弟讀書登第，出仕爲官，直至代有高官顯宦，才能提高家族聲望，光宗耀祖無過於此。而且世代簪纓，書香傳家，這對保持望族名門的經久不衰具有至關重要的意義。而江南向爲人文淵藪，從秀才、舉人到進士的科舉晉級，名額有限，競爭激烈。對大部分科考士人而言，中選機會渺茫，蹭蹬場屋，窮經皓首終不第者不在少數。因此，只有習自幼稚之時起，一心一意埋首於四書（《大學》、《中庸》、《論語》、《孟子》）、五經（詩、書、易、禮和春秋），熟諳八股制藝，才有可能實現金榜題名的美夢，才有可能給整個家族帶來無比的榮耀。

在此根深柢固的社會風氣薰染下，這何嘗不是顧溶所殷殷矚望的？他爲兒子指定的正是這樣一條透過科舉入仕而光耀家族之途。

那麼，當時只有十歲的顧維鈞，可能體會到乃父的良苦用心？

也許是因爲尙處年幼，也許是因爲近十年的私塾受學，多少讓顧維鈞滋長了一種自由的習性，要他在此當口理解父親的用意，顯然有些不切實際。但父命難違，他只得獨自去面對新的環境。

結果怎樣呢？還是看看他體驗了一天後的印象：

我發現除我之外，還有四個學生。他們是那位官員的兩個兒子、一個女兒和一個姪女。書房很大，但氣氛沈悶。老師總盯著我們。我們每個人背四書的時候，他不厭其煩地聽每個細節。午飯是送到書房來的，他和學生一起用飯。飯菜很好，但我吃得不多，一切都顯得異常，又不如意。老師嚴厲而無情，其他學生呆板而拘謹，和我在原來那個私塾裡所習慣的一切形成鮮明的對照。

有此印象，顧維鈞還能在此適應？天性頑強、執拗的他，看來是父親無法規範的了，父子之間的爭執終於不可避免。

但由不得兒子怎樣辯解，父親還是執意要把他往家館送。那麼，只有逃跑，去姑母家，去姑婆家，實在跑不了，乾脆把自己反鎖在家裡。一個窮追不捨，一個東躲西藏，這該如何是好？爲了息事寧人，還是由母親出來替兒子打圓場。

人說母愛是盲目的。但聽母親一番勸言，也自有一番道理。母親看得很清楚，自從老二、老三去了私塾念書，確實很有進步，特別是老三，即使遇上雨雪天氣，也不曾聽從她的勸告待在家裡，總是非常樂意地堅持著上學。倒是老二，一會兒說是頭痛，一會兒又說疲乏，似乎推拖著不太情願。因此，現在老三不顧父親的願望，絕不是因爲怕艱苦，也不是沒有志氣，雖然她不明白兒子爲什麼這樣，但她相信他有充分的理由。

在母親看來，我是命裡注定要在世界上做一番大事業的，所以不應該強迫我幹某一件事情，或者到一個我堅決不願去的地方念書。隨著我年紀大一些，我或許能較好地懂得什麼對我和我的未來真有好處。因此，為什麼父親不可以像我要求的那樣，讓我回到原來那個私塾再念一年，然後看看我在求學方面願意怎麼辦。

一番不無說服力的話語，顧溶似乎也沒什麼好說的了。想想也是，這孩子似乎天生與衆不同。看來還是順其心願，由他去選擇自己的人生道路。父親一臉無奈地默認了。都說「知子者莫如父」，到底還是母子更連心呢。此後的事實證明，兒子未來的人生道路、事業成就，確實印證了母親的預見。

不過，這裡話得說回來。發生在父子之間的這次對峙，未必就是顧維鈞與父親思想觀念上的根本對立。終究還是個充滿稚氣的孩子，連顧維鈞自己也承認，當時「我樂意在朱先生的私塾念書，並曾認爲當然要長期念下去，直到參加科舉，求取功名。」可見其有違乃父心願，與其說是反對科考登第，毋寧說更多是一份崇尚自由的天性使然。但由此事，也正預示父子兩代，由於各自人生際遇不同，所處時代條件不同，所受教育背景不同，難免會有守舊與開新的矛盾衝突。

那麼，此後的歲月裡，父子彼此間能有更多一份理解嗎？

上海少年

正當抱守傳統觀念的顧溶，在爲兒子設計的培養方案遭拒絕而苦惱時，他似乎也該明白，時代在變，社會風氣在變，中國大地正交織著動人心魄的歷史風雲，更大規模的暴風雨即將呼嘯襲來，它在衝擊整個社會的同時，也將波及到每一個家庭，甚而影響到個人命運的抉擇。

一八九八年，也許對年僅十一歲的顧維鈞個人而言，還不能說意味著什麼；但它對中華民族來說，卻絕對是一個特殊的年份。

當然，這個在中國近代編年史上具特殊意義的歲月，又與此前不久的一八九五年有直接關聯。

一八九五年的春天，因中日甲午戰爭慘敗，日本強迫清政府簽訂《馬關條約》，主要內容有：中國承認朝鮮「完全獨立」，割讓遼東半島、臺灣島及所屬島嶼和澎湖羣島給日本；賠償軍費二億兩；開放沙市、重慶、蘇州和杭州爲商埠；允許日本在中國通商口岸開設工廠等。消息傳來，舉國上下一片譁然。正在北京參加會議的各省舉人一千三百多人，在康有爲的發動下聯名上書請願，要求政府「下詔鼓天下之氣，遷都定天下之本，練兵強天下之勢，變法成天下之治。」正是以這次被稱爲「公車上書」的歷史事件爲轉折，一場頗有聲勢的政治改革運動，伴隨醞釀已久的維新思想鼓挾而至，躍騰而起，迅速波及全國。

一時間，各地組織學會，創辦報刊，開設學堂，「宣傳變法，講求維新」成爲羣趨所向的社會風尚。

受維新思潮的影響，爲維新派的愛國熱忱和改革銳氣所感動，親政後的光緒皇帝不甘做「亡國之君」，決意力行新政。由此，從一八九八年六月十一日頒「明定國是」詔宣佈變法起，到九月二十一日慈禧太后發動政變止，短短的一百零三天裡，各類旨在推陳出新的詔諭多達一百零四件。雖然，這些從紫禁城飛向全國各地的新政詔令大多形同一紙空文；雖然，勢若風暴的維新運動在頑固派的鎮壓下歸於沈寂，以致光緒皇帝被幽禁，康梁亡命出奔，譚嗣同等「六君子」喋血京門，可謂「出師未捷身先死，長使英雄淚滿襟」。但它絕不表明社會變革的停止，也絕不意味著歷史潮流可以逆轉。

在此民族危亡關頭粉墨登場的維新志士，以康有爲、梁啓超、嚴復和譚嗣同爲精英代表，雖然思想個性有別，身態姿影不一，但他們在檢討和反省洋務運動的基礎上，突破了「中學爲體，西學爲用」的理論局限，把思想的觸角引向西方社會政治學說，主張建立君主立憲的政體，從而在整體上超越了洋務派的「技藝」層面。他們的思想主張和輿論宣傳，以超邁前人的廣度和深度洗滌著中國民眾的心靈，搖撼著古老的中華大地，應時順勢變法維新的聲浪已阻無可阻、攔無可攔地突現於人們耳目，灌輸於國民心理。

及至從庚子到辛丑（一九〇〇—一九〇一年）的世紀之交，晚清政局發生的一系列重大變故，更清楚地表明了中國社會已陷入岌岌乎不可終日的地步。

自戊戌政變不久，頑固派勢力在慈禧太后籌謀的政府人事變動中重掌大權，陡然抬頭，其仇洋排外心理與慈禧太后對各國支援光緒的怨憤嫉恨心理相結合，終於導致了統治集團利用樸素而自發的義和團民眾盲目排外的鬧劇。結果，號稱刀槍不入的義和團民，衝鋒陷陣，浴血拼殺，其憤可熱，其勇可感，但在朝廷別有用心的招撫引誘下，在咒語降神的虛幻迷從中，又哪能敵過洋槍洋炮的威力！哪能看透中外反動勢力聯合絞殺的最終面目！曾經一度席捲華北各省的反帝風暴倏興又倏滅。

到八國聯軍長驅直入攻占京津，闖了大禍的清政府驚惶失措之下不得不鑾輿西遷，一路出逃，極盡狼狽醜態。待得朝廷「兩宮」及其王公親貴腼覥返京之前，一個遠較《南京條約》、《馬關條約》更加屈辱的《辛丑和約》畫押定局。以仇洋排外開場，以屈從媚外收局，慣於自大虛驕的大清帝國至此已無任何招架之勢，「量中華之物力，結與國之歡心」，表明了慈禧太后們感激涕零之下，只得俯首貼耳、聽憑發落的十足奴相。按照十二款十九個附件的條約內容規定：中國向各國賠償白銀四・五億兩，以關稅、鹽稅、常關稅作擔保，年息四厘，分三十九年還清，本息共九・八億多兩，加上地方賠償二千多萬兩，總數超過十億兩；准許各國駐兵北京東交民巷使館區、駐兵北京至山海關鐵路沿線的十二個戰略要地；指令懲辦「首禍諸臣」九十六人，分別處以死刑、終身監禁、革職抄家，到永不敘用等刑罰；永遠禁止中國人成立或加入任何具有反帝性質的組織，違者一律處死；在所謂外國人遇害受辱的城鎮，停止文武考試五年；同時派專使謝罪，並改總理各國事務衙門爲班列六部之首的外務部。如此空前未有的國難，已使清政府威風掃地，顏面喪盡，淪爲「洋人的朝廷」；更使中國完全喪失了國家的尊嚴和民族的獨立，完全向殖民地、半殖民地的深淵急速滑落。

「晚泊孤舟古寺下，滿川風雨看潮生」，宋人蘇舜欽的詩句，正可讓我們借用於此，形象化地描繪十九世紀晚清社會一幕幕多變的政治風雲。

每個人都不僅僅屬於他自己，而是與他所處的環境緊緊相連，息息相關。

生當其時的顧維鈞，在學步人生的初始，便無能例外地受此時代的洗禮。值得注意的更在於，身處上海這個開埠通商的特殊地域環境，顧維鈞理所當然地得開時代風氣之先，尋覓一條別開生面的人生出路。

要說十里洋場的上海灘，受時代的激盪，世風轉變之劇之烈確乎令人矚目。時人驚歎：「上海界四通八達之交，海禁大開，輪軌輻輳，竟成中國第一繁盛商埠。邇來，世變迭起，重以滄桑，由同治視嘉慶時，其見聞異矣。由今日視同治時，其見聞尤異矣。

更閱數十年，人心風俗之變幻必且倍甚於今日。」伴著近代中國半殖民地化程度的不斷加深，位居「江海之通津，東南之都會」的上海，一直是風起雲湧的社會中心舞臺，西力東侵、西學東漸、西教東傳的頻頻衝擊下，各種力量紛紛藉此登臺亮相，特別是歷經六〇年代起的洋務運動和九〇年代起的維新運動的影響，集結成一個頗有生氣的新型知識羣體，吸引了一批又一批社會精英從各地會聚於此，為此呼號吶喊，泳翔其間。

以戊戌時期為例，作為東南地區維新運動的中心，上海各種介紹新思想、新學說，宣傳維新的書刊如雨後春筍大量湧現。一八九四年前，在全國範圍的七十六種近代報刊中，上海一地就有三十二種之多；到一八九六至一八九八年間新增報刊四十八種，占同期全國新辦報刊的百分之四十五。至一八九八年前，國內共譯介了大約五百六十一種西學書籍，其中上海就出版了四百三十四種之多，占了百分之七十七・四，尤其是一八九六年在滬創辦的《時務報》（旬刊），由當時的思想界驕子梁啓超擔任主筆，以變法圖強為宗旨，數月之間風靡海內，發行量逾萬份，「舉國趨之，如飲狂泉」，成為此間影響最大的報刊讀物。可以說，近代報刊的創辦，西學書籍的譯行，新式學堂的普及，所有這些，如新液輸導其間，脈脈滲入千家萬戶。正如世紀初的一份上海海關報告稱：「自義和團動亂以來，包括政府官員，知識界紳士以及商人階級在內的人士幾乎普遍地確認，向西方學習是十分必要的，反對西式教育的人幾乎不見了。」

風會所趨，今非昔比。趕上這個求變趨新的時代，顧維鈞所邁開的成長步伐，已很難像他父親所指定的那樣墨守陳規了。

隨之可見，社會風雲的新舊遞嬗，同樣給顧家帶來了變化。

本來，父親指望著把顧維鈞送去家館訓練，以便爲日後應舉作好準備。沒想到，小傢伙偏不就範，非去原來的私塾不可。此事最終以父親的讓步暫告平息，但父親是一臉的不快，回了私塾的顧維鈞也因沒有了往日那份快樂而發愁。這一切都被細心的姐姐看在眼裡。

剛出嫁不久的姐姐，和她的新婚丈夫說起了弟弟的求學去向。姐夫蔣昌桂來自寧波，他家是上海鉅商，此刻正在一所由基督教衛理公會主辦的英華書院上學。知此情狀，當即建議讓小舅子隨他一起到那裡讀書。這下子，母親和姐姐連連點頭稱是，父親呢，雖然既不贊成也不反對，但大概也默許了。所以，此後每逢兒子周末回家，周一返校，父親總是一路陪送到校。在這所教會學校裡，新的環境、新的課程，很快就把好學的顧維鈞吸引住了。在全校所有學生當中，年紀最小的他處處不甘示弱，每次考試，各門科目的成績幾乎都是名列前茅，爲此深得老師的器重和厚愛。

一年過後，也是在姐夫的勸說下，顧維鈞報考了當時著名的聖約翰書院（聖約翰大學前身）。大概心裡沒底，過了幾天，他又試著報考了位於徐家匯的官辦南洋公學（今上海交通大學前身）。

說起這兩所學校，均在滬上負有盛名。

由官僚買辦盛宣懷創辦於一八九七年（光緒二十三年）的南洋公學，經費主要來自招商、電報兩局紳商捐助。學校先後開設師範院（師範學堂）、外院（附屬小學堂）、中院（中學堂）和上院（大學堂），外、中、上三院各設四班，每班學生各三十人，最初開辦目的側重培養政治人才，以通達中國經史大義厚植根柢為基礎，實則多數畢業生學習工藝、機器、礦冶、商務、鐵路、船政等，學優者由學校資送出國深造。一九〇二年十一月，該校學生在民主思想與日俱增和學校當局專制壓迫日益加重之下，爆發了全校二百多名學生集體退學事件，這一學界風潮如巨石入水，激起層層波瀾，迅即引起進步輿論的強烈迴響和社會人士的普遍關注。以此為開端，推動了世紀初學潮走向蓬勃高漲的局面。

與此相較，一八七九年由美國聖公會傳教士施若瑟（Schereschewsky, Samuel Isaac Joseph）創辦的聖約翰書院，作為一所教會學校，其辦學宗旨是為了培養中國牧師，並希望透過介紹西方近代教育改變中國墨守成章、專攻經史的教育現狀。自一八八八年卜舫濟（Pott, Francis Lister Hawks）任校長以來，學校更加注重朝著西式完整教育的高等學府目標努力，特別強調英語教學和數理化等科學課程教育，以使學生在西方文化薰陶下，理解並接受西方的智慧，推動基督教的傳播和發展。

對此，當時的顧維鈞還不會有確切的瞭解和把握。但當此之際，他的名字幾乎同時出現在兩校新生錄取榜上。兩者當然只能取其一。照人家看來，十三歲的顧維鈞只有隨姐夫入聖約翰，多少還有個照應。就此，他放棄了進南洋公學的機會。

設想一下，倘若顧維鈞與南洋公學結緣，其人生恐怕又當別一番境遇了。

顧維鈞進了聖約翰書院，這一年恰逢庚子國難的一九〇〇年。

從戊戌變法的驟起驟落，到義和團風暴的旋起旋落，中國人在列強刺刀的威逼下，以《辛丑和約》的簽訂走進新的世紀。在此空前嚴重的危機面前，少年顧維鈞有何感觸呢？

事實上，這一切對早慧的顧維鈞來說，雖未必會有痛切之感，但也不乏朦朧的認識。

是的，我還記得——但只不過是模糊地記得——一八九八年的百日維新。當時我十二歲。全國都擔心政治改革能否實現，一般人認為維新運動的領袖們正在從事一項艱巨的工作。他們知道光緒皇帝是對他們有利的，但是他們也知道慈禧太后及其黨羽是賣國的和極端守舊派，這夥人一定會極力阻撓改革。這也正是維新運動失敗的原因。正如人所共知，慈禧太后對光緒皇帝實行了軟禁。當然我我意識到普遍的不安情緒。在學校裡，在報紙上，人們到處都在議論。當然我那時年紀還輕，不完全理解這場偉大運動的全部含義，但是我十分清楚地記得我和其他人，包括我的家庭和廣大民眾的感受，都模模糊糊地希望維新運動能夠成功。

要說此時，顧維鈞當然無法求其深解，對變幻了的時局，只能說是知其表象而已。正像他所回憶的那樣：

我們對康梁的政綱是否清楚呢？我認為，我們對他們的思想，認識是模糊的。學生是主張改革的，是主張有一個較強的政府的。總的感覺是中國每次和列強打交道，都以失敗告終。我們發現這是令人最厭惡、最灰心、最沮喪的，可不知道是什麼緣由和該怎麼辦。我們模糊地感到改革是個好主意，而並不瞭解其真正的意義。

此番表述正符合一個少年的心理特徵。走進這個變化轉折中的時代，對顧維鈞來說未免顯得懵懵懂懂，所有的疑惑、渴望和衝動，都埋在了稚童的心底。

大凡危機意識催生憂患意識。少年顧維鈞的內心深處，已有一種東西在漸漸生長，那是一種對清政府的失望和不滿情緒，也是一份心向革新圖強、洗刷民族恥辱的願望。直至晚年，他還清晰地記得在英華書院時遭遇的一件事。那段日子，顧維鈞照例每周末都要回家一次。有一天，他坐著黃包車途經外白渡橋回家，上橋時車夫拉得慢了些，隨後坐馬車的一個英國人，因急著要去跑馬場，竟嘰哩呱啦地吆喝著，並隨手揚起馬鞭抽打中國車夫。目睹此景，顧維鈞不由得怒火中燒，立即用英語回擊道：「Are you gentleman?」這個毫無教養的外國人如此欺弱逞強，給了顧維鈞很大的刺激。每次經過外灘黃浦公園門前，那塊寫著「華人與狗不得入內」的醒目牌子，更深深刺痛著他的心，越發強化了他立志報國的意念。

世紀初的頭幾年裡，人心思變幾乎普被全社會，改革已非任何人可以意志轉移的歷史大趨勢。

在聖約翰的顧維鈞對此漸多關注：

當時校內外到處談論改革，即實行憲政和社會改革。國家在義和團造反之後遭到的不幸，使公眾輿論異常混亂。由於清政府在對外關係方面處理不當，給中國帶來了巨大災難。如八國聯軍強行向中國索取大量賠款作為對義和團起義時出現排外暴亂的懲罰，舉國上下對滿清政府怨聲載道。

事實確乎如此。

經過庚子之變的國難重創，清政府已無法照舊統治下去，交相煎迫的內憂外患把它逼到了山窮水盡的末路。有識者慨乎言之：「欲求中國殘局，唯有變法一策。」曾在兩年前阻撓維新事業、撲殺維新黨人的慈禧太后，此時居然一反常態地唱起了改革的高調，所謂「須知國勢至此，斷非苟且補苴所能挽回厄運，唯有變法自強，爲國家安危之命脈，亦即中國民生之轉機。予與皇帝爲宗廟計，爲臣民計，舍此更無他策。」此番痛定思痛，幡然悔悟的姿勢，當然以維護自身統治利益爲出發點。始自一九一〇年，以光緒皇帝名義發佈的詔諭，要求中央和地方各級要員，「各就現在情形，參酌中西政要，舉凡朝章、國故、吏治、民生、學校、科舉、軍政、財政。當因當革，當省當并，或取諸人，或取諸己，如何而因勢始興？如何而人才始出？如何而度支始裕？如何而武備始修？各舉所知，各抒己見。」於是乎，一場姍姍來遲的社會變革，在朝野上下的合力推動下揭開序幕，包括教育、經濟、司法、政治等領域的一系列改革措施紛紛相繼出臺。

這一歷時十年的清末新政改革，雖然最終無力挽回清王朝萬劫不復的歷史命運，但它對於晚清社會的變遷顯然有著廣泛而深遠的影響。特別是其中最有積極意義且影響最大的教育改革，其直接的結果就是：科舉制度廢除終止，新式學堂大批湧現，出國留學蔚然成風。由此，隨同新世紀的到來，一個爲傳統教育舊式士子所無法比擬的近代新型學生羣體，得以在社會大變動中孕育誕生。

顧維鈞，正是這批富有生機的莘莘學子中聰穎而敏於感受的一員。

就像是打開了一扇窗戶，看到了另一世界的光。

自踏入聖約翰的校園生活，新型的教學內容和方法，擴大了顧維鈞的認知空間和求知視域；得益於一位留日歸國的中國老師啓蒙，更開啓了他的心靈，增強了他對時事的關心和對新知新學的渴望。這位老師同情康梁，充滿維新思想。在他接任的中文課上，並不要求學生閱讀和背誦經書，而是按不同題材，或據以經書引文，或讀報紙社論，介紹時事政治，獨特的教學方法深受學生歡迎，顧維鈞也留下深刻的印象。新教師一改聖約翰只教英美史、不教中國史的傳統，生動地講述起中國歷史名人，包括著名政治家、軍事將領和愛國志士，顧維鈞和同學們總是聽得格外出神而激動。在這些可塑性極強的少年心目中，新來的中文教師，無疑成了他們崇拜的偶像。

改革風潮的激盪，榜樣力量的感染，使一批如顧維鈞等十多歲的少年，充滿了對現實的迷惑和對未來的憧憬。不妨看看他是如何回憶當時情景的：

> 我認為主要是由於新教師的思想的緣故，我和我們同學越來越感到需要變革，但這裡所說的變革，並不是政府機構的變革，也不是重大政治制度的變革，因為我年歲太小，對這些還不能理解。我們只是感到有些事不對頭，需要新方法和新思想。同時，有些學生對西方教育興趣日濃，一批接一批地到外國求學。這對我和同學們影響很大。

看來，顧維鈞想出遠門了，一顆稚氣未脫的心正志存高遠，躍躍放飛。

終於有一天，兩位同學把決定赴美留學的想法告訴顧維鈞，並約他一同前往。班裡另有施氏兄弟倆，其叔伯施肇基和施肇祥，就是從聖約翰畢業後去了紐約康乃爾大學，學成回國不久便官運亨通，獲得時譽。

這當然讓顧維鈞動了心。但茲事體大，非同小可，至少得跟家裡商量了再作最後決定。

當顧維鈞把這一想法告知父母時，他們又如何反應呢？

好幾年前，母親就曾斷言兒子命裡注定要幹一番大事業，此後也一直這樣殷殷寄望和默默關心著兒子的成長。如今顧維鈞有志於留學深造，她應該高興才是。但這一回，無論兒子怎麼說都說服不了母親。她問：「為什麼跑這麼遠去求學？」母親想知道兒子得在國外待多久。當顧維鈞說至少需四、五年時，母親更強烈反對了。兒子盡力向她說明那是該做的事，因為這合乎中國的需要；他還告訴母親，自己並非一人，而是與好幾個同學同去，聖約翰已經有不少學生赴美，施肇基和施肇祥就是留學歸來的。但母親還是極力勸阻。也難怪，想著兒子如今眞要遠走他鄉，獨自謀生，做母親的於心何忍？此去一別，不知何時才能再見？要是孩子有個三長兩短，她又怎能放心得下？

在此問題上，父親的理解和支援顯得至關重要。

聽說兒子要去美國讀書，父親表面上似乎沒有明確表態，但心裡多半持贊成態度。好男兒志在四方，兒子作此選擇，父親自然頗感欣慰，也自有爲父的一番苦心籌謀。回味父親就留學費用問題與兒子的一席話，正透露出一個嚴父背後所包孕著的無限愛意：

父親告訴我，費用沒問題，要我不必擔心。他告訴我說，事實上，和他相識多年的兩江總督端方曾為我提供了官費，因為江蘇省政府正在派遣一批學生赴美留學。那時有一種風氣，一些眼光遠大的高級官員都鼓勵並支援派學生出國。父親告訴我說，他已拍去電報婉言謝絕。他告訴總督，他能負擔我的費用，並希望能把這筆官費授予家庭經濟條件較差的其他學生。

也許，這對顧維鈞多少有些意外。其實父親早有考慮，放棄了官費分派的機會，寧願自備資斧以助其行。

在乃父看來，無可逆料的時勢所趨，終使兒子越出舊軌，轉趨新路。如今孩子學業有進，志趣可嘉，一樣可以踏上仕途，投身政界，他捨得投資，大概正在於看到了兒子的希望，和家族的前景。及至後來顧維鈞不負所望，步入民初政壇，成爲一名年輕的中國外交官。這正是乃父喜不自禁的宿願，兒子也由此成了他後半生的驕傲。據說，一九一六年，年逾六十的父親因不愼跌了一跤而臥床不起，直至病情日趨嚴重之時，正當顧維鈞任駐美公使之際。但從上海寄往華盛頓的一封封信函，有關父親的病情一直未提及。噩耗傳來，顧維鈞當即考慮請假奔喪。但政府認爲此時正處中美關係關鍵時刻，希望他繼續留在華盛頓。在此左右爲難時，從家書的字裡行間，顧維鈞讀出了父親的遺願。據說，父親病重時，大家都安慰說，會寫信叫顧維鈞回國看望他。但老人卻叫家裡打消召兒子回國的念頭。並非老人不想兒子，只是他覺得讓顧維鈞留在美國比回來看他重要得多。由於父親的堅持，家裡就沒有發電報叫他回來，而且根據老人的願望，也勸他不要請假回國參加葬禮。

有了父親作堅強的後盾，顧維鈞自然少了一份顧慮。去意已定的他，著手開始準備了。

出國留學，該做的第一件事就是剪髮易服，來個舊貌換新顏。說起來，換下馬褂穿西服，還無妨大體，但要剪髮就沒那麼輕而易舉了。要知道多少年來，身爲大清子民，辮子雖小，但它來歷不凡，關係重大，一直是滿清王朝政治體制和社會倫理的象徵，雖經近代以來移風易俗，除舊布新，髮辮仍不是黎民百姓可以隨便變更的祖制。時至二十世紀初，剪辮也只是少數勇於革新者的驚世駭俗之舉。所以，當顧維鈞悄悄來到理髮店提出剪辮要求，理髮師猶豫再三，不敢信以爲眞，直到最後以收取加倍理髮費而了事。所以，當母親見了剪去辮子的兒子，已然大吃一驚，失聲哭泣，從此把兒子的辮子視如

學士．碩士．博士

有時候，一個人的命運就是這樣奇舛。

據說顧維鈞十一歲時，祖母就已爲顧家的這個小孫兒求神占卜算過命，結論是要他離開上海，離得越遠越好，最好是到外國去。

如今顧維鈞際會因緣，果眞遠離了上海，跨出了國門。

顧維鈞和同伴們終於來到了美國。和他同行的還有一名叫孫嘉祿的同學，一起被安置在紐約蒙托爾佛（Montour Falls）的庫克學院（Cook Academy）。

這是一所專爲培養學生考大學而設的預備學校。因爲坐落鄉間，學生大多來自附近的小鎭，學校收費很低，包括食宿和學費，一年只要九百美元就夠了。平時沒什麼花費，只偶爾到附近小鎭花五分錢喝杯可樂，花十分錢吃份雞蛋三明治而已。在當時男女同校的一百三十多個學生中，唯獨顧維鈞和同學孫嘉祿兩名外國學生，彼此未免有些初來乍到的新鮮和好奇。但同學友好關切，老師和藹可親，顧維鈞馬上適應了這環境，刻苦學習，使他每次數學考試總是滿分，英語能力也突飛猛進。本來估計得兩年才能學完的預科課程，最後僅一年就完成了。

至於要進什麼大學深造，顧維鈞出國前早就心有所向了。在國內，他已聽說著名的哥倫比亞大學，知道它的政治系尤其有名；也看過關於中國人在這所學校獲博士學位的報導。來到庫克學院，他又翻閱了哥倫比亞大學的簡介，發現其中不少教授的名字經常在報紙上出現。這樣一來，報考哥倫比亞大學的想法就定了下來。

眼前面臨的顯然不是去哪裡學，而是去學什麼的問題。這是一個必須愼重考慮且關係今後人生和事業發展方向的選擇。

這時，與顧維鈞朝夕相處的孫嘉祿已決定去康乃爾大學學機械工程。在他看來，無論從事何種工作，這都是一個比較穩定、生活有保證的科系，而且中國急需大批建築鐵路和橋梁的工程師。聽顧維鈞說想學政治學和外交學，孫氏極力勸阻，理由是，進入官場，一切都取決於權勢和裙帶關係，最後的決定因素並不是個人才幹；而且，除非加入某個政黨或自己組織政黨，單槍匹馬是不會有什麼成就的；更何況從中國歷史來看，政治生活往往很危險，甚至有人還爲此犧牲了性命。戊戌變法時的幾位愛國者慘遭殺害，不就是鮮明的例證？

對於這些不無說服力的論點，顧維鈞不是不明白，但心裡有自己的想法。他毫不掩飾地告訴同學：首先他想做一些有益於國家的工作，這倒不是想誇大個人的重要性，而是旨在為國效力，以實行改革，特別是在處理外交關係方面；第二，父親多年來一直希望他進入政界，且按照當時的風氣和政府的政策，乃父已經為他捐了官；第三，投身政界能光宗耀祖，勝於發財致富或儉樸過活。總之，顧維鈞認為，中國最需要的是能推行改革的一批新政府官員，自己確實想為改善國家的狀況做一些事情。不難看出，此番考慮，既有合乎時代課題的需要，也不排除在父輩期望下心繫振興家族的責任需要，從中流露的是眞實的心願。

年紀雖輕，但雙方各執己見似乎各有各的道理，兩人的討論和爭辯為此不斷地繼續著，何去何從，顧維鈞實在猶豫難決。

直到預科畢業後的暑假，在一次以中國為主題的晚會上，顧維鈞應邀作了以「覺醒了的中國」為題的演講，然後碰到在場的康乃爾大學詹克斯（Jeremish E. Jenks）教授，在聽過顧維鈞的陳述後，忠告他說：「把你的問題忘掉吧。不要為你將要學什麼煩惱。到哥倫比亞大學去學習必修課吧！」這一番話，對顧維鈞無疑有轉迷為悟的作用。

一九〇五年九月，安下心來的顧維鈞通過入學考試，開始他在哥倫比亞大學的生活。

正如當初詹克斯教授擔保的那樣，到哥倫比亞大學才一年，顧維鈞在確定學習方向上的一切疑慮都打消了，主修政治和國際外交已經不成問題。

最終幫助顧維鈞毫無困難地做出這樣的決定，大概來自兩方面的因素。一是第一學年裡，對很多課外事務的興趣，使顧維鈞逐漸傾向政治。當時，他參加了語言社，並以校刊《旁觀者》（*Spectator*）候補編輯的身份撰寫報導。學校各俱樂部和社團經常邀他去作有關中國的形勢、問題、前途等主題演講，這些活動大大地激發了他對中國時局的關切和獻身中國政治的熱情。每天早晨看報，首先想找的總是有關中國的消息。加上哥倫比亞大學重在研究人文學科，使顧維鈞的興趣越來越集中於此。

另一個因素，則與一九〇五年清政府派五大臣出洋考察立憲政治有關。

由於日俄戰爭的刺激、民族危機嚴重，以及國內革命運動的發展，在立憲派的多方策動下，呼籲清政府急行立憲的聲浪日益高張。一些握有權勢的地方督撫和宗室大臣相繼出面，奏請變更政體，實行立憲。一時間，「上自勳戚大臣，下逮校舍學子，靡不曰立憲立憲，一唱百和，異口同聲。」迫於情勢，慈禧太后不得不諭令派員出洋考察憲政，諭旨說：「方今時局艱難，百端待理，朝廷屢下明詔，力圖變法，銳意振興，數年以來，規模雖具而實效未彰，總由承辦人員向無講求，未能洞悉原委。似此因循敷衍，何由起衰弱而救顛危。茲特簡載澤、戴鴻慈、徐世昌、端方等隨帶人員，分赴東西洋各國，考求一切政治，以期擇善而從。嗣後再行選派，分班前往。」

此次一紙令下，姿態異乎尋常。要知一八四〇年起中國被迫與西方列強打交道，幾十年來，恪守祖制的清王朝除了締結條約、賠款道歉和禮節性的外交活動之外，從未派過一個代表團出洋考察西方各國的政治制度，除在器物層面引進一些西技西藝外，政治體制的改革始終不敢越雷池一步。到了八國聯軍之役後，也只不過允許中央和地方官員赴日考察學務、商務和農務。隨之推行的「新政」難見實效，時局之艱難，國勢之不振，依舊呈每況愈下之勢，籲請改革的言論鼓吹滿目盈耳，內外因的交相推促，迫使當局者最終出此之舉。但由政治上的閉關轉向開放，由「中體西用」轉向效法「西體」，雖然謹小愼微，半推半就，畢竟向政治制度近代化邁了歷史性的一步。隨後可以看到，由載澤、徐世昌、紹英一行前往日本、英國、法國和比利時，由戴鴻慈、端方前往美國、德國、義大利、奧地利和俄國，分途考察，周遊列國。據說考察的範圍很廣，主要包括，一是參觀，如議院、行政機關、學校、警察、監獄、工廠、農場、銀行、商會、郵局，以及博物館、戲院、浴池、教會、動植物園等等；二是邀請政治家、學者講解憲政原理；三是調查各項制度；四是搜集並翻譯各類圖書和參考資料。

一九〇六年年初，戴鴻慈、端方一行來到美國，其中的日程包括參觀哥倫比亞大學。作爲該校的中國學生，且已身爲紐約中國學生聯誼會主席，顧維鈞得以代表中國學生團體歡迎考察團到訪，爲此既陪同他們參觀了學校，也出席了爲歡迎他們而舉行的很多盛大集會。有意思的是，考察團中，端方是顧維鈞父親的好友，這位大清官員曾有意爲他提供官費留學的機會，後來因父親的婉謝而作罷。如今彼此見了面，端方自然免不了一番稱賞和勉勵。至於給顧維鈞留下很深印象的，莫過於考察團的主要顧問，幾乎都是曾經留學美國或英國的學生，其中就有他來美時的領隊施肇基。

這是確定未來事業的一個契機。立志在外交方面爲國效力的顧維鈞，顯然從中受到了激發和鼓舞，投身政界的決心自此不再猶豫。

如果說剛到美國時顧維鈞曾立志要進一所好大學，發願要和美國學生混在一起，過同樣的生活，選同樣的課程，要和他們競爭看齊，這樣的想法多少還是感性的驅使，那麼，現在目標既定，行動就有了依歸，知道該學什麼，更多一份理性的選擇。

坐落在紐約市區曼哈頓島上的哥倫比亞大學，是與哈佛、耶魯、普林斯頓、布朗、達特默思（Dartmouth）、賓夕法尼亞和康乃爾齊名的美國東北部最古老的「常春藤聯盟大學」。它們都因校園建築物的牆上爬滿了常春藤而得名。創設於一七五四年的哥倫比亞大學，以建校歷史而言，名列其中的第五位，一幢幢希臘廟宇和羅馬殿堂式建築物掩映於茂密綠蔭之中。作爲一所享有盛譽的綜合性私立大學，其師資陣容之強，學院科系之廣，課程設置之豐，學生人數之多，社團活動之頻，均在美國大學中名列前茅。

就在顧維鈞來此學習期間，一支由世界各地著名學者組成的師資隊伍會聚於此，其中有研究憲法的伯吉斯（John W. Burguess）、研究行政法的古德諾（Frank J. Goodnow）、研究經濟學的塞利格曼（Edwin R. A. Seligman）、研究國際法和外交學的穆爾（John Bassett

Moore）、研究歷史的比爾德（Charles A. Beard）、研究歐洲史的羅賓遜（James Harvey Robinson）、研究社會學的吉丁斯（FrankLin H. Giddings）、研究近東和西亞的傑克遜（A. V. Williams Jackson），等等。他們學有專長且馳名國際。

在此羣星燦爛的大學校園裡，有機會得名師之教誨，顧維鈞確實感到三生有幸。當時，除傑克遜外，其他人的課他都選了，聰明好學的顧維鈞爲此得到了很多老師的特別賞識。如擔任政治學和歷史課教學的青年教師比爾德，擔任憲法和行政法教學的古德諾，他們都對顧維鈞特別感興趣，經常邀請他去他們家裡吃午餐、晚餐，或者參加茶會。顧維鈞每當遇到一些問題需要解決時，也經常向他們請教。特別是顧維鈞的國際法和外交學老師穆爾教授，更留下了不可磨滅的印象。

這位已經白髮蒼蒼卻依然充滿激情和活力的老教授，不但學識淵博，寫有《國際仲裁》和八大本《國際法彙編》等名著，還一度擔任過美國助理國務卿和代理國務卿，可稱實務經驗豐富的政治家。教學上，他也有自己獨到之處。每次上完課，老教授總樂意留在教室裡回答學生的提問，並和學生在極其親切的氣氛中討論講課中提出的觀點，有時候一談就是一、二十分鐘，甚至半個小時。作爲一名一絲不苟的學者，他在學生面前反覆強調學會做好以下兩件事的重要性：一是無論作文還是求知，不必讓自己花腦力去記事實、日期、人名和地點，更重要的是學會到哪裡去找所需要的材料；二是學會推理，這樣才能保持頭腦清醒，進行獨立思考。

對於十七、八歲正值大好青春的顧維鈞而言，穆爾教授淵博的學識、嚴謹的治學、眞誠的熱情、善良的心地，均有極大的魅力。敬佩之餘，不僅把他看作是自己的恩師，而且看作是首席顧問。老教授對這位年輕人也格外地青睞。每次家裡舉行茶會都邀請顧維鈞去，星期天也常約他和家人共進午餐，師生倆結下了深厚的情誼。到一九〇九年初，按照穆爾教授的意見，顧維鈞註册爲法學院學生。老教授特別提醒他，上法學院不是爲了法學士的學位，而是爲了獲得法令和習慣法基本原則的知識；根據他個人經驗，掌握司法知識，對日後處理國際法和外交事務將大有幫助。從這裡不難看出，導師其實有意培養學生更深入的志趣，爲顧維鈞選定奮鬥的方向。爲此，顧維鈞在法學院讀了兩年，學了除司法程序以外的所有課程。

師恩難忘。以至於許多年過去後的一九七一年，曾有人問起顧維鈞，誰對他一生影響最大？八十多歲的顧維鈞的回答是穆爾教授。一張被顧維鈞收藏多年的師生合影，眞切地記錄了他人生歷程中一段彌足珍貴的際遇。

在哥倫比亞大學期間，顧維鈞是一名出類拔萃的學生。不妨舉幾個例子。

按當時校方規定，學生必須念兩種外國語言，中文也可算作其中之一，但顧維鈞不願占這個便宜。入學前，他曾利用夏天的六周時間參加康乃爾大學德文班的學習。進了哥倫比亞大學後，他又開始學法文。

一年過後，顧維鈞發現，所有攻讀文學士學位的學生必修拉丁文甲班課程，否則只能獲理學士學位；而他想得的是文學士而不是理學士，勢必要補上拉丁文。但在美國，這一課程通常要用四年才能學完，顧維鈞卻從未學過。爲此他找到院長，要求二年級學習拉丁文，但院長告訴他，如果中學沒有學過，就不要指望能跟班聽課；再找到拉丁文系主任，同樣對此表示懷疑，但眼前這位中國學生，提出讓他不妨試試。隨後，顧維鈞住到一位拉丁文教師那裡，經過悉心努力，居然在六周之內學完四年的全部課程。這無論如何讓老師們感到意外，不能不驚歎中國優秀青年的能力。一年後的年終考試，顧維鈞的拉丁文成績得了「A^+」。

實際上，要說顧維鈞在語言方面具非凡天賦，不如說這是來自於他的發奮勤勉。

再拿第二學年的一件事來說。當時在礦業學院學習的校友，因爲經常和他談到發展中國採礦業的重要意義，並認爲學習地質學有助於入門，顧維鈞覺得很有意思，於是找到該院院長，要求加選該課程。但在第一節課上，老師只講了課本的一頁半，顧維鈞就一點也摸不著頭腦。課後，他一而再、再而三地閱讀，下定決心要弄明白。雖然課文的每一行裡都有五、六字需要查字典，但他不想放棄，在反覆閱讀了至少十天之後，終於完全弄懂。與此同時，他認眞上每周六的實驗課，化驗各種石頭，寫出相關報告，雖然基礎很差，但憑自己的刻苦，通過了所有的實驗。

結果，到一九〇八年底，顧維鈞在三年之內就讀完了原定四年的課程。於是，按照規章，註册處要他提出報告，作好畢業準備。但顧維鈞不想畢業，他說要跟同班同學一起畢業，這未免讓對方萬分驚訝：別人恨不能早早畢業，沒想到顧維鈞卻拒絕畢業，這可是學校前無先例的事。是何原因？顧維鈞當然不願說出衷心的意向：如果畢業，意味著自己必須脫離學生羣，而他其實非常樂意繼續參加各種學生組織和活動。見顧維鈞意志堅決，註册處主任總算幫他想了一個解決辦法，就是不交二十五美元的畢業費。就這樣，既不交錢又不領文憑，當然就不能畢業了。直到晚年回憶起這段大學的軼事，顧維鈞還是覺得十分有趣。

是的，顧維鈞不想畢業，出於他對校園生活的熱愛。

說起哥倫比亞大學的學生社團組織，有政治的、社會的、科技的、文娛的、體育的，五花八門，幾乎無所不包。在此豐富多元的學生活動中，顧維鈞顯然是個十分活躍的積極分子，格外地引人注目。

按顧維鈞的想法，「我是個來自異國的學生；我不僅想學到知識，而且想瞭解這個國家的人民和生活。」正是有這樣的心願，使顧維鈞在專業學習的同時，熱心參與了衆多課外活動，而且表現出越來越濃厚的興趣。

這裡既有法學社主辦的演講和辯論賽，也有戲劇社的表演節目；既有旨在推動學習和欣賞法國文化以及提高法語會話能力的法語學會，也有旨在改善學生福利、提高學校名聲的「皇冠」組織……顧維鈞都是置身其中的活躍分子。同時，他還加入了田徑隊，並成爲大學辯論隊成員中唯一的一名外國學生，代表哥倫比亞大學與康乃爾大學隊展開論戰，結果贏得勝利。有一次，他還參加比爾德教授主持組織，仿效美國兩個主要政黨提名總統候選人的全國大會，並被指定在模擬共和黨大會上發言。對他來說，這既令人困惑，又令人神往，由此他得以瞭解美國政治生活，並增長了很多見識。

除此之外，顧維鈞還當上校刊《旁觀者》的總編輯、《哥倫比亞大學月刊》（*Columbia Monthly*）的業務經理和《哥倫比亞人》（*The Columbian*）的編輯成員，後來又出任了全美中國留學生刊物《中國學生月刊》（*The Chinese Students Monthly*）的主編。

所有這些課外活動，不僅使顧維鈞對校園生活有了深刻瞭解，也加深了對美國社會的認識，而且大大有助於提高寫作能力和社交能力，還樹立了他在同學中的威信。三年級時，顧維鈞在全校學生代表委員會的選舉中獲得勝利，他曾這樣說過：

> 作為一個中國人，我對任何種族的人都不抱偏見。中國一直是這樣的一個國家，在這個國家裡，不理解種族歧視，更談不上有人在推行種族歧視。在孔夫子教導的影響下，「四海之內皆兄弟」是普遍為人們所接受的箴言。

所以，在校內，顧維鈞的個人交往從來不考慮種族區分，他和各種族的學生都交朋友，正如他後來所說的，在與外部世界的交往中，要緊的並不是朋友的宗教信仰；個性、品質和情操比信仰更爲重要。

好些年後，顧維鈞的次子裕昌步父親後塵進了同一所學校，父親的聲譽頗讓孩子沾了光。校長邀請他吃午餐，還親口告訴顧維鈞夫人：「妳的丈夫是這所大學有史以來最有才華的學生。」

有人統計，一九〇〇年中國留美學生十餘人，一九〇五年三十多人，一九一〇年五百多人，一九一一年爲六百五十人。但據《東方雜誌》一篇〈留美中國學生會小史〉稱，一九一一年留美中國學生會有八百多名會員。也曾有人在《留美學生季報》上對二十世紀初期的留學生大體作過如下五種分類：一爲文士派，只知讀書，不管其他；二爲留外派，以爲外國的一切皆好，中國的一切皆不足論；三爲流學派，隨波逐流，染於蒼則蒼，染於黃則黃；四爲名譽派，沽名釣譽，濫竽充數，以爲留學鍍金即可身價百倍；五爲求學派，具改良之思，抱救國之念，專心向學，務求實得。

證諸顧維鈞在美留學七年的表現，無疑應當把他歸於最後一類。

誠然，親炙久嘗了西方文明的薰染，使顧維鈞留美之初對中國現實的不滿情緒和憂心報國的樸素情感得到理論上的昇華，使他蓄積涵育的愛國情懷有了價值上的重新評判、觀念上的重新審視。別離故國又心繫家園的顧維鈞得以放寬傳統的視界，站在一個更加廣闊的歷史背景中理解和認識中國。

一九一一年一月二十八日，在致美國友人莫特（Mott）的一封信中，顧維鈞說：

我注意到，每一個中國學生在旅居國外一年後，他對中國的態度或多或少地發生了變化，但總是向好的方面變化。通過比較和對照，他開始拋棄原先的傲慢和偏見，而更真實地觀察中國。在痛苦絕望之際，他常常會放縱自己的情感，在他較為持重的同胞面前毫無約束地對處於困境中的祖國貿然作出評判，還可能激烈地指責中國的每一件事情。但是，他心中對中國的愛一點也不亞於他的同胞，而經深思熟慮後他總能對中國有一個更為清醒的認識，並因而激發他以更堅定的決心，更積極地投身於服務祖國的事業中。

古人有「不識廬山眞面目，只緣身在此山中」的感歎。這在某種意義上道出了距離給人產生的美感，但亦當視具體情況而論。

就顧維鈞而言，處於中西方文化交會衝撞的歷史大背景下，適逢世紀初的中國社會急劇轉型期，由此飄洋過海來到美國，接受別開新境的西方教育，這就使他較之於那些久錮於傳統精神世界裡的中國人，獲致了一個無可趨及的中西對比參照系。在美度過的七年大學生活，耳濡目染了西方社會的政治、經濟、文化、教育和科技等成就，比起固步自封的同胞對於外部世界的認識，就多了一份身歷其境的體驗，少了一份霧裡看花的迷惑。雖然相當長一段時期的潛移默化，難免使自己的思想觀念、價值取向和行爲方式深深打上了西方的烙印，但懷揣了愛國之心、報國之志的顧維鈞，基於比較中所產生對中西方社會現實的強烈反差，更痛切地深感於故國家園的貧困和落後，也更自覺地意識到歷史責任的沈重和緊迫，由此，對於自己的愛國情感，也更多了一份理性的審愼，少了一份偏執的狂躁。

明乎此，讀者也就不難理解他何以最初選定國際法和外交學作爲專業主修課程？又何以最終確定將《外國對中國政府的權利要求》作爲博士論文題目？

雖然，這是一篇僅寫完了原計畫的引言部分就因突發事件而不得不擱筆的論文，後經導師穆爾修改潤色，改爲《外人在華地位》出版。從中我們可以體會到顧維鈞的用心所在。此書分爲上、下兩篇，共十九章，上篇概述了一八四〇年前外人來華的歷史、外人在華所享的權利、中國對外人的法律管轄以及中國對外貿易的規章和組織等內容；下篇則詳盡地分析了近代以來治外法權、通商口岸、租界、外人在華旅行經商和傳教的起源與演變，並著重探討了治外法權在中國的產生、對外人的保護、適用範圍及限度等問題。窺其旨意，正在於改變不平等的中外關係，維護中國應有的主權。透過研究，顧維鈞得出結論：

如果中國人民為復興祖國所作出的充滿理智和愛國熱情的努力，能得到列強的

同情和道義上的支援，那麼一個強大的進步的中國肯定會百倍地迅速崛起，而

進步和強大的中國意味著遠東的永久和平。

可見，大學時代的顧維鈞，所思所感所想所爲，始終以他對祖國那份滿腔深情的厚愛爲依歸，也始終以他救國救民的重任爲指標。

綜上所述顧維鈞的留學生涯，嚴格系統的專業訓練，學士、碩士和博士的學業結構，無疑奠定了他相當扎實的學理基礎。更進一步說，終其一生淵博的外交學識、雄辯的外交口才、寬廣的外交胸襟，還有「賴美爲助」的外交策略、超黨派的政治理念、民主自由的理想信仰，均與他這段特殊的求學道路、特殊的人生履歷密不可分。但從離異到回歸，從闊別故土到重返家園，顧維鈞擁有一種獨特的視野，那是從世界看中國的國際眼界。

老人家的傷心淚

自古名士多風流。從英俊瀟灑的年輕時代，到兩鬢飛霜的垂暮歲月，與顧維鈞的宦海生涯相伴相隨，與他的家族變遷休戚相關，是他屢經波折的情感歷程。在顧維鈞一生經歷的四次婚姻中，有人把他第一次有名無實除外的其他三次婚姻，稱之爲三部曲：一，主貴，與唐寶玥聯姻，藉以發展政治地位；二，主福，與糖王之女黃蕙蘭結好，可以多財善舞；三，主愛，與嚴幼韻結婚，相親相愛，以期白頭偕老。可以說，這不僅是對他一生婚姻的總結，也道出一代外交家的婚戀情操。終其個人生活中的前後幾次婚戀，正交織了社會、歷史、家庭、人生豐富而複雜的多重變奏曲。

這裡還是先從父命難違下屈從的一段包辦婚姻說起。

一九〇八年春的一天，已是哥倫比亞大學三年級學生的顧維鈞，收到父親從上海寄來的家書。

這一次來信，讓顧維鈞驚呆了，一時茫然不知所措。父親在信中告訴他說，自己年紀大了，看著他所有的兄弟姐妹娶的娶、嫁的嫁，都已成家，他是五個兄妹中唯一尚未結婚者，老人家希望兒子能在畢業前回去，和在上海的未婚妻完婚；還說爲子女操辦婚事是父母義不容辭的職責，等把這門親事給辦了，老人家就可安心地頤養天年了。語氣誠懇又委婉。

這是怎麼回事?顧維鈞如丈二金剛摸不著頭腦，苦思冥想，他終於模糊地記起少年時的一段往事。

大概是在顧維鈞十來歲的時候，眼看顧家三少爺一天天地長大成人，前來顧家說親的媒婆接連不斷。爲此，母親還半開玩笑地試探過他的看法，但小孩子怎會懂這事?那時，顧維鈞對訂婚、結婚壓根兒沒有興趣。後來隨著提親的人越來越多，父母親也眞的開始重視起來。終於有一天，兩位老人被說動心了。

原來，女方是上海中醫界老前輩「張聾髶」的姪孫女，一個出身名醫世家的千金小姐。

說起這位以擅治傷寒症而聞名於世的老中醫，幾乎是滬上人家婦孺皆知的。「得了傷寒病，去找張聾髶。」這是在上海灘上廣爲流傳的諺語，可見人們對其高超醫術的推崇。老人原名張驤雲，三十歲時因患病導致聽覺衰退，從此有了「張聾髶」的外號，他在上海泥城橋平橋里（今北京西路）開設診所，爲人正直儉樸，對病人悉心診治，不論貧富貴賤，一視同仁。雖其戶外不掛行醫招牌，也從不在報上刊登廣告，但醫德高尚、醫術精湛，聲名不脛而走，遠近市民至其診所求醫者終日門庭若市，從無間歇。在他的小姪輩中，秉承家學、繼其醫業者代不乏人，醫德醫術同樣爲人稱頌。

「門楣求其稱，婿婦唯其賢」。在顧維鈞父母眼裡，若能攀此親家，當然是再好不過的事。何況，以顧家當時日益發達的地位而論，也該找個門當戶對的人家才是。

說來很有意思，女方的父親因爲多次上門行醫，對顧家小少爺似乎特別欣賞。此前姐姐病重，父母把張大夫請來，幾乎每天給她看病。有一次張大夫和他說話，看到他攤在桌上的圖畫，連連點頭讚許。不久後的一個暑假，顧維鈞得了一場重病，也是張大夫天天趕來精心醫治，看得出來，張大夫非常喜歡這個聰明伶俐的小傢伙。至於顧維鈞父母，對張大夫更是心存感激。

於是，媒人撮合，雙方父母滿心歡喜。問問兒子呢，母親又試探起顧維鈞的反應，但他眞的還小，既不理解，也沒興趣，好像跟自己毫不相干似的。既然如此，也無妨，反正替兒女的婚姻作主，這在父母看來，乃是天經地義的權利，至於當事人的意念如何，完全可以不在意。《禮記》中說得十分明白，婚姻僅僅在於「合二姓之好，上以事宗廟，而下以繼後世也」，與婚姻當事人無關。此乃中國傳統婚姻的唯一合法形式，老祖宗傳下來的規矩，古來如斯。

既然雙方家長有意，關係到子女的終身大事就這麼敲定了。隨之，按照風俗，選個好日子，男方向女方送禮，女方向男方還禮，一整天的訂婚儀式，雙方家庭忙得不亦樂乎，被盛情款待的媒婆就更是樂不可支了。至於顧維鈞，似乎旁觀者看熱鬧，只有一份童貞的好奇。而且，按陳規，訂婚那天男女雙方並不見面，所以，對方長得怎樣、學識如何，他都一無所知。不過，要說一點都不在意也未必。至少，母親事先試探他時，顧維鈞若有所思地說過，對方不應該纏足，應該進新學堂，只是父母沒有放在心上，本來嘛，小孩子的話，誰會當眞？

當事人顧維鈞可曾明白，訂婚過後，意味著他從此有了自己的未婚妻。這一年，他只有十二歲。

轉眼四年過去了。十六歲離家赴美的顧維鈞全神貫注於自己的大學學業，也爲豐富精采的校園生活和校外活動所吸引、所陶醉，在此期間根本沒有戀愛結婚的念頭，至於當初就沒有被他當一回事的訂婚，更是忘得一乾二淨了。

現在父親舊事重提，豈不讓他頓生納悶，好不煩惱？想起那段遙遠的往事，想像他從未見過面的未婚妻，顧維鈞覺得有些莫名所以。畢竟已是二十歲的小夥子了，顧維鈞對於未來已有自己的想法，思量再三，他給父親回信了，信中這樣寫道：

當前最重要的是完成學業，而這還需要一些時間，婚事應該在我完成學業並有了固定職業之後再辦。這樣我就可以不像和我同輩的許多年輕人那樣，依靠父母來養家。我要自立，而不像大哥二哥那樣給父親增加負擔。

顧維鈞以學業爲由，拒絕了父親的要求。很快地，父親又來信了，言辭裡有些氣惱，也有些不解和責備，顧維鈞當然堅持己見，毫不妥協。一連串的家信往來，父子間的分歧越來越大，老人心裡很淸楚，兒子此次藉口推拖，看來絕不是意氣用事，讀他來信中所說的一大堆理由，當然不會贊同，卻也難以反駁。作爲一家之主，竟然說服不了兒子，老人越想越懊惱，越想越生氣，終於，他不再寫信。

但事情並沒有到此爲止。不久，大哥顧敬初也來信了。

如我們後面將要述及的，在顧維鈞的三兄弟中，他和大哥的感情最好。此刻，遠在上海的大哥已從老人家唉聲歎氣的神情裡，也從弟弟振振有詞的來信中，知道了問題的嚴重性。介於父親和弟弟的衝突之間，顧敬初自有一份推卸不去的責任。於是，大哥去信勸他說，男大當婚，女大當嫁，這是中國人的傳統習俗，弟弟要是能回國成家立業，肯定會讓父母格外高興和寬慰；再說，對方長得又漂亮又聰明，和弟弟匹配，是位很好的終身伴侶。

大哥的來信顯然讓顧維鈞更加心煩意亂。他不贊成結婚，但也想瞭解對方是怎樣的女孩，現在大哥誇讚女方如何美貌，誰知道是不是道聽途說？對此顧維鈞是頗爲疑惑的；何況他更想知道的事實是：第一，女方是否放足？第二，是否進了新學堂學英語，而不是在家裡學中文？在得知小弟這些想法後，大哥果然在回信中作了肯定回答，他說他去過女方家裡了，受到女方父親的熱情接待，並在談話時見過女方一眼。但這些話，對人在海外的顧維鈞來說，又有多少可信度呢？

只是，大哥一封接一封的來信，也讓顧維鈞知道了因自己拒婚而給全家帶來的不平靜，特別是老父親，終日唉聲歎氣，沈默寡言。知此情形，顧維鈞又怎能不難過？時隔四年，對故鄉的親人又怎能不牽腸掛肚？他告訴大哥，只要父親不再強迫他結婚，非常希望能在放暑假後回去和家人團聚。

沒想到，父親還真答應了他的要求，老人表示，多年不見，思兒心切；至於婚姻問題，可以回來商量，絕不會勉強他。

也許，固執的父親終於想通了。既然父子間達成諒解，那麼，也該回家看看了。

一九〇八年夏，顧維鈞回到了上海。

一家人久別重逢，其樂融融自不待言。見到了終日思念的兒子，母親似有說不出的歡欣，但她深知老頭子催兒歸來的用意，是要爲他安排婚事。所以顧維鈞到家的當天，母親就暗示他說，父親正要就此事找他好好談談。顧維鈞看著母親神秘兮兮的神情，也沒往心裡細想，他知道，藉此探親的機會，本來也要和父親當面把此事作個明確的表白，他不想因此傷了父子間的感情。

但是，顧維鈞顯然低估了父親的用心。與父親闊別四年後的第一次交談，老人就想轉入兒子的婚事正題，兒子似乎沒有心情，只得換個話題，先聽聽兒子在美求學的情況彙報，但等不到吃晚飯，父親又把顧維鈞叫了去，老倆口正式向他提起婚姻大事。言談間，顧維鈞知道了父親已爲他做好結婚的安排，一字一句無不透著老人的眞心實意。父親語重心長地希望兒子早日與張家小姐完婚，以了卻他和母親的最後一件心事，但顧維鈞想得更多的是自己的前途和事業，無意屈從父母的想法。在他看來，自己又不是父母唯一的孩子，既然兩個哥哥都已結婚，也爲父母添了孫子，那麼父母沒有必要再把他的婚姻看得像獨生子那樣重要，但這樣的辯解反而激怒了父親，談話終於不歡而散。

接下來的事態發展，可眞把顧維鈞難住了。

沒想到，當天晚上，父親盛怒之下，飯都不吃了，一個人關在屋裡，不讓任何人進去，等大哥爬窗戶而入，發現父親在默默地流淚。老人家顯然傷心透了，用他跟大兒子的話說，沒想到把一個孩子撫養成人，讓他受最好的教育，現在竟滿腦子是摩登的西方思想，爲他操辦婚事，竟這麼不理解一個做父親的苦心，老人覺得大失所望，也幾乎奪去了他晚年的幸福。

聽了老人的一番訴說，大哥也忍不住了。爲打破僵局，作爲中間派的他只得再次出面調解。

因此，兄弟之間有了一次長時間的談話。

的確，兄弟倆的這一次促膝談心，對顧維鈞觸動很大。大哥說了，他理解小弟的想法，但建議顧維鈞無論如何得站在父母的角度，爲老人家想想。

其實，顧維鈞何嘗不願體諒父親的心情？又何嘗不想讓老人家快樂？但這畢竟事關自己的前途，他能接受這樣的命運安排嗎？又有誰來理解一個年輕人的苦衷呢？

不過，苦悶、矛盾的顧維鈞，最後還是被大哥說得有些愧疚、有些痛楚，一份做兒子的責任感，驀然間占據心頭，把他從理想中拉回現實。傳統的中國人，很少有爲自己活的；傳統的社會習俗下，顧維鈞不能不爲父母著想，爲維護家族的名望著想。

左右爲難之下，顧維鈞不得不違心屈從。

這下子，父親當然轉憂爲喜了。

很快地，顧維鈞的婚禮提上了日程。

婚禮是典型的中國方式，其排場在當時的上海算是夠大的。花轎前由馬隊、樂隊開路，有大宮燈、大銅鑼等各種老式儀仗，還有長長的護衛。浩蕩的迎親行列簇擁下，頭戴鳳冠、身穿緞子繡花外褂的張家獨生女張潤娥被接到了顧家，那一刻，顧家三少爺顧維鈞也換上長袍馬褂的禮服，被牽引著來到廳堂。

鬧哄哄的婚禮儀式結束了，樂哈哈的賓客送走了，一切似乎都平靜下來。在此沈寂而悶熱的夏夜裡，顧維鈞感到從未有過的心靈疲憊。

出乎衆人意料，結婚當晚，顧維鈞沒去洞房，而是進了母親暫且空著的屋裡睡覺，此事傳開，一下子在親友間成了話柄。但他毫不在意，一連好幾個晚上如此。顯然，父親爲此擔心了，母親也有些看不下去，在她的敦促下，顧維鈞不得不回新房。然而即使進了新房，他卻跟新娘分床而臥，一個睡大床，一個睡躺椅。新娘是個舊時代典型的女子，克制、忍耐又天眞，面對新婚丈夫的冷落，雖不知其故，也安之若素，一直沒放在心裡。幾個晚上過去了，這對新人倒也你謙我讓，相安無事。

此次回家探親，竟是這麼一個結局，這是顧維鈞無論如何沒有估計到的，現在既已讓了步，結了婚，父親應該滿意了，自己也得準備回美國去了。

父親似亦有所意料。聽兒子說要去美國繼續學業，他當然沒有意見，但希望顧維鈞帶媳婦一起去，一來好好照料她，讓她去見見世面；二來可以讓她藉此機會學好英語。顧維鈞雖面露難色，但老人的口氣裡不容有任何討價還價的餘地：要麼把她帶走，要麼自己也別走，非此即彼，無可爭辯。這對於一個經濟上仍有賴父親資助的兒子來說，除了再一次妥協讓步，也別無選擇。

那麼，還是一起走吧。一對形式上的新婚夫婦，終於踏上了遠赴美國的旅途。

一路上，彼此沒有談及任何有關兩人之間的事。妻子小顧維鈞兩歲，他把她當妹妹一樣，負起照顧的責任，向她說起海外生活的一些情況，也談及她到美國後所處的環境。幾個星期的旅途相處，兩人眞正做到了相敬如賓。在到達紐約的當天，顧維鈞便把她送到費城，在朋友推薦的一個美國人家裡住了下來，那裡有一對老夫婦和一個女兒。朋友準備幫她介紹學校，學習英文。安排好這一切後，顧維鈞回校學習。

此後，每逢假日，不論是耶誕節還是復活節，顧維鈞總要去看她，兩人一同吃中餐、看電影，或者散心聊天，他們的關係與其說是夫妻，不如說是兄妹或朋友。見面的時候，他們的主要話題是就各自今後打算做什麼交換意見。據顧維鈞後來回憶說：

我向她解釋，對我們每個人來說，重要的是有一個職業，並盡自己的力量為我們的國家和民眾服務。為此，必須充分準備。她對此完全理解。至於個人問題，我告訴她，我們應當力爭幸福，而幸福只有在以愛情為基礎時才能得到。這只能是自然形成的東西。就我們的情況來說，我們彼此從來不瞭解，甚至從來沒見過面。我們純粹是因為父母包辦而被推在一起成為夫妻的，父母甚至不曾徵求我們的意見。我是這樣，我猜想她也是這樣。她證實了這點。她父母向她提出婚事的時候，從來也不准她發表意見。她既沒有見過我，自然也提不出什麼意見。所以，從一開始，她似乎就明白這種婚姻純屬人為，是非常不自然的。

這麼說來，女方對顧維鈞在他們夫妻關係上的做法，不僅說不上有什麼抱怨，反倒更多了一份理解和同情。

原來，兩人都是包辦婚姻下的受害者。

到了一九〇九年的秋天，當顧維鈞試圖說服女方不再保持這種有名無實的婚姻關係，以便雙方都能自由地按著自己的意志行事時，她顯然並不因此感到突然和震驚。她只是聽著，既不表示贊同，也不表示反對。不過，既已爲人妻，本性善良的她當然不知該如何是好，何去何從，未免有所困惑。顧維鈞也猜到了她的心思，不會草率從事。所以，顧維鈞建議由他起草一份離婚協議書，再徵求女方意見，根據協定，雙方離異後，如果女方願意留在美國，顧維鈞負責她的學習費用；如果要回國內，他倆在家中的財產悉歸女方所有。

此後經過反覆商議，顧維鈞充分尊重女方意願，直到一九一一年，兩人在協議書上簽字，友好地分手。

就此，一樁以中國傳統方式開始的舊式婚姻，在異國他邦以西化方式結束。

走筆至此，不由得讓人想起另一個人來，此乃顧維鈞後來的老朋友胡適。這位一八九一年出生，小顧維鈞三歲的洋博士，十三歲時由年輕守寡的母親作主，與小腳村姑江冬秀訂婚。二十七歲在美留學時遵母命回國，新人踐舊約，與從未晤面的江小姐履行既定的包辦婚姻。在給母親的信中，胡適說：「兒於兒之婚事，並無一毫怨望之意，蓋而深知吾母爲兒婚姻一事，實已竭盡心力，爲兒謀美滿家庭之幸福；心若猶存怨望之心，則眞成不識事勢，不明人情，不分好歹之妄人矣。」但在給至親好友的信中，他又說：「吾之就此婚事，全爲吾母起見，故從不曾挑剔爲難（若不爲此，吾絕不就此婚。此意但可爲足下道，不足爲外人言也）。今既婚矣，吾力求遷就，以博吾母歡心。吾之所以極力表示閨房之愛者，亦正欲令吾母歡喜耳。」如此前後矛盾，表裡不一，足見他內心之苦之痛之無奈。一個學識廣博的留美博士，一個粗通文字的小腳女子，洋土結合，新舊參半，缺乏共同語言，缺乏愛情基礎，兩人婚後又是吵架又是鬧離婚，自然難免了。這段因恪守舊禮教而湊合的婚姻，多少讓胡適大有悔不當初之慨。然而耐人尋味的更在於，爲保全名譽，爲恪守孝道，胡適爲此忍氣吞聲，終生爲伴。雖然蓋棺之日博得「新文化中舊道德的楷模」之譽，想必泉下有知的胡博士，對此不虞之譽，也不會引以爲豪。畢竟，其不幸的婚姻悲劇是其大半生光陰中驅散不去的陰影。

與胡適相比，顧維鈞不幸中有幸，命運起初何曾相似，爲遵父命而從命，爲盡孝心而違心。但最終的結局又截然不同，一個死要面子活受罪；一個卻在面對面的現實中曉之以理，終於從封建婚姻的沈重枷鎖中掙脫出來，爲自己贏得了自由。

如果顧維鈞沒有勇氣跨出這一步，很難設想他日後的事業會是什麼情景。

一九一二年二月中旬的一天，正在爲自己的哲學博士學位緊張忙碌的顧維鈞，意外地收到一封署名中華民國政府駐華盛頓使館的公函。驚詫之餘連忙拆閱，原來是駐美公使張蔭棠邀請他前往使館，說有要事面談。

「什麼事呢？」顧維鈞一時頗感蹊蹺。思來想去，怎麼也揣摩不出箇中緣由。幾天後的一個周末，顧維鈞滿腹疑慮地從紐約趕往華盛頓。

來到使館，公使便開門見山地告訴顧維鈞，北京總統府秘書長梁士詒來電，轉達總統袁世凱的邀請，要求他擔任總統府辦公室英文秘書。

未曾想，事情來得這樣突然。此刻，一紙電文，竟把一位留學生的前途與民國政府如此緊密地連在一起了。

實際上，三年級快要結束的時候，顧維鈞已經完成大學的所有課程。因此，進入大學四年級時，他已開始研究生學習階段。時至一九〇九年，顧維鈞在哥倫比亞大學不僅獲得了學士學位，也獲得了碩士學位。此後的二、三年內，爲了攻讀博士學位，顧維鈞積極準備論文寫作，努力搜集各種有關資料。

當然，校外發生的事，也一直在顧維鈞的密切關注之中。

就在當年秋天，顧維鈞結識了奔走海外的中國革命先行者孫中山。那些日子，孫中山正在紐約爭取唐人街海外華僑界的支援。

有一天，經同學介紹，顧維鈞和他見了面。幾個人一起吃飯，然後來到他的宿舍。顧維鈞記得，當時孫中山談得最多。他談到了準備組織一個革命政黨，相信每一個關心國家未來的人都應該加入；談到了把中國建成一個強國的必要性和可能性，並特別強調工業化和發展經濟的重要意義；還談到中國必須有一次革命，一旦得到人民的支援，得到有組織的武裝力量的支援，革命就一定會勝利。顧維鈞知道，雖然孫中山沒有明說，但他一直在鼓動推翻滿清政府和建立美國式的共和國。當顧維鈞問起如何推進革命時，孫中山談話中對中國地理知識的熟悉，給他留下特別深刻的印象。

在他看去，孫中山確實是一位青年領袖，對革命事業充滿信心；而且，熱情洋溢、平易近人的人格魅力，令人傾心。那夜長談，一直持續到凌晨三點，在場的人無不爲此所吸引。

山雨欲來風滿樓。

正如孫中山跟顧維鈞所說的那樣，中國總有一天會發生推翻滿清的革命。

二十世紀初的中華大地上，伴隨著民族救亡的時代主題，孕育化生著一股又一股的波浪起伏、層相推遞的社會變革思潮，經過庚子以後近十年的急劇變遷，終於匯成洶湧高漲的沖天怒濤，民主革命浪潮狂飆而來，集合成一股不可阻遏的時代洪流。一九一一年十月十日，武昌城頭槍聲四起，革命派以一往直前的勇氣推翻了清王朝，從此結束了自秦始皇以來兩千多年的封建帝制，宣告一個前所未有的資產階級民主共和國誕生。

對海外中國留學生來說，這一重大的歷史事件無疑是激動人心的。

當武昌起義的消息從國內傳來，顧維鈞和其他留學美國的同學禁不住喜出望外，心情極度振奮：

在我們的印象裡，起義這樣有力，革命肯定會成功。這就是我們當時的反應。後來，政府派兵到漢口與起義軍交火時，我們消沈了。有好幾天，我們屏住呼吸，急切地等待消息，希望儘管有鎮壓措施，革命仍能成功。

那些天，在哥倫比亞大學校園裡，來自不同年級、不同專業的中國留學生，常常不約而同地聚集在一起。大家對學習失去和往常一樣的興趣，紛紛把注意力聚焦於此，或閱讀一份又一份報紙，或乾脆打電話給報社，試圖獲得更多的消息，關注著事態的發展。有關革命後的中國社會局勢走向，更成了他們最爲關心的熱門話題。各種消息透過報紙頻頻傳來；先是武昌起義的勝利，各省相繼回應獨立；隨後孫中山在南京宣誓就職臨時大總統，宣告中華民國臨時政府成立；隨後又是清帝宣佈退位，又是南北議和，又是孫中山提出辭職，讓位給袁世凱擔任總統……所有關於國內形勢發展的報導，讓這些身處海外的留學生無不興奮、焦慮、期盼、憧憬。

大家越來越清晰地認識到，辛亥革命為在國外學習的年輕人開創了一個有機會報效國家的前景。

但在此之前，顧維鈞不無憂心，甚至灰心。原因在於，他一點也不想為帝制時代的大清政府工作。雖然，這是父親最矚望他達到的理想。為此，老人家已經多方設法地為兒子的官宦生涯有所準備。但是，顧維鈞顯然有自己的謀慮。出國留學這麼多年，自己對外交關係一直抱有濃厚的興趣，想立志進入外交界，以便為改進中國外交事務的處理方法努力，但一想起當朝政府的腐敗、官場生活的黑暗，顧維鈞不免多有憤懣和失望之感。所以，當清政府想盡辦法鼓勵留學生回國參加政府工作，看到周圍的一些朋友和以前一起赴美留學的同學，都已參加專為回國留學生舉辦的考試，顧維鈞卻不急於謀職。

「揖美追歐，舊邦新造」。如今民主共和國取代了封建專制這一政治體制的根本突破，正為傳統中國社會帶來嶄新的歷史景象。在顧維鈞看來，為國效力的前景也在驟然間由黯淡變得明朗，蓄積已久的報國心因而重新活躍起來。

辛亥革命，加強了他回國的願望。

現在，因緣際會，面對這樣一份特別的邀請該如何是好？

據顧維鈞事後的回憶，他內心的驚喜自不待言，但同時又深感惶恐。畢竟，對於一名青年大學生來說，一方面，他還無法想像這個職位的性質和要求；另一方面，他更清楚自己還沒有完成大學學業。作爲在校學生，這是必須愼重考慮的大事。

躊躇了片刻，顧維鈞決定誠懇而坦率地說明自己的想法。在向公使表達由衷的感激之後，他委婉地說：

「但我不能離開美國，因爲我正在哥倫比亞大學爲哲學博士作準備，而且要到夏天才能完成學業。所以——」

未等顧維鈞往下說，公使似乎明白他接下來想說些什麼，連忙擺擺手道：

「我理解你的心情。只是電報上的口氣很肯定；而且，對一個年輕人來說，以這樣的職位開始自己的事業，正是一個絕好的機會。」

看到顧維鈞沈吟中想解釋什麼，公使微笑地繼續道：

「所以，我的意思是，你不該拒絕這個難得的機會，接受任命，回國支援新政府的工作。至於學業，可以在以後設法繼續完成。」

聽公使這麼說，顧維鈞未置可否地點了點頭，他明白，公使的一番勸勉之辭句句在理，透著眞摯的關懷。但眼前對自己來說，更重要的是完成大學學業；如果因而中斷學業，恐怕以後就很難再繼續了。

心裡這樣想著，反覆權衡，顧維鈞還是把自己的顧慮如實地向公使和盤托出。他充滿歉疚地請公使把他的難處電告國內。

握別公使的手，顧維鈞感覺到對方眼神掠過的一份惋惜、一份殷切。

回到紐約，顧維鈞仍是思慮重重，心裡總覺得很不踏實。雖說自己婉言謝絕了，但離開使館前，公使表示可以把他的意見及時稟告政府，不過，根據推測，國內一定不會同意，日後可能還會再發出邀請。一路細想，顧維鈞也有同樣的預感。

那一夜，躺在床上的顧維鈞，反覆追憶著電報上的一字一句，反覆回味著與公使交談時的一言一語。望著窗外的夜色，他不由得輾轉反側，難以入眠。

該怎麼辦呢？

猛然間，他想起了自己一直非常敬重的穆爾教授，心裡平添不少寬慰。他知道，老師一定又能指點迷津了。

顧維鈞決定第二天去找他談談。

穆爾教授以一絲不苟的教學和平易近人的作風，在大學講臺前贏得眾多學子的信賴和愛戴。顧維鈞的主修科目之一是國際外交，穆爾正是擔任這門課程的指導老師。教與學之間，師生倆建立了如同父子般的深厚情誼：

> 平時我常去找他，就學習問題向他請教。他總像父親一樣關心我，有時候花去許多的時間同我討論，督勉我為準備從事公職該做什麼，不該做什麼。

在這之前，顧維鈞的碩士學位論文，就是穆爾指定的題目。眼下，學生選定了以《外國對中國政府的權利要求》爲題的博士論文，更讓老教授稱賞不已。這是個具有重大現實意義的題目，而且向來少有論及。就他本人而言，其專著《國際仲裁》所論述的就是一個政府對另一個政府，或者一個政府集團對另一個政府集團的國際權利要求。但他認爲應該再寫一些東西，使思考深入一步，在國際法學中產生一些能激發其他國際法學生興趣的東西。因此，對於顧維鈞的這個題目，穆爾尤其重視，始終關心學生的此項研究工作，並要求學生隨時向他報告搜集論文資料的結果，師生倆爲此多有交流和商討。就在幾個月前的一天，顧維鈞交來了一份論文提綱，老教授細心讀過，深表滿意。全文共有九章和一個引言，重點是把中國和外國開始交往以來，外國向中國提出權利要求的全部案例加以概括。引言部分則準備提供中外關係的一般背景、外國人的地位、約束中國的條約的性質，以及居住在中國的外國人所享受的治外法權；其他各章包括解決這些權利要求的一般原則，確定損失的規定、付款方式、利息問題以及政府和個人對中國政府的不同權利要求。對此，穆爾給予充分肯定，特別是引言部分相當滿意。他深信，較之其他學生，顧維鈞今後投身外交界的潛力更大。

穆爾聽說顧維鈞到訪，顯得格外高興和爽朗。他一如往常地招呼顧維鈞入座，然後親切地注視著這位敏思好學的東方弟子。不用說，今天的話題一定是關於那篇博士論文。他心裡想，審閱了論文提綱後的這段時間裡，按照他提出的修改建議，顧維鈞正加緊工作著，他也正希望瞭解有關的進展情況。

一夜未合眼的顧維鈞，看上去有些疲倦。剛剛坐定下來，他便向老師陳述起昨天的事情經過。待顧維鈞話音剛落，穆爾不由得驚訝了：

「爲何事先不和我商量就拒絕這項建議？」剎那間，老教授臉上露出難得一見的遺憾表情。

「我……當時我不知道邀我去華盛頓做什麼，去了之後才得知這項建議。」

望著穆爾教授困惑不解的神情，顧維鈞一時不知如何是好，趕緊作此解釋。頓了頓後，他補充道：

「事實上，決定前我考慮過，也矛盾過。但我想自己畢竟還是個學生，應該跟您完成學業。一旦放棄了學業，我——」

從顧維鈞言辭懇切而又充滿拘謹的表情裡，穆爾似也看出了學生沈甸甸的心事。他隨即打斷了顧維鈞的話頭，神態依舊嚴肅地說：

「不錯，我知道你會這樣想。可是——」老教授話鋒一轉，幾乎以教訓的口吻責備道：

「你有沒有想過，你攻讀哲學博士學位，不就是爲了準備擔任公職，爲國家服務?!所以，這是一個非常好的機會，它讓年輕人進入國家機關，參加革命後的建設和發展工作。」

見顧維鈞沈默不語，若有所悟，穆爾語氣略微和緩，感歎說：

「中國非常需要建設和發展，以便在世界各國中占有一個合法的、適當的地位。」

至此，顧維鈞已被老師的這番話深深打動了。他不得不承認，穆爾教授一反常態的嚴厲神情，對自己正寄寓了莫大的厚愛。

顧維鈞感到一股激動撞擊心胸。他支吾道：

「我覺得北京不會同意我的拒絕。而且根據公使的看法，這項建議肯定會重新提出。」

言及於此，教授不由深深噓了一口氣，他毫不含糊地叮囑：

「如果這項建議再次提出，你絕不能再拒絕，而且必須先和我談一談。」

果然不出所料，過了一個星期，使館又來公函，並附有一份北京來電的抄件，要求公使催促顧維鈞接受任命，應召回國。

這一次，顧維鈞興沖沖地直奔教授家裡，立即把消息告訴他。穆爾很高興，他樂呵呵地看著顧維鈞說：

「來電給你解決了所有問題，你一定得去了。」

「那麼，我的論文和口試怎麼辦呢？」顧維鈞忍不住追問了一句。這是他最放心不下的一件事。

事後我們知道，爲了保證顧維鈞既能完成學業，又不影響如期回國赴任，經穆爾與其他兩位兼修課教授協商討論，決定對顧維鈞的畢業口試和論文作相應的特殊安排。在認眞審閱了顧維鈞已經脫稿完成的引言部分和其他三章之後，教授們一致認爲，引言一章提供了列強在中國地位的背景材料，相當詳盡地敘述了外國和外國僑民在中國以條約形式規定的權利和義務，以及外國僑民居住、經商、工作或傳教所享有的治外法權和領事裁判權，這就足以構成一篇獨立的論文了。最後，他們確定以第一章〈外人在華法律上之地位〉作爲顧維鈞的博士論文，並很快通過了他的論文答辯。

耐人尋味的是，在爲顧維鈞舉行的論文答辯上，無論是擔任他主修課或兼修課的老師，幾乎都出席了。特別是幾位教授所提出的問題，似乎也是爲他回國後所必須面臨的問題而精心設計的。比如說，穆爾直截了當地提出承認一個新政府的標準問題；古德諾則撇開了課堂上討論過的內容，提出一個積極性的問題，即從中國的利益和中華民族的需要來看，美國憲法有哪些特點適用於中國；比爾德教授更進而發問：既然贊成共和形式的政府，理由何在？在中國，這種理論可以被接受到什麼程度等等。針對這些極富理論和實踐意義的挑戰性問題，顧維鈞竭盡所能，一一作了回答。兩個多小時的答辯會，

雙重秘書

話說一九一二年民國建立五個月後，顧維鈞一路風塵僕僕地回到北京。總統英文秘書兼內閣總理秘書，是他開始進入中國官場後擔任的第一個職務。

學成回國，初入政壇，年僅二十四歲的顧維鈞已處處顯示出朝氣蓬勃的工作熱情和銳意創新的精神風貌。當然，這裡自有一個逐步適應、逐步積累的過程。

作爲秘書，顧維鈞最初的工作任務就是負責總統、總理與外國政府、外國友人之間的一切來往函電。工作是淸閒的，爲此他深感不安，總想多做一些事情。於是，他一方面努力學習公關知識，一方面開始留意觀察、瞭解和熟悉北京。

初到北京，對一個剛從國外歸來的年輕人來說，處處給人奇異的印象。民國初年的北京，一切似乎都處於新舊嬗變的過渡時期，無論是個人、公衆還是官場生活，顧維鈞注意到整個社會氣氛瀰漫著新舊交替的種種跡象，而這種變化又顯得步履蹣跚，艱難緩慢。周旋於總統袁世凱與總理唐紹儀之間，顧維鈞對此頗有感觸。雖然，新成立的北京政府正按照共和體制的基本原則進行改革，但早年留學美國的唐紹儀和軍人出身的袁世凱顯然分屬新、舊兩派，兩人在實施新政、推動政府機構現代化問題上意見多有分歧，衝突幾乎不可避免地經常發生。加上北京政府與革命黨人關係複雜，民初政局更加波雲詭譎，權力之爭越演越烈。處在這樣錯綜複雜的政界之中，顧維鈞特殊的教育背景使他被總統府的舊派人物視同陌路，有一種格格不入的感覺。到任一個月之後，唐紹儀因直隸總督人選任命問題與袁世凱激烈爭吵，矛盾無法調和之餘憤然辭職。按照慣例，他與其他總理秘書應一起辭職，並一同離開北京去天津；因爲顧維鈞深知，自己受命回國是唐紹儀保薦的。如今政局變動，內閣驟然垮臺，初次接觸政治生活就碰到這樣複雜的局面，他感到迷惑不解，需要一些時間認眞考慮下一步的打算。

正猶豫不決之際，唐紹儀的話提醒了他，一直頗看重他的唐紹儀勸說道：

「你還年輕，剛剛開始自己的事業，在總統府幹下去是個很好的機會。」

在唐紹儀看來，顧維鈞辭去國務院的職務是可以的，但沒有必要連總統府的職務也辭去。他忠告顧維鈞：

「其實，你的職位是在外交部。」

他相信，顧維鈞有朝一日會去外交部，這正是其發揮特長、學以致用的地方。

與此同時，北京方面也多次託人帶話到天津，總統要求顧維鈞回去繼續供職，看得出來，對於顧維鈞的才華，總統袁世凱一樣十分欣賞。

此後，顧維鈞在顏惠慶推薦下進入外交部工作，同時仍兼任總統府英文秘書。

進入外交部，顧維鈞最初任職外交總長秘書。

其時，新上任的外交總長陸徵祥，正著手準備仿照西方國家的模式改組外交部。其中的改革措施之一，就是透過吸收一批受過專業訓練且通曉外文的人才，專職從事外交工作，以便有效地推進中國駐外使館和外交部事務的現代化建設。顧維鈞毫無疑問地成爲合乎改革需要的適當人選。

外交部秘書處由四名會說不同語言的秘書組成。他們的工作主要是參加外交總長或次長和各駐外交團團長的會晤，同時與國內外記者打交道。其中經常性的任務，是輪流走訪東交民巷使館區的各國使節。按照國際慣例，駐外使館若和駐在國政府商討某個問題，應由大使或公使本人或派代表走訪駐在國的外交部，但這種做法，在北京卻恰恰本末倒置。外交總長回覆外國使節提出的問題，往往不是把對方招來外交部，而是派秘書前往公使館答覆。自一九〇一年喪權辱國的《辛丑和約》簽定後，外國在華勢力的恣意擴張和中國外交地位的空前削弱，使顧維鈞感到弱國辦外交的屈辱和艱難。所以，爲弱國爭外交，爲改變中國的外交困境而努力，顧維鈞越來越堅定自己的這份強烈信念。

「位卑未敢忘國憂」。雖然當時的顧維鈞只不過是外交部中一名職位不高的小秘書，但事情卻踏踏實實地做下去了。

為了更好地處理日益紛繁的外交事務，為了協助長官讓外交部更現代化一些，顧維鈞開始他殫思竭慮、多有創意的工作。

首先是為外交部倡建圖書館。這一建議，早在他離美赴任前夕就已向駐美公使張蔭棠主動提出。徵得同意並獲得專款後，顧維鈞分別用以購買《美國對外關係》、美國革命的外交書信集，以及一套十九世紀以來的大英外國報紙彙編，還有美國議會報告集《藍皮書》和法國《黃皮書》等。這些成套的外交書籍隨即成為外事室圖書的核心，為外交部圖書館建設打下基礎。此後不久，他注意到外交部檔案的管理和登記制度大有改進餘地，為此建議設立檔案科，透過編製索引、分類歸檔，提高工作效率。另外，為及時瞭解和掌握最新的國際輿論動向，他還提出成立翻譯科的建議，並受委任負責。該科工作任務是瀏覽各種外文報紙，把外國報紙上有關中國的新聞報導剪下來，譯成中文存檔，以便隨時向總統府和內閣報告。這項工作起初僅限於在華出版的外交報紙，後來擴大到外國出版的報紙，舉凡所有的重要社論和文章都要譯成中文，並承擔了路透社、美聯社等新聞稿的翻譯，以此編成《新聞簡訊》，每天一份送呈總統府。

所有這些工作，不僅為改組後的外交部帶來嶄新的氣象，也使顧維鈞在領導和同事面前贏得廣泛的讚許。一年之後，顧維鈞升任外交部參事。當然，總統府的英文秘書還得兼任，身兼兩職的顧維鈞也因此一度成了總統府和外交部之間不尋常的聯絡員。

晉升參事後的顧維鈞顯得更忙碌了。

照理，參事的職務是輕鬆而清閒的，主要工作是研究有待批准公佈的法令，四名參事負責對這些法令從法律的觀點加以審查，並在草稿上簽字，然後呈送上級審批。但顧維鈞從來沒有閒過，總有做不完的事情。

看著顧維鈞忙裡忙外的身影，參事室的其他三名同事十分驚訝。其中一位是顧維鈞的親友，年紀比他大，不免爲他這種做法擔心。這位在官場至少混了二十多年的親友，找了一個私下的場合告訴他說：

「在北京官場，多做事，多犯錯誤；少做事，少犯錯誤；不做事，不犯錯誤。這就是在官場上一帆風順的奧妙。」

做官的要訣竟在於此?!顧維鈞聽罷，坦誠道：

「在我的一生中，特別是在美國的八年，我受教育的目的是想做個有用的人，從那時起，對中國的外交關係和外交史產生濃厚的興趣。現在終於有這個寶貴的機會，我確實對我做的工作感到樂趣。」

親友聽著，由衷欽佩；但他知官場高深莫測，稍不留意就有可能險象環生，苦笑一下，還是善意地勸說道：「你可以試著做，但不要忘記我的忠告。」

事實上，有關中國官場生活的形形色色，林林總總，顧維鈞早在留學期間便有耳聞，如今置身政界，奔走於府、院之間，官場內幕一些觸目驚心的事實，更讓他有了切膚的認識。剛接任秘書時，顧維鈞已從幾位年長的同事那裡感受到一種異樣的眼光，冷漠淡薄、側目而視的神情告訴他，這些擔任公職已有二、三十年的同事，面對一個剛從國外回來便獲此殊遇的青年，難免有失落感或嫉妒心。顧維鈞能夠理解他們失衡的心情。雖任職參事，他還是埋首工作，忙於起草備忘錄和報告。這些原來屬於外政司或通商司管轄的事，上級常常要求他參與處理，受命起草，顧維鈞因此看出某些人的不滿情緒，但他想：我是個回國的留學生，從未想和別人爭什麼，只認爲凡是對國家有利的事，人人有責任協助把它處理好。顧維鈞不僅這麼想，同時也這麼做。

當然，對於官場生活中複雜而微妙的現象，顧維鈞不是毫無顧忌，但年輕的他還不願，也來不及細想那麼多，他所珍惜的是這個寶貴的機會，立志於外交事業是他夢寐以求的願望。

不自吹自擂，不妄自尊大，顧維鈞以他務實創新的工作業績，引來衆人的刮目相看。

從秘書到參事，顧維鈞在外交部一待就是四年。

在此期間，外人也許不瞭解，一系列重大的外交活動，幾乎都有顧維鈞亮相活躍的身影。一個並不起眼的職務，卻屢屢扮演著外交舞臺上的重要角色。

這得從顧維鈞兼任總統府英文秘書一職說起。

民國初年顧維鈞奉命回國，就是擔任總統府秘書，當時唐紹儀總理爭取，要求他同時兼任總理秘書。剛入外交部，顧維鈞幾乎每天要去總統府辦公，工作包括受命起草在外交報紙上刊登的聲明或公告，更多的是處理致總統府的函件和電報。作爲秘書，總統有時也特別召見他，這多半是在總統接見外交使節或顯要人物時充當翻譯，會談內容往往涉及各種特別重要的外交問題。同時，顧維鈞任職於外交部，專責與美英駐華使館保持交往。所以，他職位雖小，實際上已是逼近外交核心圈的人物。特別是顧維鈞在外交部裡多有建樹的工作，更受總統府的關注和賞識。顯然，袁世凱已注意到這位中國外交界的後起之秀。

所以，據說有一天，當曾任孫中山私人顧問、著名的澳大利亞駐華記者端納，前往總統府向袁世凱進言，建議他重用更多受過外國教育的中國人，特別指出應把血氣方剛的青年吸收到政府中來時，袁世凱不無得意、不無欣賞地回答說：

「我的政府裡已有顧維鈞博士，他就是個年輕人，是我在外交部的顧問。」

確實如此，在當時北京政府處理的一系列重大外交問題上，顧維鈞已是不可或缺。民初急劇變幻的外交風雲之中，他正漸露鋒芒，越來越引人注目。

對於新生的民國政府來說，一九一二年至一九一六年，正可謂是政局動蕩、烽煙四起的非常歷史時期。

伴隨辛亥革命的爆發和中華民國的建立，整個國內局勢動蕩不安。西方列強企圖乘機擴張在華勢力範圍，進而吞食中國領土，爲此在中國邊境地區煽動武裝叛亂，蓄意挑起事端，如英國之於西藏、沙俄之於外蒙等，邊疆地區出現了新的嚴重危機。

在此事關重大的外交形勢面前，顧維鈞敏銳注視著，更積極參與著。

首先是一九一三年中英雙方就西藏問題進行的談判。整個談判過程，有總統與英國駐華公使的會談，每次均由顧維鈞擔任翻譯。更多的時候，當總統不能接見公使時，就直接委派顧維鈞與英國公使進行交涉。從一月上旬開始的會商，歷時半年達九次之多。此間，英方一手策劃要求召開關於西藏問題的所謂「西姆拉會議」，並強迫中國政府參加，且堅持中英藏三方居平等地位。在第七次中英磋商會上，顧維鈞作爲中方全權代表，針對英方的三方「並列論」，鮮明指出：「若准西藏代表以平等資格同時簽字，是不啻承認西藏有立約之權，而等於自立之國。」並在基於歷史事實和當時情況的陳述中駁斥了英方旨在利用中國動亂局勢，製造一個實際上在英國控制下的「獨立」西藏的陰謀。雙方談判激烈，顧維鈞則始終堅持自己的立場。爲了在談判中能從容應付，他曾多次走訪「蒙藏事務局」，找到通曉西藏地理、歷史、制度和風俗的西藏問題專家，及時瞭解情況，磋商問題，徵詢意見，研究對策。這樣一來，在英使館舉行的會談中，雖說中國方面僅他一人，單槍匹馬，但充分準備在前，因而每每針鋒相對，對答如流。此後，中國政府雖在被迫無奈的情況下同意派員與會，卻從來未承認西藏的平等地位和平等締約權，更從未承認西藏可以脫離中國中央政府有獨立的締約權。至於後來英國誘脅西藏地方代表簽訂的所謂《西姆拉條約》，也最終採取了堅決否認的態度。

而在此前中俄關於外蒙古問題的交涉中，顧維鈞也有高度的警覺和淸醒的反應。一九一二年十一月二十一日，俄駐華公使要求緊急照會中國外交部，脅迫中國承認外蒙獨立、撤退中國駐軍、撤銷向外蒙移民的條例。剛剛接任外長職務沒幾天的梁如浩，一俟俄公使離去，馬上來找顧維鈞。他氣憤地指著照會，幾乎要捏成一團，說：

「二十世紀竟還有這樣明目張膽的恫嚇敲詐行爲，既然向我們提出如此無理要求，眞是荒謬絕倫。」

顧維鈞接過照會一閱，倒顯得鎭靜，他說：

「其實，這就是現在大多數帝國主義強國在亞洲奉行的政策。依我之見，當前重要的問題是如何去對付它。」

「可是你知道——」梁如浩欲言又止，剛想吐出的話戛然噎了下去，轉而大聲說：

「我絕不辦理這個交涉，只有立即辭職。」

言談間顧維鈞從他怨憤交加的表情，似乎明白了外長難言的苦衷，連忙接應道：

「我們是個弱國，處理外交事務確實困難；唯一的辦法是堅持維護國家利益，談判中在原則問題上不屈服。」說著勸慰的話，顧維鈞也是勉人勵己，他恨不能把緊握的拳頭往辦公桌上重重一擊。

在隨後圍繞中日關於《二十一條》交涉所進行的外交活動中，顧維鈞起了特別令人矚目的作用。

一九一四年第一次世界大戰爆發。在此歐洲列強忙於廝殺、無暇東顧之際，日本野心勃勃，伺機奪取德國在山東的權益，妄圖實現它進一步獨霸中國的目的。是年九月二日，日軍藉口對德宣戰，強行在山東龍口登陸，並向青島進攻。

消息傳來，北京政府驚慌失措。因爲八月六日，政府已宣佈中國對歐洲交戰國嚴守中立，要求各參戰國不得在中國領土上作戰。面對日本出其不意的軍事行動，總統緊急召集所有內閣部長開會，同時邀請三位外交部參事與會，他們分別是留學英國的伍朝樞、留學日本的金邦平和留學美國的顧維鈞。

會上，袁世凱首先要求聽取在座幾位通曉國際法的參事發表意見，並指定顧維鈞第一個發言。

顧維鈞應聲站了起來。會議室一片沈悶的氣氛，讓他感到壓力，大概是有些莫名的激動，他不得不清了清喉嚨說：

「日軍在龍口登陸，這是公然違反國際法的行爲，因爲中國已宣佈對歐戰保持中立。」

顧維鈞的語氣更加強烈而堅定了：

「因此，爲了表明中國確實在盡中立國的責任，有義務保衛國土以維護其中立立場。因此，抵禦日本侵略，理由至爲明顯。」

一下子，會場裡有了騷動，有的點頭稱是，有的搖頭歎息，也有人開始攀談起來……

總統示意伍朝樞接著發言，這位前著名的中國駐華盛頓公使伍廷芳的兒子，表明了與顧維鈞一樣的態度。他認為，中國必須履行其中立的義務，才能按照國際法保障中立國的權利；假如中國不保衛自己的中立，沈默即便不是承認，也等於默許日本的行動。只有金邦平認為日本造成的局勢超乎常規，難以表示明確的意見。

當然，袁世凱最終沒有採納顧維鈞的意見。

也難怪，且不說作為老練的政治家，袁世凱以他數十年對人對事的經驗，自有一套周旋於外交的圖謀。從會議發言來看，除了顧維鈞、伍朝樞力抒己見，大多數內閣部長的表現窘態畢現：陸軍總長段祺瑞表示，中國毫無準備，難以進行長期抵抗；身為外交總長的孫寶琦慣常唯總統之命是從，臨危之時也是支支吾吾，不知所云；其他人更是唯唯喏喏，默不作聲了。最後，總統以自己提出的劃出交戰區作為解決方案。至於有關聲明文件和條例細則，自然也得由顧維鈞等參事起草。

這次會議，正是顧維鈞作為一名外交官首次在政府最高國務決策會上正式登臺亮相，也是他第一次對山東主權問題發表見解。從此，收回山東主權問題，成了他久久不能釋懷的心結。

密雲驟起，陰影不散。當人們還沒有從多事之秋的驚恐中鎮定下來，一場更大的政治寒潮踵隨而至。

一九一五年一月十八日，趁著寒冬早早降臨的夜色，一個幽靈般的身影潛入了中南海懷仁堂。應來者的特別要求，總統袁世凱在此恭候已久。來者詭秘而傲慢地向總統提出一連串條件，並囑咐他對此絕對保守秘密，如果洩露出去，將對中國產生嚴重後果。這就是日本駐華公使以不尋常方式向袁世凱當面遞交旨在滅亡中國的《二十一條》。至此，日本謀求擴大在華霸權的野心已昭然若揭。

面臨如此空前的外交危機，此時的袁世凱雖心存復辟帝制，且深知日本已暗示助其改制稱帝之意，但見如此狂妄侵犯中國主權的條文，一時委實不敢輕易接受。從一月中旬到五月中旬，北京當局爲此接連開會，商討應對之策。

正如已有研究者據實論列，此次中日交涉，從袁世凱最初不願透露消息以求探知日本對華要求的最低限度，到後來逐步洩漏內情以求爭取英美對華處境的同情支援，這一對策轉向，自有顧維鈞不可低估的作用。

顧維鈞的嗅覺是靈敏的。

他認爲，中國急需從國際上獲得外交方面的支援，他向總統和外長說明，儘管中國許諾將保密此事，不讓其他國家知道，但這種許諾是在威脅之下做出的，中國沒有義務遵守。基於對世界形勢的分析，他認爲唯一能給中國以外交和道義上支援的是美國。因此建議有必要讓華盛頓瞭解《二十一條》的內容，也應告知倫敦。事實上，顧維鈞此時已背著袁世凱，把關於《二十一條》的消息少量而不斷地透露給新聞媒體，由此引起了英、美等國的關注和探詢。於是，在徵得袁世凱許可後，顧維鈞與英美公使保持頻繁接觸。據美國駐華公使芮恩施（Paul Samuel Reinsch）事後憶述：

在此期間，顧維鈞博士始終充當中國外交總長和我們之間的聯絡官，儘管我也同時會見中國外交部的其他許多官員。在討論談判的各個階段進行情況時，顧博士曾多次和我在一起進行長時間的有意思的討論，研究外交策略和進行分析，在這方面，我很欽佩他的敏銳的洞察力。

看來，日本人想要瞞天過海，也是枉費心機?!

事實上，至談判交涉正式開始前，有關《二十一條》的文本已被國內外報紙曝光。是袁世凱不慎洩密還是故意披露？日本方面為此大為惱怒，多方追踪尋跡。這時，頻頻出入於英、美公使館的顧維鈞，理所當然地成了他們的最大懷疑焦點。但知此種交往實屬外務正當之舉，日公使試圖反對，卻也阻撓不得，只見顧維鈞照常走訪。無奈之際，日方強烈要求中方減少代表人數，堅持將與英語國家使館及新聞界有聯繫的中方人員排除在外。原來必定在其中的顧維鈞雖然因此未能參加談判，但他對每次談判內容及進展卻非一無所知。何況多有籌謀的外交努力已在國際社會引起迴響。眾目睽睽之下，列強在華的各自利益豈能容日本人獨霸?!爭取國際協調交涉、利用中外輿論壓力進行外交戰，顧維鈞已在實際上開始構建自己的外交策略。

此後，在心懷鬼胎的袁世凱授意下，中國政府被迫簽約接受了屈辱的《二十一條》，顧維鈞奔走勞碌的呼聲，徒成孤掌難鳴之音。畢竟，一個列強環伺、積貧積弱的中國，還不是他個人的力量所能挽救。

中日《二十一條》的交涉，似乎暫告了一個段落。

因緊張、疲勞和高燒，顧維鈞不得不住進了醫院。但他無法靜心養病，他覺得政府有必要發表一個詳細的說明，說明整個談判過程中，中國政府所持立場以及被迫簽約的經過。試想，和平時期，一個國家默然接受提出特殊要求有損國家主權的最後通牒，這是何等不尋常的怪事?!顧維鈞認爲，必須給後世的歷史學家留下記錄，說明中國如何進行談判、怎樣談判，以及中國拒絕無法接受要求的理由。別人不以爲然，怕承擔責任，而顧維鈞仍極力建議。當然，說服了總統和外長之後，有關起草政府聲明的任務，自然落在他的肩上。爲此，自告奮勇的顧維鈞不得不堅持抱病工作，連夜口述文稿，直至次日凌晨。這便是當年《東方雜誌》第十二卷第六號上全文刊載的《北京政府外交部關於中日交涉始末宣言書》。

就此而言，顧維鈞顯然又把眼光放得更遠了。山東問題懸而未決，咄咄逼人的日本人絕不會善罷甘休；那麼，續此未了之緣的心也同樣一刻不會放下。顧維鈞已暗下決心，積蓄能量，等待時機，與日本的較量可謂緣定今生了。

愛國心驅使下的事業心、責任感，讓顧維鈞在紛擾的現實面前更沈穩、更深遠，也更緊迫地意識到了自己肩負的歷史使命。

一個年輕外交官的形象正呼之欲出。

最年輕的公使

從奔走於總統府和總理府之間的英文秘書，到晉升外交部參事，風華正盛的顧維鈞已明顯被當局看好。

暫不說總理唐紹儀獎掖識拔之餘，更把自己的愛女許配給了他，由此引出的一段顧唐聯姻且待他章再叙。即如總統袁世凱，又何嘗不是一樣多示青睞，把他視爲不可多得的外交人才。如此，除了個人才華，再有這樣的後臺和背景，顧維鈞年少得志，平步青雲，已是指日可待。

一九一五年，年僅二十七歲的顧維鈞被任命爲駐美公使，正式開始他的外交官生涯。這是中國外交史上最年輕的使節，在當時國際上所有的使節中，大概也是最年輕的一位。

那年，距他跨出校門不過三年。

不過，提起顧維鈞此項任命之由來，箇中還有一段不尋常的插曲。

在這之前，任中國駐美公使的是夏偕復。此君雖不通外文，但憑與外交總長孫寶琦的裙帶關係，且由長期追隨袁世凱左右加上與袁結爲兒女親家的孫寶琦從中力薦，總統只得勉爲其難，讓他遂願赴任。適值一九一五年初，第一次世界大戰正處緊要關頭，美國輿論一度盛傳威爾遜總統有意居中調停，結束戰爭。不知爲何，夏偕復未經請示北京，竟擅自向美國務卿表示袁世凱願意出任調停人。直到美國半信半疑令其駐華公使向北京外交部探詢核實，才知子虛烏有。開此國際玩笑，令袁世凱聞訊後勃然大怒，當即要求外交部將夏撤職召回。爲此不得不引咎辭職的孫寶琦，爲了不致讓內弟過於難堪丟臉，還是懇求袁世凱念在親家份上留點面子，讓夏留任一個短暫時間。

於是，經袁世凱與新任總長陸徵祥商議，內定派顧維鈞赴美，任使館參贊，主持館務，爲日後擔任公使奠定基礎。

此事對顧維鈞來說，來得實在突然。他不是不清楚，在整個中國外交界，駐美公使一職可謂人人羨慕。按例，如此顯要職務，理當委派年高德劭、閱歷豐富者出任。所以，對此安排，顧維鈞唯恐有辱重託。但總長告訴他，總統決心已定，有意要他去應付在華盛頓的局面，若是推辭，豈不有負厚望？看來，以顧維鈞在中日《二十一條》交涉期間的表現，袁世凱早已看中他的才幹。

當然，任命這麼一位年紀輕、資歷淺的公使，不僅在中國是第一回，在當時國際上也屬罕見。爲了不給人以過於少不經事的印象，政府考慮先任命顧維鈞爲駐墨西哥公使，以這個身份赴任，呈遞國書後再改派赴華盛頓。但顧維鈞認爲這種剛到任就離任的急促做法，未免失禮。雖說這樣的破格提升對他個人而言，應是一種特殊的榮幸，但顧維鈞只考慮此時此刻該如何做，並未顧及自己的前程。最後商議的結果，是讓他以特使身份在赴任前先去倫敦視察歐洲戰局，以增加其資歷。經此微妙安排，顧維鈞便來到倫敦靜候待命，等必要的換任程式完成，再動身前往華盛頓。

也許是巧合吧。在美度過八年留學生活的顧維鈞，想不到首次擔任駐外使節，就與美國再度結緣。

這裡，曾留下過他青春的足跡，有他熟悉的母校、熟悉的老師和同學。

如今，作爲新生的中華民國外交官，顧維鈞的到任有他獨特的優勢。

說來眞是巧遇。在此之前，顧維鈞與時任美國總統威爾遜，還有過一段愉快的交往經驗，那是在威爾遜當普林斯頓大學校長的時候。身爲哥倫比亞大學校報總編輯的顧維鈞，有一天參加他的家宴，彼此曾討論過政治哲學以及美國行政管理。威爾遜還向顧維鈞問了許多關於中國和中國人民的政治發展趨向問題。這次會晤時間很長，相談甚歡，威爾遜對民主制度和代議制政府的優點的深刻信念，給顧維鈞留下了很深的印象。

大概是對顧維鈞有著同樣深刻的印象，所以，此刻正趕著籌備婚禮的威爾遜，聽說顧維鈞來美，連忙通知國務院發請柬給他。按外交慣例，新任公使尚未呈遞國書，就不能在正式場合以使館領導人的身份出現。但威爾遜表示，顧維鈞是自己的私人朋友，他很想在婚禮上見到他，因此不受一般外交禮儀的約束。

就這樣，在國書未及送達的情況下，顧維鈞以一紙電文權充國書，參加了總統婚禮。也由於當時在華盛頓的外交使團領導人都來了，顧維鈞的首次公開亮相，無疑成了所有公使中最年輕者。

更湊巧的是，後來一樣當總統的羅斯福，還是顧維鈞在哥倫比亞大學法學院的同學呢。顧維鈞擔任駐美公使期間，羅斯福是美國海軍部次長。既為同窗，年齡相近，彼此更談得來了。

此後，顧維鈞和他們一直保持著篤深的友誼。以他後來的外交經驗，顧維鈞認為，人究竟是人，有了交情友誼，外交上的不少事情總要好辦些，但在國家生死關頭或與切身利益有關時，私人感情失去作用。不過，無論何時何地，顧維鈞始終以誠信待人。在他看來，這是擔任大使的最基本原則。

作為一名最年輕的公使，顧維鈞駐美期間的活動，已日益顯示出別具謀略的經世理念。

不妨以對待袁世凱復辟帝制的態度為例。

顧維鈞出使美國之時，正當袁世凱復辟輿論甚囂塵上之際。一九一五年八月，在袁世凱授意下，先是由來華擔任總統憲法顧問的美國人古德諾寫出〈共和與君主論〉一文，公開鼓吹帝制。緊接著，以楊度為首發起組織「籌安會」，作為復辟帝制的吹鼓手。隨後，又有袁氏心腹梁士詒組織「全國請願聯合會」，以示萬民擁戴，一時間，遺老遺少上表「勸進」，鬧得烏煙瘴氣。

袁世凱對顧維鈞不無知遇之恩，古德諾更是他在留學期間的大學恩師，顧維鈞對此該有所呼應才是。但事實上，顧維鈞恰恰與之唱了反調。

早在一九一二年的秋天，與袁世凱的一次談話中，顧維鈞就看出袁對民主的內容幾乎一無所知。袁詳細問了他關於「民國」一詞的含義後，對於中國是否能建成眞正的民國深表懷疑。他深感，袁不僅不瞭解共和國需要什麼或民主如何起作用，也根本沒有實現民主共和的願望。

顧維鈞確信，儘管中國具有長久的帝制傳統，但在中國人民的天性及其日常生活中，和其他民族一樣酷愛自由；只是他們不知道如何去建立、發展和捍衛民主制度以保障自身的權利。因此，在他看來，復辟斷難成功，崇尚民主共和政體的顧維鈞絕不願與其同流合污。

由於我個人的信念，我在北京時竭力避免與帝制運動有何瓜葛。帝制運動倡導人多半瞭解我的見解和我的政治主張，他們之中誰也不來要求我支援他們的運動。

到了海外，對於國內的情況自然不太清楚。但至一九一五年年末，按外交部訓令，要求以後使館正式行文日期要注明洪憲元年，對總統的呈文要用奏摺形式，顧維鈞意識到袁氏復辟幾成事實。憤慨之餘，當即草擬復文，表示難以執行。但等接到政府公報，發現使館發給外交部的一份快電上竟注有新年號的日期和「啓奏皇上」字樣，顧維鈞又隨即發電抗議，認爲如果一定要這樣做，他就辭職。幸好，不得人心的復辟醜劇很快就收場，在舉國上下討袁怒潮聲中，袁氏僅僅當了八十三天的「洪憲皇帝」，便一命嗚呼了。

然而，莫名的尷尬和困惑，往往不期而來。比如，一九一六年的芝加哥借款問題。袁世凱死後，黎元洪繼位總統。政局混亂、國庫空虛的嚴重危機，使難以維持的北京政府，急於想從海外獲得貸款。爲此，應財政總長陳錦濤的求助，要顧維鈞在美設法至少弄到五百萬美元的貸款。

此事雖感棘手，但，國家興亡，匹夫有責，爲中國恢復共和而爭取借款，他樂於承擔。幾經詢問後，他開始與芝加哥大陸商業信託儲蓄銀行進行談判，談判中的困難在於貸款的擔保問題。顧維鈞有意改變以往附加政治條件，有損於中國主權的借款方式，希望對方放棄派代表對中國煙酒稅監督的政治性要求，主張純從做生意出發，爲向中國貸款開創了一個良好的先例。經過多次交涉，最終達成的貸款合同，把一些特殊性的規定一概去掉了。

正當顧維鈞高興地自以爲弄到了一筆盡可能不帶政治色彩的貸款，自以爲給中國將來舉借外債提供了一個範例，未料消息一經傳到國內，很快招來了南方國民黨勢力的強烈反對。一日，甚至連岳父唐紹儀也發來電報，對於偏偏由自己的女婿而不是別人替北京政府獲得這筆借款而深感不滿，責成他設法取消，否則將無顏歸國。在顧維鈞看來，促成這筆商業性借款，本來只是爲幫助恢復共和制後的新政府度過難關，自己沒有任何政治動機或想法，沒想到卻被看成是加強北京政府抵抗反對派的政治行動。

又例如，在力主隨美參戰問題上。

當時歐戰正酣。德國步步進逼，英法難以招架，協約國盼望美國直接參戰。美國是否參戰便成了人們普遍關心的問題。爲此，顧維鈞不時拜訪交戰雙方的同行，以瞭解歐戰的眞實情況，以及有關政府對戰爭前景的看法。當一九一七年二月美國因德國實行「無限制潛艇戰」政策而宣佈對德絕交，顧維鈞從聯美的立場出發，力主與美國採取一致行動，並盡可能完整地把有關美國政策發展情況提供給國內，不斷提出自己的建議。

沒想到，就在一九一七年的「參戰」問題上，國內爆發了總統黎元洪和總理段祺瑞間爭權奪利的「府院之爭」。是年二月，段祺瑞爲擴充實力，主張對德宣戰，藉此向日本貸款購置軍械，企圖實行武力統一。黎元洪引國會爲助，反對參戰。四月，段控制下的督軍團，脅迫黎元洪解散國會。五月，黎下令將段罷免，段遂唆使皖系軍閥並聯絡奉系軍閥宣佈脫離北京政府，在天津設立獨立各省總參謀處，策劃武力倒黎。一時間，雙方鬥爭越演越烈，最終更導演出一幕比袁世凱更短命的張勳復辟的鬧劇。

身處國外的顧維鈞，對此當然不十分清楚。自美國四月初對德宣戰後，他進一步主張中國應站在美國一邊參戰。在給段祺瑞拍發的一份長電中，顧維鈞列舉了中國參戰可能獲得的好處。從當時的局勢看，一旦美中參戰，協約國必勝已成共識。所以他相信，中國參戰，有助於使山東問題獲得妥善解決，有助於在戰爭結束時提高中國的國際地位。他實在不明白，參戰問題爲何會在國內引起如此大的政局動蕩？爲何會有這麼強烈的反對？待瞭解了這場政爭背景後，顧維鈞才意識到，在國內的所謂主戰派和反戰派之間，力主參戰的建議竟演變成了爭奪權力的大賭注。聽說督軍團驅逐黎元洪的消息，顧維鈞驚駭之下，不得不給黎元洪去電：

竊念國基未固，幾經動搖，已甚危險，況歐戰尚烈，和議無期，東亞均勢既破，外交益難對付。此間各界談論均謂為中國大局計，為世界計，極願中國自保和平，方免意外之患等語，足見其深悉我國之現情，並竭誠忠告之雅意。鈞默察外交大勢，亦見險象環生，今見報載某督軍擬遣兵進逼北京，更為焦灼。蓋恐兵事一起，干涉立至，以我國內多故，反中強鄰覬覦之計用。敢以鈞個人名義電請徐東海力主和平，勸各方面捐除意見，均以國家為前提，萬勿輕動干戈，致召外來之大患。鈞職居外交，本不敢於內政妄有所陳，特身處海外，國際情勢見聞較切，反觀國內益用寒心，禍福所關，難安緘默。區區苦衷，諒邀垂鑒。

不是說「外交是內政的延續」嗎？看來，從一開始，顧維鈞的外交活動，就不得不面對因複雜的國內政局而無可避免的尷尬處境。

如果沒有國家的穩定團結、自強自立作後盾，那麼顧維鈞個人的外交努力，又於大局何補？

要知此時的顧維鈞，當然自覺恪守著一份超然於黨派政爭之外的經世品格。但來日方長，他能自始至終地堅持下去嗎？歷史的發展從來不以個人的意志爲轉移，恐怕顧維鈞也會有身不由己的時候。

此乃另一個話題，暫且不表了。

顧唐聯姻

如前所示，顧維鈞與張家小姐的一段婚姻插曲，實在是父母包辦下釀製的一個無情無愛的苦果，一齣徒具形式的婚姻悲劇而已。所以，從眞正意義上來講，顧維鈞此後與民國首任國務總理唐紹儀之愛女唐寶玥喜結連理，此乃自由戀愛基礎上締結的一段美滿姻緣。與其說唐寶玥是顧維鈞的第二位夫人，還不如稱元配夫人更爲貼切，就連當時嘉定的父老鄉親，習慣上也都這麼說。

較之此前包辦婚姻給顧家帶來的風波，此次顧唐聯姻，顯然要平淡簡單得多，但它給顧家帶來的那份榮耀，可謂非同凡響，風光無限。

那麼，顧唐兩家何緣得以聯姻呢？此事還得從一九〇八年唐紹儀使美之行說起。

一九〇八年七月，因美國國會當年五月通過決議，將部分庚子賠款退還中國，清政府便旨命時任奉天巡撫唐紹儀爲特使赴美道謝。不過，道謝只是藉口，此行眞正目的是爲了與美方磋商東三省借款，和謀求建立中美德三國同盟。十一月底，唐紹儀一行由日本抵達美國首都華盛頓，很快就受到美國總統羅斯福接見。正當使團在美開展多方面外交活動，以設法謀取美國政治上和財政上的支援時，未料國內因不久前光緒皇帝和慈禧太后相繼死去，政局發生重大變動。宣統小皇帝溥儀登基上臺，實權派人物袁世凱被免職，於是，作爲袁氏政治集團中的重要支持者，失去靠山、倒了後臺的唐紹儀，如果繼續訪問歐美，已變得不合時宜。隨之不久，唐紹儀接到外務部令其縮短訪問期的電報。

與此同時，對於使團在美活動，正在哥倫比亞大學求學的顧維鈞，透過各種報導引起濃厚興趣。而且，他應《紐約先驅報》的邀請，協助翻譯從北京和中國其他地方大量發來的電訊中，所涉及的複雜動態和陌生的中國人名和官銜。持續兩、三個星期的新聞工作，使他更加關注到北京的政局和生活及其對整個國家的影響。

一九〇九年一月初，就在唐紹儀使團準備結束訪美的消息傳出後不久，顧維鈞意外地接到一份由當時清廷駐華盛頓公使發出的邀請書。

原來，使團離美返國前，特使唐紹儀邀請四十位具有廣泛代表性的在美中國留學生，作爲他的客人去華盛頓訪問。出此安排，一方面是代表本國政府，以示對在外留學生的重視，寄望於他們學有所長，學成報國。作爲任務之一，使團臨行前，袁世凱曾託他物色有爲青年，以便介紹他們回國任職；另一方面，大概與唐氏本人的早年人生經歷不無關係。回想自己一八七四年從故鄉廣東香山（今中山縣）唐家灣的小漁村走出，隨清廷所派第三批留學生飄洋過海，來到美國，度過七年的留學生活，自耶魯大學文科畢業；自一八八一年奉召回國，從一個品位低微的幕僚，到一步步升遷至朝廷的封疆大吏，歷任顯宦，官至清朝一品大員。如今舊地重遊，往事回首，對於自己的後來者自然更多了一份殷切的關懷。

四十名學生代表如何挑選不得而知。不過，他們無疑都是在美中國學生團體中公認的佼佼者。正如前面章節所介紹的，以當時顧維鈞身爲《中國學生月刊》主編，且在各方面表現出的才幹，在邀請之列也是自然而然的了。不僅於此，在隨後唐紹儀爲這些留學生代表舉行的歡迎宴會上，顧維鈞又被推爲受邀學生團體的代表，致詞發言。

我記得我作了一次適合當時場合的簡短發言，不僅受到我所代表的人們的歡迎，而且受到唐和他的同僚的賞識。會後，唐親自過來對我說，我的發言很好，向我表示祝賀。

這是顧維鈞與唐紹儀的第一次會面。精彩之發言，翩翩之風度，一定給唐紹儀留下印象，未來岳父對未來女婿的特別青睞，當從這個時候開始。

轉過來年又一年，辛亥革命爆發，民國政府取代大清王朝。以玩弄實力政治起家的袁世凱很快竊取新政權，就任大總統。與袁氏稱兄道弟，有著數十年交情的唐紹儀也被任命爲首屆內閣總理。於是，經唐紹儀保薦，袁世凱授意，力邀顧維鈞擔任總統府秘書。一俟顧維鈞回到北京，唐紹儀又親自把他引薦給袁世凱，並執意要他同時兼任內閣秘書。本來在回國任職前，顧維鈞已猜測到是唐紹儀引薦，聽了總統與總理之間的對話，終於確證了這一點。

顯然，以唐紹儀此前對顧維鈞的欣賞，他是有意關照、提攜這位有志青年的，似乎也有意要顧維鈞做他的乘龍快婿。

果然，不久後的一天，唐紹儀建議顧維鈞參加一次青年同事組織的野餐會，要他去北京各處逛逛，熟悉一下北京的生活；而且特意告訴他，自己的女兒也將一起參加。這樣，顧維鈞便認識了總理千金唐寶玥。

不過，此後一段時間，兩位年輕人一直無緣見面。直到唐紹儀因與袁世凱政見不一，辭去總理職務，去了天津，顧維鈞也隨同辭職去天津，住在天津租界的一家英國飯店。因為是單身漢，又深得唐紹儀的賞識，顧維鈞幾乎成了唐家的常客，只要沒有其他約會，總是被邀去唐府，和他們家人一起吃午飯或晚飯。

在這難得相聚的日子裡，顧維鈞越來越感覺到了總理大人對自己的知勉之情。唐紹儀既在事業上為他指點迷津，殷殷告誡他切勿因其辭職而辭職，誤了大好前程，豈不可惜？並鼓勵顧維鈞應爭取去外交部工作，以此作為未來事業的發展方向；同時，又在生活上關心顧維鈞，處處為他和女兒的進一步交往提供機會，暗中推波助瀾，一心想著成全他們的好事。這一切，顧維鈞自然心領神會。

於是，在老人授意下，顧維鈞和唐寶玥總是午後出門，兩人或者閒逛閒談，或者買買東西喝喝茶，雙方的好感一日勝過一日，愛情的種子已在兩個年輕人心底萌芽。在顧維鈞看去，唐家小姐不愧是大家閨秀，不僅舉止端莊大方，心底溫柔賢慧，且會英語，受過良好的西方教育，顧維鈞心中暗自歡喜，也就不難想像；但轉念人家乃堂堂總理的千金，不免讓他有些望而卻步，唯恐貿然失禮。至於唐寶玥心裡，不時地從父親讚不絕口中瞭解顧維鈞的才華；頻頻交往中，更被他正直的品行、瀟灑的風度所傾服。她暗暗欽佩起父親的眼力，顧維鈞不正是她心目中的「白馬王子」？只是，少女芳心更含羞，她能把這「愛」字說出口嗎？

看來，彼此已是愛慕不已，卻又心照不宣呢！

眼下顧維鈞準備回一次上海了。因爲一九一二年四月受命回國，他是從美國經西伯利亞逕直來到北京的。

一年多了，一直沒有機會回去看看父母，看看兄弟姐妹。他知道，爲了他和張家小姐的婚事風波，父母肯定還在生他的氣。特別是父親，絕對沒有料到兒子會來這麼一招，本想逼兒子完婚，又讓兒子帶媳婦一同赴美，即使小倆口一時缺乏感情，也可以在日長時久的生活中培養感情。何況，老人看來，什麼婚姻自主、戀愛自由，在中國，子女的婚姻大事理應由父母作主，愛情從來就不是婚姻的合法理由，只要安穩地過日子就行。沒想到兒子到頭來還是變心了，如此忘恩負義，不忠不孝，豈不讓他怒髮衝冠，怨憤難平？想當初，父母雙方自以爲門當戶對，皆大歡喜；怎料大洋彼岸的一紙協定離婚書，直讓沈浸在喜氣中的兩家長輩看得頭昏目眩，氣得火冒三丈，本是親家，也成怨家。那一陣子，老父親一連病了好幾天，恨不能把兒子喚來好好教訓一番，但鞭長莫及，徒歎無奈而已。「強扭的瓜不甜」，經此一遭，想想這句日常生活中的格言，老人搖頭歎息，大概也有所悔悟。時代變了，兒子大了，看來自己也得換換腦筋，老觀念畢竟是越來越行不通了。

現在，距一九〇八年那個夏天，整整四個年頭了。這次回到家來，顧維鈞原以爲父親會怪罪自己，沒想到老人並未訓斥他，父親顯然已原諒兒子了，所以此回父子見面，那段不愉快的傷心事，他也不再提起。顧維鈞發現，父親老多了，那穿著青布棉襖、黑布馬褂的肥胖身影也有些駝了，走起路來也有些蹣跚了。想起過往的一切，顧維鈞感到深深的愧疚，從父親情鬱於衷的神色裡，他仍能體會到父親對自己的關心和牽掛。血濃於水，父子之間還有什麼解不開的怨結？

此刻，聽兒子一五一十地介紹在北京的工作和生活情況，父親心裡更加寬慰。指望兒子步入政界，不正是老人一直期盼的心願嗎？如今兒子剛剛回國，就被安排在總統府和政府內閣任職，而且聽顧維鈞說唐總理器重他，又有意把自家愛女許配給他，眞可謂貴人相助，好運成雙。既然如此，老人還有什麼可挑剔的呢？他要顧維鈞好好珍惜眼前的一切，還要兒子抽空請唐家小姐來家裡坐坐，至少讓父母見見面。

這麼一說，顧維鈞按捺不住內心的激動。他告訴父親，其實這次唐小姐是和自己一起到上海的，正住在她姑父叢孟余家裡。原來，當顧維鈞準備離津去滬探親時，唐寶玥也想去上海看望姑母，這對乃父唐紹儀來說，眞是看在眼裡，喜在心頭，於是順水推舟，託咐顧維鈞一路相伴照應。旅路同行，兩心更相依。到了上海，見面的機會自然不少，關係更加熟稔，感情日益升溫，兩人很快墜入愛河，等到從上海再回天津，一對熱戀中的情人正式訂婚。

水到渠成，喜結鳳鸞。一九一三年六月，顧唐兩家的婚事在上海公共租界體育場公園（今虹口公園）隆重舉行。不過，與顧維鈞當初由父母包辦婚姻時繁文縟節的場面相對照，此次婚禮仿照歐美流行的嫁娶儀式，形式簡單，氣氛熱烈，自是另一番場景。

有趣的是，顧維鈞和唐寶玥的婚期原定於六月二日。但在此三、四天前，唐紹儀突然通知女兒、女婿，能否把婚期改在六月三日或四日。原來，五十多歲的唐紹儀也已訂好六月二日舉行婚禮。唐自宣統年間正室病喪後，始終不曾續弦，此時經伍廷芳作媒，聘定某上海洋行買辦家小姐吳維翹喜結連理。父女同日結婚，在中國人的傳統眼光裡，未免有些難堪。事到臨頭，照顧老泰山的面子，顧維鈞的婚期只好倉促改期。隨後，岳父和女婿的婚禮在同一個地方先後舉行。

顧、唐兩家婚事，很快成了滬上報界的熱門話題。一對才子佳人的婚戀，更被好事者大加渲染，鼓噪一時。有人說顧維鈞早在華盛頓時就已認識唐寶玥，因爲她姐姐是唐紹儀好友，中國駐華盛頓公使張蔭棠的兒媳，所以斷定顧唐聯姻為其姐姐介紹而成。對此傳聞，顧維鈞聽過則已，一笑置之。也有極少數不明事理者，置顧維鈞與前妻協定離婚的事實於不顧，以「重婚罪」相誹謗，顧維鈞當然不予理睬。至於有人認為他年輕得志，除有才學外，恐怕主要得力於岳丈撐腰。這一點，顧維鈞倒不否認。實際上，他比誰更明白，倘若沒有唐紹儀的提拔，自己的仕途哪能如此順利？倘若沒有唐紹儀的偏愛，他的姻緣又哪能如此交好？大概是為了銘記岳丈對自己的知遇之恩，唐紹儀字少川，後來顧維鈞亦字少川，翁婿同名，一時傳為民國佳話。

順便一提，今人撰文，述及顧維鈞與唐寶玥的婚戀有青梅竹馬之說。據說因唐紹儀的長兄曾在嘉定西門（今嘉定鎮西大街唐家弄）定居。顧家正與唐家弄一河之隔，唐寶玥小時候常來伯父家小住，因此兩人孩提時已相識。至於後來顧維鈞到了聖約翰書院上學，唐寶玥則在書院隔壁的聖瑪利亞女校讀書，故學生時代兩人已相好，只是尚處年少，彼此未曾談及嫁娶。揆諸顧維鈞回憶錄所及，此說恐非屬實，不足為信矣。

令人痛惜的是，這次婚姻猶如曇花一現，好景不長，留給顧維鈞的竟是滿腹的悽愴和悲傷。

事起於一九一八年的十月，隨顧維鈞赴任駐美公使的唐寶玥溘然病故，永遠地離他而去。

這是顧維鈞無論如何不能接受的事實。接到病危通知書的瞬間，他怎敢相信？又怎能相信？但從使館心急如焚地趕去醫院，一切都爲時已晚……

剛過而立之年的顧維鈞，永遠地失去他心愛的May。唐寶玥祖籍廣東，在家裡被稱「小妹」，粵語中，「妹」與「梅」同音，所以唐寶玥又有「唐梅」的別名。「May」也就成了顧維鈞對妻子的愛稱。

回想與唐寶玥結婚，時光倏忽，轉眼已五年過去。新婚不久，顧維鈞進入外交部工作，很快地從甜甜蜜蜜的小家庭生活中抽身而出，全心投入工作。赴美上任後，顧維鈞更是忠於職守，利用一切可能的機會，與美國朝野人士廣泛接觸和交往，爭取他們對中國的同情和支援。爲此，工作狀態幾乎一直處於亢奮之中。

到美國後兩年，夫婦倆先後有了可愛的兒子和女兒。一張一九一七年攝於華盛頓的母子合影，貼切地記錄其中的某個生活片段。照片上，看起來未滿周歲的兒子顧德昌，正依偎在母親的懷抱裡，出神地睜大眼睛；唐寶玥則用雙手托抱著咿呀學語的孩兒，那端莊的神情中有滿是善解人意的目光。正是這目光，多少次守望、多少次迎候著顧維鈞的晚歸。日子在一天天的忙碌中度過，雖然自一九一八年女兒顧菊珍出世，唐寶玥的體質明顯虛弱了。但她一直全力支援著丈夫的事業，正如時人評說：

顧惠靈使節在美時，凡重大典禮，國際宴會，夫人必周旋贊襄，曲盡其歡，以博友邦人士之好感，以故駐美各使，無不知顧唐夫人，亦無不善遇顧唐夫人。説者謂顧惠靈蜚聲外交界，傾動歐美者，得於內助者良多，非虛語也。夫人殉之前三日，美國有兩大盛會同日舉行，一在華府，一在費城，顧氏未能俱去，因令夫人擇一地為己代表。夫人念顧氏年來珠盤玉敦，疲於奔命，不願其重苦跋涉，因告奮勇，願赴費城，周旋與會之士女間，成禮而歸。歸途染疫，身即不支，而猶勉強赴某公使夫人之招，略事酬應，回邸病即不起，二日而謝世。

作爲公使夫人，唐寶玥在顧維鈞參加的各種外交活動中，多有積極配合和協助。眞是天有不測風雲。萬萬沒有想到那個令人惶惶不安的金秋季節，一場可怖的西班牙流行性感冒在華盛頓地區猖獗一時。華盛頓駐外使館中，已有多人罹此厄運，相繼死去。年僅二十九歲的唐寶玥也未能倖免，患病沒幾天，就被病魔奪去年輕的生命。

面對這一飛來橫禍，顧維鈞的心幾乎碎了，頃刻之間，妻子熟悉的目光不見了，溫馨小家庭的安寧不見了，痛失愛妻的悲傷已無復可言。

死者長已矣，生者待鞠育，面對不諳世事的一雙兒女，一個兩歲，一個出生才幾個月，顧維鈞的視線模糊了，他第一次感到生命是如此脆弱。既然因爲工作而未能盡到一個做丈夫的責任，那麼，痛別亡妻之後，是否該努力盡到一個做父親的責任？

往事如昨，淚眼朦朧，顧維鈞滿心愧疚，愧對愛妻，愧對孩子，也愧對岳丈。

痛定思痛，痛何如哉？一時間，顧維鈞想到了辭職，現實生活逼迫著他不能不提出辭職。

當然，事實最終證明，即便個人生活遭此嚴重打擊，顧維鈞還是從巨大的悲痛中振作起來。那時，正當巴黎和會即將召開前夕，作爲參加和會的中國代表，顧維鈞匆匆料理妻子的後事之後，很快地遠赴巴黎。

恩愛夫妻，陰陽兩界；曲終人去，此情可了？

故事，其實並沒有到此爲止。

據嘉定史志介紹，唐寶玥病故後，顧維鈞悲切之下予以重殮，佩金掛銀、著妝艷麗的亡妻遺體被安置在一具玻璃棺中。靈柩運回國內後，暫厝於嘉定顧氏宗祠內，後來玻璃棺外又加罩了一層白銅合金的外槨。一九一九至一九二四年間，每逢清明節前後，顧氏宗祠例行揭去外槨，以供親人瞻觀遺容。至今，當地一些上了年紀的老人差不多都曾見過死者容顏。不料，一九二四年八月，江蘇軍閥齊燮元和浙江軍閥盧永祥爲爭奪上海而兵戎相見，禍及嘉定全境。唐氏靈柩不幸遭一夥散兵劫掠，棺內金銀財寶悉數被盜。聞訊此事，顧維鈞大哥顧敬初隨即在嘉定馬陸鄉的練水之陽（今該鄉沈徐村斜涇生產隊），購置了若干畝地營建顧家陵園，以便將玻璃棺入土爲安。

爲此，顧維鈞帶了二個不到十歲的孩子專程回嘉定參加葬禮。據說，一九二五年十一月十六日出殯那天，執紼者多至數百人，車水馬龍，盛況空前。出殯時儀仗隊由西門入城，沿大街東進。顧維鈞走在儀仗隊中，身穿毛葛蘭袍黑褂、花呢西褲、黑色革履，頭戴呢帽，經過各機關團體設祭處時，他即出隊脫帽，鞠躬答謝。隊伍內最引人注目的是約二十對紅底金字銜牌，分別刻著顧氏歷任職務。

當時情景，在稍後上海《申報》刊載的介紹唐寶玥生平的一篇文章裡有過生動述論：

去年齊盧戰作，嘉定一邑，蹂躪殆遍。而夫人之棺，亦險遭摧殘。顧氏每念夫人，輒深故劍之恩。今歲賦閒，因為夫人卜葬於馬陸之鄉，先期釋奠，禮極優隆，弔客盈門，户限為穿。與顧氏同參國務之湯爾和、羅文幹二氏，亦親往致祭。顧氏鵠立靈幃，答謝者竟日，不辭勞頓，其所以報夫人者在此歟！

此後顧家還特地委派專人看護墓地，墓園內蒼松翠柏，一派肅穆氣象。至一九四九年離開大陸前的好些年裡，顧維鈞只要人在國內，得公務餘暇，他總要抽身回籍，上墳掃墓，以示祭奠。

可惜十年「文革」期間，顧家陵園遭徹底損毀，成片的松樹被砍，顧家祖墳及顧夫人墓被掘，整個墓地轉眼間成了農田耕地。至於唐氏靈柩，掘出後竟被一度置於村辦大院內，成爲遠近鄉民爭相一睹的遺物。以致八〇年代初，當女兒顧菊珍受父親委託，利用回國觀光之際想去母親墳上祭掃亡靈，遠道而來的她只能徒對田野空悲泣了。

一切都已蕩然無存。

不過，就在筆者前不久走訪當地時，驚訝地發現，凡是四、五十歲以上的村民，關於顧家、關於顧夫人，皆能道其一二；至於年至耄耋的幾位長者，更是興致勃勃地回憶起當年親見顧維鈞來此掃墓的情景。

一段不尋常的婚姻故事，一個不尋常的家族故事，餘音餘緒，就此久久地瀰散於民間鄉里……

「中國小貓」

「今日之中國，真中國也！」

顧維鈞在巴黎和會中向列強說「不」，

開創了中國近代外交史上敢於抗爭的先例。

無論是整個中華民族，還是顧維鈞個人及其家族，巴黎和會都是一個新的里程碑。從中國近代外交史來看，巴黎和會標識著中國外交開始衝破「始爭終讓」的慣例，開創了一個敢於抗爭的先例。

從顧維鈞漫長的外交生涯來看，巴黎和會使一位傑出外交家在國際舞臺上脫穎而出，從而確立其歷史地位。一個百年家族，也必然因其個體成員的衆所矚目，隨之獲得它應有的社會影響。

這是一個怎樣驚心動魄的歷史時刻，又是一段如何意味深長的歷史篇章。

巴黎和會前，顧維鈞正在駐美公使任上。自一九一五年十月赴任以來，他一直密切注視著遠東國際關係的變化，關注著如何爭取中國的民族權益。

此時正當歐戰交火激烈期間。隨著戰事的擴大，特別是美國的參戰，協約國力量占明顯優勢，德奧等同盟國的最終失敗已在人們預料之中。身在美國的顧維鈞越來越敏感到，戰爭將打破舊的世界格局，戰後必將出現新的國際態勢。因此，一九一七年四月九日，即美對德宣戰後的第三天，顧維鈞就向北京政府發去一份長篇電文，提出「賴美為助」的外交策略，建議政府與美國採取一致行動；並列述了中國追隨美國加入協約國作戰可能獲得的好處。根據他的分析和觀察，顧維鈞相信美國是中國眞正的朋友，至少在他看來，中日交涉《二十一條》期間，美國的政策和行動足資證明這一點。他預料，美國戰後的國際勢力和影響必然更見擴充，因此，「我助彼戰，將來國交上獲益實屬不淺」。同時又有協約國公使們的誘使和許諾，顧維鈞深信，站在協約國一方參戰，可以使山東問題得到解決，可以在戰爭結束時提高中國的國際地位。

隨後不久，就在這一年的下半年起，顧維鈞針對當時各協約國政府關於戰後建立一個確保未來世界和平和新秩序的普遍願望，毅然在公使館設立一個由他主持的研究小組，專門收集包括美、英等國出版的各種計畫草案在內的多方面資料，加以分析研究，以確定中國應採取的對策；並指定小組成員特別研究對中國具有特殊利益的問題，以便將來在和會上提出。讓顧維鈞感觸良深的是，自鴉片戰爭後的中國，在對外關係中始終處於不平等的地位，一連串戰爭失敗的紀錄，一系列不平等條約的約束，使中國的領土完整遭到損害，中國的主權獨立遭受侵犯。現在該是時候了，「中國應該在即將召開的和會上向各國鳴此不平，以爭回某些失去的權利。」尤其讓他忿忿不平的是，不僅是歐洲列強的帝國主義政策，還有十九世紀後期使中國蒙受苦難的日本侵略。《二十一條》要求的提出，以及在提出最後通牒後強迫中國締結的中日條約，明擺著是欺人太甚的無理之舉。「英之於西藏，俄之於蒙古，日之於山東，葡之於澳門，均屬未了問題」，無論如何，顧維鈞嚥不下這口氣。

當協約國在凡爾登（Verdun）戰役中獲勝和美國派遣遠征軍赴歐，顧維鈞深知，戰爭的結束已是指日可待。爲此，從一九一八年夏開始，他連續向國內發出由研究小組和自己所寫的研究報告書，建議政府盡早爲戰後必定要開的和會作好準備。正是在他的建議下，北京政府於當年十二月在總統府成立一個外交委員會，以顧維鈞寄自美國的各份報告書爲藍本，研究擬定中國該向和會提出的問題。經過認眞考慮，顧維鈞認爲，中國首先應當準備那些涉及中國切身利益的問題，並設法將其寫入和約。他力勸政府應在和會上理直氣壯地提出山東問題，不必顧慮被迫簽定的中日條約。

可以揣知，即將召開的和會，在顧維鈞看來，將是中國一次非同尋常的機會，中國可以藉此謀求某種程度的公平待遇，並對過去半個世紀以來所遭到的慘痛後果加以改正。顧維鈞對此似乎已深信不疑了。

結果怎麼樣呢？當然還不是顧維鈞最終料想到的。

不過，戰爭一如人們預料的那樣，終以協約國的勝利宣告結束。

可是，還來不及分享勝利的喜悅，顧維鈞卻因妻子唐寶玥不幸病故，不得不沈浸在巨大的悲痛之中。

國難家痛一併襲擊著他。

不過，國難勝於家痛。

從凡爾登到凡爾賽，巴黎和會的召開已成定局。在此關鍵的歷史時刻，不僅中國政府需要他爲國出力，顧維鈞又何嘗願意錯失這一力爭國權的良機？

此時，指派他作爲中國代表出席巴黎和會的電報已經寄到，但顧維鈞還不能馬上動身。一方面，妻子病故，後事料理需要一段時間；更重要的在於，這幾周內，要決定對德國及其盟國的和平條件，美國政府必將對和會提出許多建議和看法，這對英、法政府必然影響極大，對中、日兩國也將產生影響。顧維鈞推斷，中國政府不能在和會上對英、法抱太大希望，眞正可以指望的只有美國的支援。爲此，他需要留在華盛頓，盡可能獲取有關資訊，自十一月下旬起，顧維鈞多次走訪美國國務院，多方設法得到關於和會組織方式和美國對中國將在和會中提出的要求持何態度的情報，特別是威爾遜總統關於和會前景以及建立世界和平組織的態度、觀點。

來自各方面的輿論顯示，這個時候的威爾遜總統，以他提出戰後重建世界新秩序的方案，受到了世界各國的普遍歡迎，長期遭受不平等待遇的中國對此反應更加強烈。這位一九一二年當選美國總統的理想主義政治家，自一九一三年入主白宮後即退出國際銀行團對袁世凱政府的善後大借款，又第一個承認了中華民國。日本迫使中國簽訂《二十一條》時，威爾遜雖然行動上謹慎從事，但基本上持反對態度，因此，在中國人民心目中，對威爾遜自有較好的印象。一九一八年一月八日，威爾遜提出著名的「十四項原則」，其中包括對殖民地處置要「以絕對的公道爲判斷」，要考慮「殖民地人民之公意」，「國無大小，一律享同等之權利」的原則，這對亞非被壓迫的民族而言，無疑是一個鼓舞人心的信號。

一時間，中國人被感動了，顧維鈞被感動了。「講公理不講強權」，多少中國人把美國看作是「公道」與「和平」的象徵，威爾遜被視作「光明」的象徵。對威爾遜的主張，中國各界幾乎一致予以高度評價。國務總理錢能訓表示，「此次歐戰，中國幸能隨同最講公道、最愛和平各友邦，以與專尚武力、憑凌弱小之國角鬥，是爲我中國最爲榮幸之事。」因此他代表政府申明，中國所主張，即以美國大總統所主張爲主張，亦即以世界人類共同之主張爲主張。北大校長蔡元培激動地說：「現在世界大戰的結果，協約國占了勝利，定要把國際間一切不平等的黑暗主義都消滅了，另用光明主義來代替它。」於是，北京人把象徵中華民族恥辱的克林德（Klemens von Ketteler）碑改名爲「公理戰勝」，把它從東單遷到了中央公園（現在的中山公園）。思想界的先鋒巨擘陳獨秀更是意氣書生，他感慨地寫道：「萬種歡愉聲中，第一歡愉之聲，便是『好了，好了，庚子以來舉國蒙羞的「石頭牌坊」，已經拆毀了。』」他更稱頌威爾遜「可算得現在世界上第一個好人」，認爲從此以後世界各國都應該明白，無論對內對外，強權是靠不住的，公理是萬萬不能不講。看來無須多言，歐洲的結局，眞讓中國人沸騰起來；威爾遜的十四條，似乎已讓中國人看到光明和希望的前景。

和大多數中國人一樣，甚至更有過之，此時的顧維鈞對美國深懷好感，對威爾遜總統更多了一份崇敬和信任之情。現在，作爲協約國中最強國的首腦，以及協約國陣營公認的發言人，威爾遜總統在和會議決時所發表的意見將具有決定性意義。顧維鈞似乎已估計到這一點，所以，趕在離美赴法前夕，他要見見威爾遜，以便試探內情。會晤的結果，使顧維鈞進一步證實了美國對中國的同情態度。威爾遜不是說了——要想世界永久和平，必須有一個新秩序。不應再用老一套的外交方式來解決戰爭問題，戰勝國不應要求割地賠款；應該廢除秘密外交，應該透過建立維護世界和平的組織來創立新秩序。既然話都這樣說了，還有什麼好遲疑呢？顧維鈞當即向威爾遜保證：「中國一定支持。」

在從白宮返回使館的路上，望著窗外滿天飛舞的雪花，顧維鈞似乎已沒有任何寒意，不是嗎？冬天到了，春天還會遠嗎？早春的氣息不是撲面而來了嗎?!

那麼，該啓程上路了。雖然妻子新喪的悲哀仍時時在心頭作痛，但是國難當頭，中國有望了，想必早逝的唐梅也會因此而含笑九泉？只是前路漫漫，再也沒有了貼心暖人的話語，再也沒有了柔情似水的關懷，年輕的顧維鈞品嘗到了人生從未有過的孤獨。不過，無論如何，路還得堅定地走下去。

一九一八年十二月中旬，顧維鈞來到巴黎。甫抵目的地，顧維鈞開始整天埋頭於工作，負責準備有關中國參加和會的政策和指導原則。

首先，根據事前收集到的資料，他爲中國代表團草擬了一項計畫，內容包括七個問題：⑴二十一條和山東問題；⑵歸還租借地；⑶取消在華領事裁判權；⑷歸還在華各地租界；⑸撤走外國駐軍；⑹取消外國在華設立的郵電機構；⑺恢復中國關稅自主。這些問題，其實早在美國期間他已有了充分考慮。當時根據北京訓令，他就起草過一份提交美國政府的備忘錄，闡述了中國對和會的希望和要求。現在的這份計畫，可以說是在原有基礎上更加明確化和具體化。爲此，經過分工合作，顧維鈞主動承擔了其中第一、二、三、七等四項的起草工作。

與此同時是對國聯問題的研究。威爾遜曾向顧維鈞明確表示，希望中國在和會上支持建立國際聯盟。就此問題，他曾向北京政府遞呈有關報告，據說政府方面也表示衷心贊成，但顧維鈞心裡明白，其實國內對這個問題幾乎一無所知，一些外交界的同事也只知其然，不知其所以然。有一天，一位巴黎的中國同僚前來邀約他赴宴，見他正全神貫注地忙著寫此文稿，竟不屑一顧地出口道：「你爲什麼要在這種問題上浪費時間？它對中國無關緊要，對全球恐怕也關係不大。所以，走吧，咱們還是吃飯去吧。」志不同則道不相爲謀，夫復何言？想想也是，當國聯問題在美國引起濃厚興趣時，英法兩國似乎也無人過問；那麼，作爲一個新問題，眞正留意此事的中國人又有幾何？看來還得先從自己做起。於是，短時間內，他便寫出兩個有關國聯問題的備忘錄：一是有關建立新世界組織的原則及他所瞭解的主要協約國及參戰國的觀點；一是有關新的世界組織對中國的重要性以及中國應全力支援的理由。顧維鈞很清楚，作爲世界大家庭中之一員，中國豈能對此置若罔聞？

隨後的當務之急，該是中國參加和會的席位問題。當時根據英法等國在席位問題上的決定，協約國中參戰國在和會上的席位數分三類：第一類是五個主要協約國，每國五席；第二類是戰爭中提供某些有效援助的國家，每國三席；第三類是協約國陣營中其他成員，每國二席。當初協約國拉中國參戰時曾答應，如中國參戰，戰後將在和會上以大國相待。英法兩國駐華公使也在照會中確認了這一許諾，因此中國充滿信心，認爲有把握爭到五席。但當席位數公佈時，中國竟被列爲第三類，僅分給二個席位。這顯然讓中國代表團大失所望。顧維鈞爲此四處奔走，多次與美國代表團磋商，獲得美國的同情和即將親自赴會的威爾遜總統的支援，但由於英法兩國從中作梗，以「中國對協約國方面實際幫助甚少」爲理由拒絕討論，增加席位的努力已成泡影。

二名就二名吧。既然美國都表示無能爲力了，中國也該默認了。美國是中國的朋友，美國將盡最大的努力促進中國的事業，這是美方早已承諾的態度。無論怎樣，能出席和會，至少對中國已是一個難得的機會。

然而，麻煩事卻也隨之而來。

對於即將拉開序幕的巴黎和會，中國顯然寄予很大的希望。

一九一九年一月十一日抵達巴黎的中國代表團，規模之大，陣容之強，是中國歷史上空前的。代表團有五個全權代表，其中有擔任團長的外交總長陸徵祥、南方政府代表王正廷、駐英公使施肇基、駐美公使顧維鈞、駐比公使魏宸組。此外，代表團成員還包括駐法公使胡惟德、駐丹麥公使顏惠慶、駐義公使王廣圻、參事嚴鶴齡。秘書長由駐法公使館參贊岳昭橘擔任。代表團組成幾乎包括所有駐歐美主要國家的公使，另外還有十七位專家、五位外籍顧問和部分行政技術人員，總計五十二人的浩蕩隊伍似乎已是萬事皆備，只欠東風了。與此相應，各政黨團體同樣不甘示弱，各自派出要人、名流前往巴黎以作聲援，其中有研究系的梁啓超、張君勱、蔣方震、丁文江等，有國民黨的汪精衛、張靜江、徐謙，以及舊交通系的葉恭綽等，各路精英紛至遝來，朝野上下無不翹首以待。

與如此大隊人馬形成強烈反差的是，中國代表團被告知只允許派二名代表參加會議。幾經交涉，無望增加，那麼，只有兩個席位，五名代表怎麼安排？聽說中國雖僅有兩席，但每次與會人員可以調換，不限於固定二人，這倒不失為一個變通辦法，那就安排各正式代表屆時輪流出席會議。但接下來的代表序位又如何排列呢？

顯然，這是個無法迴避的敏感人事問題。

中國官場，大抵歷來如此，一涉及此，就免不了因休戚相關的利益而產生明爭暗鬥的矛盾，由此生出種種可悲的事端。

眼下，發生在代表團內部的名次排列問題，稍有不慎，摩擦糾紛也就在所難免。

果然，此事引起一場軒然大波。

團長陸徵祥已是愼而又愼了。深諳官場之道的他深知這一問題利害所繫，非同尋常。因此決定把它擺在桌面上，集體討論，再呈請總統頒任。不料，包括顧維鈞在內的與會公使，誰都不願意提出任何建議，儼然一個「此時無聲勝有聲」的場景。終於有人建議由總長決定。躊躇不決的陸徵祥遲疑良久，不得不宣佈，除他本人作爲一團之長自當列名第一外，其他代表依次排名爲，王正廷、顧維鈞、施肇基、魏宸組。就此考慮，總長自然少不了一番解釋，以便說服在座衆人。

按理，顧維鈞也該當仁不讓了。正像陸總長所說，就那些與中國有關的問題而言，和美國代表團的接觸最爲重要。那麼，顧維鈞正是與美國代表團保持密切接觸的當然人選。

但顧維鈞有所顧慮了。

論聲望，在座者均是高於自己的外交界前輩。所以，總長決定將他列名第三時，顧維鈞只得打破沈默，一抒己見。因爲把他列於施肇基和魏宸組之前，顧維鈞不能不深有顧慮。前者資歷比他深；後者年齡比他大，而且是他任職國務秘書時的頂頭上司，顧維鈞懂得尊重，懂得謙讓，自己畢竟還年輕，將來有的是機會。

「此次任命還以我列第五爲宜。」顧維鈞說得非常誠懇。

聽了顧維鈞毫無虛飾的想法之後，總長終於理解並接受他的要求。鑒於魏宸組列名第五符合其本人意願，名單排列最後將顧維鈞介於施、魏之間。

問題就此妥善解決，按此序位的照會隨即報送和會，並回電國內。殊不知，北京迅即發來總統訓令，將代表團序位改爲：陸徵祥、顧維鈞、王正廷、施肇基、魏宸組。

這下子可把問題複雜化、嚴重化了。

原來，問題的背後還有更加複雜的背景。

當初，中國代表團組團時，南北政府爲表示一致對外，決定共同派員參加，陸徵祥爲團長，王正廷爲次席代表。但北京政府擔憂陸因體弱多病，不能自始至終堅持工作，一旦因健康原因不能出席會議時，則應由顧維鈞代表中國政府，不願讓南方代表王正廷主持全局。名次變更，正交織著國內複雜的政治情勢。而將顧維鈞列於王、施之前，更可見出政府對他的格外倚重。顧維鈞多年來矢志於外交事業的種種出色表現，早已是政府部門有目共睹的事實。

本想退居末位，未想到竟位居前列。這一突然變化，讓顧維鈞好生驚訝。待總長為此叫他前去，才知其中隱情。

能否暫且不要發函通知和會變更名次？能否盡快向政府說明情況？顧維鈞懇請總長接受這一建議，維持原來的名次序列。否則讓人產生不良印象，有損外交總長以至中國政府的國際威信。向來溫文爾雅的陸徵祥，此刻已心煩意亂，進退兩難。列王正廷第二，是他事先親口許諾的，如今次序調換，豈不失信於人？但他顯然更清楚自己必須尊重總統意願；且從個人身體狀況和國內形勢考慮，他認為北京作此安排是正確的，無可爭辯，理當遵從行事。

那麼，施肇基呢？他與此事關係最大，該去找他談談，向他解釋發生的一切，至少應該表明自己的態度。雖然日前開會已說明觀點，堅持不列在施之前。但眼下情況突變，節外生枝，序位更改使自己冠於名單第二，別人又會如何猜度？

施肇基曾是顧赴美留學時的領隊。對於這位長輩，顧維鈞一直敬重有加，忘年有情。何況，施夫人與顧家又有親戚關係。顧維鈞相信他們。

但當顧維鈞剛一出口，施肇基頓時面色鐵青，慍然不語。見此情形，顧維鈞已猜出幾分，他最擔心別人會因此認定是他主動謀求代表團內的地位，但他至少希望施博士不至於誤會他。但對方分明多慮了。

心底無私天地寬。顧維鈞忍不住了，面對一言不發的施肇基，他多少有些失望，感覺到一種隱隱刺痛心頭的苦澀。看來，該說的還要說，不該說的也要說。他最容不得這樣的誤解，幾乎一吐爲快了：

「你在外交界資歷比我深得多。至於我的工作，我覺得任何工作都同樣重要，並不存在某種工作更爲重要之想。你對我儘可放心。如果你想知道是何道理，我可以告訴你，除了公務上的考慮，我還有我個人的理由：我比你年輕十歲，我比你多十年的機會。」

語氣之堅定、措辭之明朗、神情之坦率，反正，心裡話都掏出來了，信不信由你，也由不得你。

既不失敬人之處，更維護自己的人格尊嚴，這就是顧維鈞爲人處世的原則。

談話既已無法繼續下去，顧維鈞轉請施夫人出面解釋，他實在不願意看到曾經交好的忘年友誼就這樣造成嫌隙。如此開誠佈公的交談，施夫人心領意會，她相信顧維鈞的人品。

當然，顧維鈞也因此預感到了，名次變更一事將使代表團內部矛盾紛起。

果不其然。此後，代表團分成兩派，以王正廷、施肇基爲一方，以陸徵祥爲另一方，相互爭吵不休、糾紛不斷，顧維鈞也不時成爲攻擊目標。當然，話還得說回來，雖然因序位問題，顧、王私人關係從此失和並破裂，終其一生未能改善；顧、施之間也無法修好如初。但綜觀整個巴黎和會進程，三人作爲中國代表團中的活躍力量，還是遵從一致對外原則，求同存異，顧全大局，並最終一致成爲代表團中堅決的拒約派。不過，爲內修團結和睦，顧維鈞煞費苦心，盡了不少努力。

舉世矚目的巴黎和會，終於在一九一九年一月十八日開場。

會議是在美、英、法、義、日五大國的把持下進行的。其中，美國總統威爾遜（Woodrow Wilson）、英國首相勞合・喬治（David Lloyd George），法國總理克里蒙梭（Georges Clemenceau），則是實際操縱和會的「三巨頭」。

中國對於和會的希望之所在，自然在他們的手掌之中。

一月二十七日午間，正在共進午餐的中國代表團突然接到和會的緊急通知，會議將在當天下午三點討論山東問題，邀請中國代表到會申述立場。

能有機會在和會上爲收復國權辯護，正合中國代表團的心願。但機會來得如此突然，猶如青天霹靂，反使代表團成員束手無措。

何以至此？豈不令人多有費解?!

此中原來有一番緣由。

代表團離京前夕，雖然來自各地的意見表明，國人強烈要求政府在巴黎和會上力爭收回山東權益，顧維鈞也曾爲此電告力勸。但在北京當局討論與會方針的會上，段祺瑞卻以中國參戰宣佈過遲，不應提出過多要求爲由，主張不提歸還山東的要求，只待「隨機應付」即可。段反對提出青島問題，不僅出於他親日的態度，也是因一九一八年換文與他領導的政府直接相關。此時新上臺的總統徐世昌又是段操縱下的「安福國會」推選而出，段雖已退職，實力猶在，料想徐也只有附和之言。如此大政方針既定，政府擬定的方案中，山東問題自然不必再提，至於具體的交涉對策，更是無從談起。

你若步步退讓，我自步步進逼。今日和會討論山東問題，倒是由日本主動提出了。匪夷所思乎？當然不足爲奇，日本是想背著中國悄悄地處理，他們有備而來。

就在中國代表團得到會議通知的當天上午，在沒有中國代表參加的五國十人會上，日本代表牧野臨時動議，要求和會確認日本接管德國在中國山東的權益。不過，誰也不能否認山東是中國的領土，誰都看得出日本獨霸中國的企圖。在場的西方大國首腦心裡都清楚。

畢竟，這是個相互牽制關聯的問題。想當初，美國自上世紀末提出「門戶開放」政策，列強各國在華「機會均等」，「利益均占」，得到一致認同。倘若如今聽任日本爲所欲爲，坐視不理，豈不到頭來搬了石頭砸自己的腳？再說，美國此時原則上同情和支援中國，威爾遜表示應當聽聽中方意見。說到底，美國也同樣需要中國的支援。會前威爾遜在美接見顧維鈞，雙方已在某種程度上達成默契。由此，討論山東問題，自然就不能把中國拒之門外了。

可是，對於日本這一先發制人的突然襲擊，中方代表顯然毫無準備。試看，代表團剛剛抵達巴黎，先是爲席位問題多方交涉，繼則又因代表序位之事一度吵吵嚷嚷，無休無止。而且，政府事先已就此問題明確指示不宜列入提案，介於提與不提之間，跟著感覺走，就難免爲被動應對埋下隱患。雖然，遲至一月二十三日，代表團也曾就和會上提出山東問題進行會商。顧維鈞當即指出，山東問題、鐵路問題以及中日間許多條約，均由歐戰發生，僅屬戰期內的暫行辦法。現在和會旣開，一切由歐戰引發的問題，正待求得永久解決，山東問題也可公諸議決，堅持中國政府應在和會重新提出和解決這些問題，但就有關具體對策，代表團始終未曾認眞加以討論。就顧維鈞本人而言，雖然對此素有研究，但還沒有來得及形成文字和報告。

事到如今，看來只能隨機應變了。

該派誰赴會呢？人選問題幾乎又是一個擺在中國代表團面前的難題。

當此一刻，首席代表陸徵祥卻引人注目地稱病臥床，傳話讓其他代表自行議定與會發言人。時間已兩點多了，圍桌而坐，該如何是好？

也許，在此根據有關當事人的一段回憶，稍作摘編援引，倒也不費筆墨，反讓讀者有親臨其境之感。

這是發生在顧維鈞、施肇基、王正廷三人之間的現場對話，發言順序，何人說何言，不必明示，一目瞭然。

「人選之事，並無問題。根據級別，我提議王正廷博士、施肇基博士赴會。」

「我不想去，我從未準備過這個議題——該去的話，就該你去。因爲你一直在研究準備這個議題。」

「我想，雖說兩人列席，發言卻只有一人。團長缺席，自應由第二代表王正廷博士發言。時間緊迫，大家不要客氣了。」

「反正是王博士發言，施博士去，也無須開口。」

「如果我非去不可，我可以去，但我不發言。顧博士應該去，並且應該代表中國代表團發言。」

「發言自當有人，但我不想發言，還是施博士和王博士去才是。」

「假如你和我去，並擔任發言，我可以去。」

「是的，我不否認我一直在準備這個問題，也知道一些情況，但是，最終並未準備出什麼東西來，再說，我們大家也未曾討論過。」

「你是一定要去的。至於我自己，如不發言，去也可以。」

「你是第二代表，總長缺席，你應當代理。」

「我沒有準備，你有準備，這是人所共知的。」

「好吧，如果你堅持的話，我來發言。不過我有一個條件，當會議請中國代表闡述觀點時，你要起身宣佈請你的同僚代表中國講話，你只需說這一句話。」

「如果你堅持，我可以這樣做。」

對話至此結束。

對答之間可以看出，時間如此匆迫，是顧維鈞首先把人選提出來。他一直不看重名次，從未想過要名列施、王之前；他瞭解兩位的心理，也領教了他們的無端攻訐，他不想讓難堪的人事糾紛再度重演。在他心裡，仍是認定陸總長原來的名單排列。所以，顧維鈞提議王正廷和施肇基，認爲二人既是資深代表，理應由他們與會。

當初爭名奪位，此刻你推我讓。施、王兩位此番大度姿態，說穿了不過是推卸責任而已。和會前景未卜，中國結果如何？他們不願也不敢承擔責任。

有道是：「人貴有自知之明。」在此一點，施、王倒還不失清醒。既然山東問題自己沒有什麼研究，也就沒有充分的發言權，去了也是底氣不足。試想，不去不行，去而不言或言過失當，又會怎樣？看來當此重任者，已非顧維鈞莫屬。

述及於此，今人不妨設想一下，當時與會代表要是讓施、王去了而顧退了，那麼，至少在我們看來，生動的歷史細節大概是另一種情境。歷史當然不容假設。因爲，歷史畢竟選擇了顧維鈞，顧維鈞也抓住了歷史的機遇，勇於任事者必會得到歷史的青睞。

不過，機遇之前是挑戰。就如這一刻，中國代表終於準時到會，日方代表已迫不及待地公然聲稱，膠州租界地、鐵路及其他德國在山東所享有的各種權利，應無條件讓給日本，並說山東問題應在日中兩國間，以雙方所商定的條約、協定爲基礎來解決，而對山東交還中國一事卻隻字不提。如此迅雷不及掩耳之勢，未免讓倉促而來的中國代表反應不過來。一時冷場過後，機敏的顧維鈞鎮靜了，他要求會長應允許中國陳說理由後再進行討論，並指出山東問題事關重大，必須讓中方有一定時間準備。於是會議決定，翌日聽取中國方面的聲明。

被動終於有可能變爲主動。

時不我予啊！返抵代表團下榻的呂特蒂使館，顧維鈞在自己的辦公室裡迅即翻閱資料，著手起草這份代表中國政府的聲明。可笑的是，代表團啓程時曾隨同攜帶包括山東問題在內的一箱公文資料，竟在途中神秘失落。顧維鈞料定，這多半是無孔不入的日本情報人員所爲。好在自己平時有所累積，多有籌備，寫起來自有一份信心。

不知不覺，夜已深沈，那就回寓所再繼續了。

妻子永遠地走了，兩個可憐又可愛的孩子自然沒能隨他來到巴黎，暮色催人歸，顧維鈞似乎已無所牽絆了，似乎已忘卻曾在亡妻靈前的默默禱告。對於事業的熱忱，他都幾乎忘我了。這一夜，顧維鈞書房裡的燈光一夜未熄。

此刻，遠在華盛頓的孩子們一定無憂無慮地早早進入夢鄉，他們年幼的心靈裡，當然不會知道這一切。他們更不會知道，伴著那盞迎來黎明破曉的燈光，父親將會因此擁有一個多麼光彩奪目的生命亮點。這不僅僅將是父親一生的驕傲，也是兒女們的驕傲，一個家庭的驕傲；當然，更是中華民族的驕傲。

顧維鈞將要面臨的，是怎樣一個驚心動魄的挑戰?!

現在，該是和日本人攤牌的時候了。

一月二十八日，法國外交部會議廳。還是和昨天一樣的會場，一樣的十人會議。不同的是，經過一夜準備的中國代表，已非昨日那樣被動，顯得格外鎮定自若了。

會議的唯一議題是山東問題，按照約定，顧維鈞將代表中國政府首先發言。

少了一份匆迫，便多了一份從容。顧維鈞決定不用講稿，即席發言。於是，一場充滿唇槍舌戰的激烈論辯就此展開。

這裡不妨引述一則當時會議的發言記錄，更易讓人在源源本本的字裡行間找到一份眞眞切切的感受：

顧維鈞曰：僅關數百萬人之太平洋屬島問題，諸氏如斯盡力，至於青島問題，關係四萬萬國民之重大問題，本全權之責任亦極重，今於茲試述其大綱原則。膠州租借地膠州鐵路及其他一切權利，應直接交還中國。青島完全為中國領土，當不容有絲毫損失。三千六百萬之山東人民，有史以來，為中國民族，用中國語言，信奉中國宗教。膠州租借與德國，起因於教案問題，德國以武力要挾強請，迫不得已而為，已屬世界周知之事。如就地勢論之，膠州為中國北部之門戶，亦為沿岸直達國都之最捷徑路也，膠濟鐵路與津浦鐵路相接可直達首都，於國防上中國亦斷然不容他國之爭執也。以文化言之，山東為孔孟降生中國文化發祥之聖地。以經濟言之，山東以二萬五千英方里之狹地，容三千六百萬之居民，人口既已稠密，競存已屬不易，其不容他國之侵入殖民，固無討論之餘地。是以如就本會承認之民族領土完整原則言之，膠州交還中國，為中國當有之要求權利。本全權認為交還青島為公正圓滿之一條件，若本會捨此採用他法，則本全權不得不認為謬誤。日本為中國逐出德國勢力於山東，英國不顧歐戰之危急，竭力援助，以及其他與德對峙使德無力派兵東援之各聯合國，共為中國所當竭誠申謝；然割讓中國人民天賦之權利為報酬，而播將來紛爭之種子，為本全權所不得不力爭者也。此不獨為對吾國之誠意，亦對世界各國之誠意也。本全權絕對主張，大會應斟酌膠州租借地及其他權利之處置，尊重中國政治獨立，領土完整之根本權利，且相信中國可謂有和平之誠意也。

牧野曰：日本之提案理由，昨日業已詳述，日本占領膠州灣後，迄至今日，事實上已為領屬；然而中日兩國間，已有交換膠州灣交還之約，並關於鐵路亦有成約，此等之公文，對於四國間，亦認為有注意之價值也。

威爾遜曰：日本代表將前項公文，於會議時有無提出之意向？

牧野曰：日本政府對於此事，亦不至於反對，唯須待請訓。

顧維鈞曰：中國政府極願提出。

克里蒙梭曰：中日兩國務須將交還青島之條件向大會聲明。

牧野曰：如本國政府許可後，必將公文提出，唯與此案有關之土地，事實上在日本手中，日本於交還前，從德國方面願得自由處分權。至於獲得膠州灣後之辦法，於中日兩國間業已商定完畢。

顧維鈞曰：中國對於膠濟鐵路事，與牧野男爵之看法不盡相同。本全權陳説中國當時並未謂日本從德國取得山東租借土地及他項權利後不肯歸還中國，日本曾向中國及世界剴切聲明不欲據為己有，我中國已深信不疑，今復聞牧野男爵在議席上之重言聲明，本全權尤為欣悦。但歸還手續，我中國願取直接辦法，蓋此事為一步所能達，自較分為二步為直捷。日本代表所提出之約定辦法，想係指一九一五年二十一款要求所發生之條約及換文而言。當時情形，諒諸君尚能記憶，中國所處地位極為困難，此項條約換文，經日本送達最後通牒，中國始不得已而允之。即捨當時成立之情形而言，此項約章既為戰事所發生之問題，在中國視之至多亦不過為臨時暫行之辦法，仍須由平和會議為最後之審查解決。縱令此項條約換文全屬有效，而中國既向德國宣戰，則情形即大不同。根據 Rebus Sic Stautibus 之法理言之，亦為今日所不能執行。當時中國雖被迫而允將來日本與德所定處置德國在山東各項權利之辦法，一概加以承認。然此項條件並不能使中國不得加入戰局，亦不能使中國不以交戰資格加入平和會議，故亦不能阻中國向德國要求將中國固有之權利直接交還中國也。且中國對德宣戰之文，業已顯然聲明中德間一切約章，全數因宣戰地位而消滅。約章既如是而消滅，則中國本為領土之主，德國在山東所享膠州租借地暨他項權利，於法律上已經早歸中國矣。借曰租借之約，不因中國對德宣戰而廢止，然該約內既有不准轉交他國之明文，則德國本無轉交他國之權也。

如上照本實錄，自當有助於後人走近早已遠逝的歷史場景，再現豐富的歷史眞實。顯而易見，顧維鈞基於此前對山東問題的研究所得，既據法引典，陳情說理，又敘述清晰，言辭得體，並且頗有策略地考慮到撇開中日間一切密約的束縛，從山東的歷史地理、經濟文化等多方面闡述中國對山東無可爭辯的主權。可謂層層深入，有根有據，既不卑不亢，又有理有節。

與日本代表強辭奪理而理屈辭窮相對照，顧維鈞侃侃陳辭，滔滔雄辯。用他後來的話說：

「那天鄙人雖無片紙底稿，或因鄙人激於憤慨，一本國民愛國天良，隨口暢言，思想如泉水之湧湧而起。不及顧到辭令，但求說之明晰而已。」

這次登臺演說，雖然只不過半個多小時，但可堪稱中國外交史上破天荒的壯舉，永遠醒目地定格在歷史的畫冊之中，越發瀰散其綿長久遠的韻味。

事實正是如此。

仔細想來，始自一八四〇年起，來自西方不速之客猝然而至的隆隆炮聲，極大地震撼了一味沈醉於天朝迷夢中的國人。急劇變化的時勢，已逼迫著方醒未醒的中國人不得不與茫然少知的外部世界打起交道。從此，由「夷務」到「洋務」再到「外務」，這一新舊遞嬗的名稱演變，揭示了當此「千古未有之變局」面前，中國人以何等複雜的心情面對世界、走向世界？華洋並列，外交叢棘，嚴峻的時代新課題亟待人們審時度勢，應變定位。然而不幸的是，創深痛巨之下，雖然喚起少數先知先覺者從閉塞風氣中走出，並開創前仆後繼的艱難行程。但也如霧中看花，難分眞切。在迭遭外患情況下，晚淸以來大多從事中外交涉事務的辦理者，不是妄自尊大拿架擺闊，就是推拒惶恐退縮逃避，縱有個別者憂心思憤禦侮，也難免違己屈從終至飲恨的結局，證諸近代中國，在大型國際會議上，還未曾有過哪一位外交人員，敢在列強面前爲國爭辯。

有之，顧維鈞首開其端。

不鳴則已，一鳴驚人。**顧維鈞慷慨激昂的演說，成為整個和會期間中國代表團最重要的發言。既然日本人想瞞天過海，政府又怯而不談，那就乾脆捅它個底朝天，且讓世人公判。經此一辯，山東問題的嚴重性空前大曝光，不僅引起國內外人士的普遍**

關注，迫使中日兩國不得不公佈有關各項密約，從而贏得各方列強的同情。

當時會中情形是，顧維鈞話音甫落，全場為之動容。日方代表遭人冷落在旁，中國代表則被團團圍住。顧維鈞的雄辯，博得多數與會者的一致讚揚。美、英、法三國巨頭等相繼走上前去，向顧維鈞握手道賀。威爾遜和勞合．喬治並稱顧氏發言是中國觀點的卓越論述。

尤其耐人尋味的是，本文所引標題「中國小貓」之由來，據說就是人稱「老虎總理」的克里蒙梭，因在和會上不時目睹顧維鈞精彩的辯論，深深傾服之餘，遂以此戲稱顧維鈞，一時傳爲美談。試想，在此列強霸占的講臺前，面對一個年輕的中國外交官據理力爭的凜然正氣、出口成章的演講風采，是他始料未及的一幕。以老虎自居的克里蒙梭出此戲言，看似不乏詼諧和幽默，但心裡面絕沒有如此輕鬆。

當然，大國對弱國，兇險之老虎對機靈之小貓，克里蒙梭等西方列強首腦還篤定著呢。顧維鈞對此顯然還估計不足。

語驚四座的顧維鈞已無法不讓人刮目相看了。一時之間，顧維鈞成了巴黎的頭號新聞人物，由此聲名鵲起。有關當天的所有會議細節很快地刊載報章，傳遍到世界的各個角落。

如此大快人心的消息，讓海天遼闊的中國人羣情振奮了，希望更殷切了。幾天之內，總統來電了，總理來電了，外交部等各政府機構都來電了，來自國內各省各地各階層的賀電如雪片般紛紛飛向中國代表團。人們欣聞顧維鈞就山東問題的發言，「尤稱其立言之得詳，慶專使之得人。」沒多久，老丈人唐紹儀也發來賀電：

「聞在和會力爭主權，至理名言，舉國嘉許。……望勿稍瞻徇，以竟全功，四萬萬國民為君等後盾也。」

剛剛失去愛女的唐紹儀，此時正在上海主持南北和談，作為南方軍政府總代表，電文當然是致顧、王二人的，但女婿在和會上的出色證辯，他一樣清楚，並且更感欣慰，寄望也特別深。

岳父說的一點不錯，顧維鈞的背後有著堅強的後盾，牽著四萬萬同胞殷切關注的目光，來自各方面的普遍讚譽，讓顧維鈞深受鼓舞。

「這對中國可是個好兆頭。」會後好多人這麼說，他也這麼想了。

懷著初戰告捷的喜悅，顧維鈞更加緊準備了。

為此，從一月二十九日到二月十三日，由顧維鈞執筆起草，很快便完成關於山東問題的說帖，並衝破日方阻撓，以此提交大會。這份題為《中國要求膠澳租借地、膠濟鐵路暨德國所有他項關於山東權利之直接歸還之說帖》，是中國向和會提出的一份最重要文件，它詳述了山東問題的來龍去脈，闡明中國何以要求歸還、何以應直接歸還的充分理由。並附各項密約、條例、外交文書共十九件公諸於世。接著又向和會先後提出《對德奧提出之要求條件之說帖》、《廢除二十一條之說帖》和《中國希望條件之說帖》，以「以夷制夷」策略，要求國際公道，表達中國力爭恢復主權和領土完整的願望。

然而，和會自二月下旬至四月中旬，議題轉入德國問題和國際聯盟問題，中國把和會希望寄在威爾遜身上，而威爾遜的巴黎之行，一心想著的還是他的世界新秩序計畫。國聯是他長期以來追求的目標，他把賭注押在和會上，只要能達到這一目的，別的問題都是次要的，可以妥協，至於自己的十四項原則，也同樣可以犧牲不顧。如今，爲獲取各列強對國聯的支援，山東問題被擱置一邊，也就不在話下。對此，包括顧維鈞在內的中國代表團此時還被蒙在鼓裡。

不過，預感還是有的，而且越來越明顯了。

顧維鈞在十人會上堂堂正正的演說，委實讓日本陷於狼狽不堪之境地，爲此惱羞成怒的日本人不甘心受挫，開始大肆活動，挽回頹勢，先是日本駐華公使向中國外交部提出交涉，以軟硬兼施之策，指責顧維鈞的發言漠視日本體面，違反國際慣例，說他此舉是要借外國勢力壓迫日本。可憐中國外交部官員懾於武力威嚇，推說政府並未令顧作此發言，一概把責任推向顧維鈞。此後，當顧維鈞堅持向和會提出有關山東問題的提案，並隨後準備將有關說帖送交會議，日方又設法從中阻撓。眼看中方代表寸步不讓，穩中有進，於是變本加厲地大耍其強盜的無賴本性，步步要挾，英、法事先因於日本達成秘密諒解，承認山東權益歸日本，現在日方把諒解協定擺出壓其就範。接著又把鋒芒轉向美國，威脅美方如果不能使日本的要求得到滿足，美日關係也將陷入危險。

爲在山東問題上達到自己的目的，日本已無所不用其極了。

糟糕的是，當此迫在眉睫之時，中國代表團內部的摩擦有增無減，兩派矛盾日趨嚴重。代表南方的王正廷爲顯示與代表北方的陸總長地位相當，竟鬧到非要在團內會議桌上並排就座的地步，如此醜態令人生厭，顧維鈞也終於按捺不住說上幾句，而團長陸徵祥竟也因此一氣之下，神秘他走，去向不明，更加令人生悶起驚。總長缺席，似有羣龍無首、亂了方陣之感。但從二月上旬到三月上旬總長「失踪」整整一個月的時間裡，顧維鈞仍堅持要求大家繼續工作，爲此一直忙於準備反映中國迫切要求的七份備忘錄。一待把總長從瑞士找回巴黎，他又協同陸徵祥設法分道遊說英、法、義等國代表，希望三國給日本施加壓力。但從英法袖手旁觀，只顧自行其事的冷淡態度中，顧維鈞感到只有美國是中國的唯一靠山。而在隨後拜訪威爾遜時，美方雖仍不無同情之心，許諾山東問題解決辦法將透過五人會在和約內考慮，但表示不一定邀請中方參加。而問題爭執的另一方日本，卻是五人會上當然的列席者。

顧維鈞的感覺已越來越不妙了。

到了四月中旬五人會討論山東問題，中國代表果然被排拒在外。迫於種種壓力，會上美國提議山東交和會接管，未獲通過；而後改爲由五國共管方案，仍遭日本拒絕。隨之，當義大利因在阜姆（Fiume）的領土要求上遭美國反對而退出和會，日本更乘機要挾，聲稱必要時將隨義之後退會，甚至以拒絕加入國聯相威脅。這一要害性的出擊，終於讓勢單力薄的威爾遜頂不住了。爲維持國聯計畫，他只得與英法採取一致步驟，向日本妥協，把中國出賣了。

四月二十二日在威爾遜寓所裡，應邀前來出席五國會議的顧維鈞和陸徵祥，不過是來領取和會最高會議關於山東問題的決定而已。會前，美、英、法三國首腦顯然已串通一氣。從對方嚴肅的表情，顧維鈞一開始就有不祥的預感。不幸，預感最終被證實。

會議初始，威爾遜開口了。大概是爲了讓中國代表理解他的困難處境，和爲他接下來要宣佈的決定尋找充分的理由。威爾遜免不了先訴苦一番，諸如和會如何面臨衆多問題啦，有些問題又是如何難以找到解決辦法啦，如此拐彎抹角之後，話題轉到在他看來最困難的山東問題，似乎已暗示如今謀得解決方案已是力所能及了，因此，威爾遜希望該方案能被中國接受，認爲它也許不能令中國滿意，但這已是目前所能尋求的最佳方案了。

那麼，最高會議究竟爲山東問題擬訂了一個什麼樣的解決方案呢?威爾遜兩手一攤，結論是：既然中日雙方已有一九一五年的條約和一九一八年的換文，英法兩國也與日本有約在先，那就應該允准日本接受德國在山東的權益，再由日本將膠州灣租借地歸還中國，但日本此後仍繼續享有包括膠濟鐵路在內的種種經濟利益。言下之意，你中國人自釀的苦酒自己喝下。

難道這就是中國苦苦期待的解決辦法？極度失望的顧維鈞此刻不得不代表中方闡明自己的立場。他非常坦率地表示，這一方案使中國人民大失所望，而且無疑將在亞洲播下動亂的種子，這對中國和世界的和平都無所補益。顧維鈞向威爾遜嚴正指出：這個方案隻字未提日本歸還它在山東全部權利的時間表。總之，中國要求不由日本，而由德國直接歸還這些權利，這是我們要求的要點，也是我們關於山東問題備忘錄中的要點。

於是，又一場短兵相接的談判，在一位來自弱國的青年外交家和三個大名鼎鼎的列強巨頭之間展開。一方以中日成約爲藉口，迫使中國讓步；一方毫不屈服，從容辯駁。最後，當勞合・喬治提出，一按中日原有協定，一按所謂「最佳」方案，中國意取何者爲願時，顧維鈞幾乎跳了起來，明確回答：「兩種方案均無法接受」。當威爾遜提議中國不妨先接受方案，等到加入國聯後，藉助新的國際組織設法解決，顧維鈞斷然反擊：「與其醫治於發病之後，何如防範於未病之先？」此時，美國已倒向英法一邊支援日本，對於一反常態的威爾遜，顧維鈞還能深信無疑嗎？

當然，任憑顧維鈞以何等膽識舌戰雄辯，美英法三國依然我行我素，最終裁決批准日本接管德國在山東侵占的所有特權，並把它寫入對德和約之中。

至此，以顧維鈞爲核心的中國代表團關於山東問題的交涉完全失敗，顧維鈞在和會上謀求「聯美抑日」的夢想終於落空，所有的努力都將付諸東流。最後剩下的似乎只是如何對待和約的簽字問題了。

難道說遠道而來的中國代表團，不是來參與處置，而是去接受處置?!公理何在？公道又何在？所有的中國代表失望了，所有的中國人憤怒了。

山雨欲來風滿樓，於無聲處驚春雷。

五月的春天，本是一個春意盎然的季節。然而，在北京，在中國，人們的心情感覺不到一絲融融暖意。巴黎和會中國外交的失敗，彷彿被人潑了一盆冰凍刺骨的冷水。「膠州亡矣，山東亡矣，國不國矣！」消息一經權威人士在報端披露，宛如當頭棒喝，覺迷爲悟，激起全國輿論一片鼎沸。「五四」愛國運動由此風起雲湧，波及各地。一位先進的知識份子寫道：

這回歐戰完了，我們可曾做夢，說什麼人道、平和得了勝利，之後的世界或者不是強盜世界了，或者有點人的世界的色彩了。誰知道這些名詞，卻只是強盜政府的假招牌。我們且看巴黎會議所議決的事，哪一件有一絲一毫人道、正義、平和、光明的影子？哪一件不是拿著弱小民族的自由、權利，作幾大強盜國家的犧牲？

威爾遜！你不是反對秘密外交嗎？為什麼他們解決山東問題，還是根據某年月日的倫敦密約，還是根據某年月日某某軍閥間的秘密協定？須知這些東西都是將來擾亂世界平和的種子。像這樣的平和會議，哪有絲毫價值！你自己的主張計畫，如今全是大炮空聲，全是曇花幻夢了。我實在為你慚愧！我實在為你悲傷！

「公理戰勝特權」的幻想，終究在事實面前無情地歸於破滅。

民情義憤，民心沸騰。自「五四」以後，國內各公眾團體和個人，以各種方式表達反對簽約的強烈願望。堅請拒簽的七千多份電文從全國各地傳遞到代表團手中。聚會巴黎的中國政界領袖、各學生組織和華僑代表，更是每天就近來到中國代表團總部，要求代表明確保證堅定愛國立場；並表示如果簽約，他們將不擇手段加以制止。

來自廣大民眾的呼聲，對代表團產生巨大的影響和壓力。

至此人們不禁要追問，既然民意如此，那麼實際掌握簽字決定權的北京政府態度又如何呢？

說來讓人遺憾極了，悲憤透了。如此事關民族利益的重大問題，政府決策變化多端，態度曖昧，始終不敢正大光明地面對。對此，顧維鈞早看出來了。

從和會前「避而不談」到和會上「不得不談」的態度轉向，已經表明這並非取決於政府的主動對策，而是代表團中一些成員，尤其是顧維鈞隨機出擊並成功辯論的結果。此後形勢急轉直下，在直接歸還和五國共管的要求被相繼拒絕後，對德和約簽字問題便無可迴避地擺在政府面前。簽字意味著承認日本的無理要求；拒約，又將危及東西方列強關係。內外兼顧又兼顧不得，這正是令當局頗感躊躇難決的棘手問題，此間，統治階層內部種種固有矛盾錯雜尖銳，國會與政府，直系與皖系，南方與北方，派系林立，互不相容。更有「五四」以來各階層人民大衆顯示的巨大威力，使最高決策者不敢妄加抉擇。在政府眼裡，簽字則恐無以符全國人民之希望，不簽字則恐引起國際之糾紛，利害輕重，左右掣肘，內外交迫的局勢面前，新上臺的龔心湛政府，作爲過渡性的看守內閣，既不願也無力在簽字與拒約之間作出決斷。於是，政府電令從五月中旬要求「保留簽字」，即在和約注明中國對山東問題的保留意見，中方可以簽約；到五月下旬忽而電令「相機辦理」，忽而要求不能保留則「全約簽字」；再到六月上旬令代表團「審度情形，自酌辦理」。揣此莫可適從的前後訓令，其眞實用意不過敷衍輿論，推諉責任而已。待至最後發出「拒絕簽字」的電訓，姍姍來遲之日，已是簽字儀式結束之後，顯然沒有任何意義。

「或許北京政府並不想由自己來決定。」處在萬里之遙的巴黎，顧維鈞和他的同僚們，似乎別有會心，也有此推測了。

此時，顧維鈞大概沒想到，簽約的決定權最終戲劇性地落在自己身上。

底下就來看看中國代表團的態度，事實上，也只有顧維鈞最值得人們再度聚焦矚目。

這是最後階段的交涉，顧維鈞還要作最後的一搏。

其實，就在最高會議關於山東問題處置方案出籠後，中國代表深失所望的同時，仍沒有放棄努力，而是全力以赴地設法使方案得到修改。為此，從整個五月一直到六月上旬，他們先是費盡周折地弄到文本全文，以便瞭解該方案的實質和範圍。然後不斷與美英法代表周旋，敦促修改。那些日子裡，顧維鈞幾乎每隔一、兩天就要和美國代表團成員會見一次，有時和一個人，有時和幾個人。這些會談使顧維鈞明顯地感到，除威爾遜總統外，其他美國代表都毫無例外地對中國表示同情，甚至還和他一起討論修改方案的辦法。但是，美方的態度取決於威爾遜，代表團其他成員除了表示出愛莫能助的歉意之外，不可能有任何正式表態。

既然山東方案已成定局，力爭「保留簽字」便成為中國代表團一致的意見，這樣多少能使中國免遭更大的傷害。但在當時和會正待收尾結束的形勢下，力爭保留已益趨困難。

對於中國爭取保留的努力，美英法三方作何反應呢？答案非常簡單，就是此事「絕無可能」、「萬萬不妥」、「行不通」。他們擔心，一旦同意中國代表團的保留意見，對於和會有關決定不滿的其他國家就有可能起而效法，所以，雖說顧維鈞在拜會威爾遜時曾誠懇地就此做了解釋，認為：「現在中國人民，無論在國內或在國外，全體主張不簽和約。政府顧念民情一致之主張，又不願破壞協約各國對敵之聯合，才不得已因定簽字而保留之計。」但結果一樣拒絕。「保留」之策已毫無實現可能。

如此看法，中國代表團面前只剩下兩種抉擇，要麼無保留簽字，要麼就是拒簽，非此即彼，別無他途。在此最後的困難階段，政府顯然以不負責任的態度，把簽字問題的決定權推給了代表團。

於是，中國代表團不得不召集會議，討論對策，對於無保留簽字，幾乎沒人贊成，但無能爲力；對於拒簽，意見分歧，幾乎相持不下。五位全權代表，陸徵祥和魏宸組沒有明確表態，好在顧維鈞、王正廷、施肇基三位堅決反對，拒簽派因此略占上風。

但令人惋惜痛心的是，此次會議竟成了中國代表團的最後一次會議。會後，施肇基擅離職守返回倫敦，其他幾位駐歐公使也各返住所。矛盾重重、久已鬱鬱的陸徵祥又以舊病復發爲由住進醫院，走的走，躲的躲，代表團已處於分崩離析、各自爲政的狀態。當時的情況，顧維鈞是這樣追憶的：

實際上，在和代表團正式或非正式接觸的人們中，許多人，即使仍在巴黎的人，已經不再活躍了。最後，他們都打算和巴黎的悲劇局面一刀兩斷了。當初，中國獲勝希望很大，政界要人及名流紛至遝來。但是，「十人會」的決定以及威爾遜總統、勞合・喬治和克里蒙梭對代表團的通知令人大失所望，這就使得那些人一個個溜之大吉，哪裡還顧得上首尾一致、善始善終呢！甚至在代表團內部也是如此。

看來，最後拒簽與否已無法讓全體代表和顧問們充分商議，因爲，最後留下來主持實際工作的只有顧維鈞了。

此時的巴黎形勢，對中國來說已是一片黯淡。歷史再一次把顧維鈞推到了風頭浪尖上。

不允保留，自當斷然拒簽。這是代表團的唯一選擇。

當此情勢，顧維鈞雖力主拒約，但他並不簡單地拒約，他必須考慮盡可能避免因拒約而給中國帶來的嚴重後果。他堅信，中國在力爭保留完全失效後拒簽和約，將會得到國內外輿論的支援。因此，他還不願放棄爭取保留的努力，並把這種努力堅持到最後一刻。

從六月二十四日至二十七日，顧維鈞爲此多方奔走，先後會晤和會秘書長、美國總統和法國外長。但反覆交涉的結果如何呢？

第一步，提出約內保留，不允。

第二步，提出約後附一保留聲明，不允。

第三步，提出約外聲明保留，又不允。

第四步，提出僅用一個沒有「保留」字樣的聲明，仍不允。

中國節節退讓，列強步步拒絕。

當二十七日下午從法國外長那裡得知最後的要求仍遭否決，事情已經一淸二楚。中國爲顧全和會大局，一讓再讓至於極點，念此情形，顧維鈞不得不委婉地告誡，暗示中國恐怕不能簽約。但這一抗議，列強當然根本不放在眼裡。弱國交涉，始爭終讓幾成慣例，他們已見多了，還怕你中國會作出如此決絕之舉？

此刻，離正式簽字之日僅一夜之隔。晚飯過後，顧維鈞去陸徵祥所在醫院，與總長彙報全部情況。經商談，爲避免因拒簽而將中國摒於國聯之外的嚴重後果，顧維鈞提出作爲最後之最後一步，設法在會上發表一口頭聲明，以示中國簽約之後不得有礙將來提請重議山東問題。不到萬不得已，哪怕爲保留還能爭取一點點迴旋的餘地，顧維鈞仍要努力一試。

正在這個時候，數百名中國青年學生和華僑商人一起聚集到了醫院門外，反對簽約，情緒激烈。但見顧維鈞從裡面走出，緊張的局勢稍微平靜。人們瞭解顧維鈞的態度，顧維鈞也同樣理解他們的心情。有了這份默契，顧維鈞泰然又主動地走到人羣中間，他告訴在場衆人，不允保留，中國當然不會簽字；現在所有的要求都被拒絕，保留看來已不可能。因此，簽字一事便不復存在，諸位不必爲此擔憂。聽了這番話後，人羣便陸續散去。顧維鈞也把這件看來不無驚險的事情視作一齣喜劇，他能從中感到一種可貴的力量。

此時已是二十八日凌晨二點，好不容易等到朝霞初升，但一縷晨光並沒有給他帶來一絲光明。因爲趕在大清早的緊急交涉，就連退到最後限度的「口頭聲明」要求，竟然還是遭到了回絕。

欲進無可進，欲退不能退。「是可忍，孰不可忍？」中國已無路可走。

顧維鈞豁出去了，中國只能說「不」了！

當天上午的法國凡爾賽宮，和約簽字儀式上為中國指定的兩個代表座位，終於空無一人。

與此同時，顧維鈞正驅車漫遊於巴黎街頭。彼時情景他作何感想呢？且讓我們看看他如下一段生動的記述：

> 汽車緩緩行駛在黎明的晨曦中，我覺得一切都是那樣黯淡——那天色、那樹影、那沈寂的街道。我想，這一天必將被視為一個悲慘的日子，留存於中國歷史上。同時，我暗自想像著和會閉幕典禮的盛況，想像著當出席和會的代表們看到為中國全權代表留著的兩把座椅上一直空蕩無人時，將會怎樣地驚異、激動。這對我、對代表團全體、對中國都是一個難忘的日子。中國的缺席必將使和會，使法國外交界，甚至使整個世界為之愕然，即使不是為之震動的話。

顧維鈞料定，中國此舉，將是一個極其引人注目的先例。始爭終讓，至此不再。毅然決然，雖敗猶勝。

不是嗎？與其簽字而作繭自縛，不如保留自由，徐圖補救之方。而且山東問題經過和會多番辯論，世人皆知其是非曲直。更有國內同胞因列強不予中國以公道，由此感到團結一致、奮發圖強的必要。顧維鈞清楚，由於拒簽和約，日本就不能合法繼承德國在山東的權利，山東問題仍將是個懸案，仍有謀圖於將來的希望。

「今日之中國，真中國也！」當中國代表未往簽字的消息爆出，一時間在會場內外爭相傳開。據目擊者稱，嗟歎者有之，錯愕者有之，冷笑者亦有之，大抵法美兩國人士懷驚詫歎服之感爲多，英國人則多露輕蔑之色，至於會場內，「威爾遜之笑容，喬治之蠻態均無異於平日，唯克里蒙梭頗有不悅之相，或者此倔強之老翁以彼未能令舉世大政治家對之低頭，且不能壓服一積弱之中國，引爲深憾耶？」

和會分贓，中國拒會。神色不悅的老虎總理絕對想不到，顧維鈞的會前警告出言不虛，終成事實。克里蒙梭更想不到，原來被他視爲「中國小貓」的小小顧維鈞恰恰扮演了這驚人一幕的主角。

三十而立，正當時歲的顧維鈞，因一九一九年巴黎和會上大放異彩的角色，足以成爲蜚聲中外的著名外交家。

沒有不散的「筵席」

也許，這一回對顧維鈞來說，又是一個意想不到的收穫。因爲在與唐寶玥痛成永訣，然後赴法參加巴黎和會之後的一九二〇年，孤身在外的他，因緣際會地成就了情感道路上又一段不尋常的姻緣。

當然，在此之前，一個令人啼笑皆非的插曲，未免讓顧維鈞蹊蹺莫名，感悟至深。

這是一齣本不該有的鬧劇。

大概是一九一九年五月的一天早晨，顧維鈞收到一位上海友人的來信，說《字林西報》發表了兩整版的文章，矛頭特別指向顧維鈞，說他爲求與北京親日派建立友誼，已和曹汝霖之女訂婚。評論隨後煞有介事地感歎道：中國何其悲哉！值此危急之秋，適逢外交勝利在望，而國家賴之共體時艱的最卓越外交家之一，卻與親日派聯盟，與曹小姐訂婚，轉而反對國家利益。

這豈不是無中生有，惡語傷人嗎？顧維鈞不勝驚訝，以致簡直難以相信有人會編造如此毫無根據的謠言。自己雖喪偶，但至今從未想過續弦之事；來巴黎後整天爲國事奔忙，根本無暇顧及。且與曹汝霖雖一度在外交部共事，彼此相識，但自赴任公使以後未曾有過片言隻語的聯繫，更從未見過什麼曹小姐。甚至，他還不知道曹汝霖有幾個千金，更不知謠傳訂婚的是哪一位。既然一切無從談起，那麼謠言又因何而起，從何而來呢？

追查的結果，問題出在代表團內部。原來，這是南方軍政府代表王正廷出於政治上的目的，有意捏造的一則謠言。其實，顧維鈞也隱約猜測到了。因爲打從代表團爲代表名次變更之事鬧翻之後，個人關係始終不見改善，隔閡並未消除，對立更爲隱蔽。對顧維鈞，王正廷顯然耿耿於懷，心存不滿。自恃老前輩、老資格的他，面對年輕如顧維鈞的才幹和影響，特別是他因成功演說而聲望日隆的勢頭，嫉妒之心更甚，出此伎倆也就難免了。但在查實之後，顧維鈞又能怎樣呢？看來，政治生活中是會有像王正廷那樣不顧事實、不擇手段的人。與其窮追不捨討個究竟，倒不如引以爲鑒，圖個息事寧人。顧維鈞想開了。

事情至此就算了結。

不過，命運之神似乎注定要垂青於這位優秀的中國青年。不久後的一個偶然場合，顧維鈞眞的被一張照片上的女孩子深深地吸引了。

她就是後來成爲顧維鈞第三位夫人的黃蕙蘭。

這是一段富貴結好的姻緣。

祖籍福建同安的黃蕙蘭，出生於爪哇（今印尼）一個華僑富商之家。祖父黃志信曾在廈門參加過太平軍起義，因為讀過書，在義軍中升遷很快，後來起義失敗，被列入緝捕者名單，逃到了爪哇。身無分文的他不得不以苦力謀生，從打短工、做貨郎起，幾經磨難，發展到經銷土產、承包大米專營，逐漸致富。父親黃仲涵接其班繼其業，投資製糖生產，創辦起當時世界上的最大糖廠，從而贏得「爪哇糖王」的譽稱。在此基礎上又擴大業務範圍，形成規模龐大的黃氏企業集團總公司。

經商致富的黃仲涵是位極有民族主義思想的愛國華僑，一九一一年和一九一五年，他曾以「軒轅後人」名義，捐款支援辛亥革命和蔡鍔反袁護法的鬥爭，也積極參加當地華僑社團工作，並熱心捐助祖國自然災害和興辦華僑福利事業。無疑地，黃仲涵成了當時東南亞著名的華人企業家和首富。

作為糖業大王的嫡生愛女，黃蕙蘭從小就被父母視若掌上明珠。還不到三歲時，母親就在女兒頸上圍了一條帶有一顆八十克拉鑽石的金項鏈，父親更是寵愛，女兒要什麼，就給她買什麼。在占地二百多畝的黃家大府邸內，既有富麗堂皇的花園，精心佈置了中國式假山、涼亭和池塘；還養了熊、鹿、食火雞、孔雀、無尾猴的動物園。在此夢境般的家庭環境庇護下，黃蕙蘭無憂無慮地生活和長大。雖然父親從未讓她上過學校，但有優越的條件，足以請來各方面的家庭教師進行單獨教育。天資聰穎的她自小就學會了華語、荷蘭語和馬來語；而且得益於家庭教師的培養，黃蕙蘭又是學書法，又是學音樂、學舞蹈，更熟練地掌握了法語和英語。到了十七、八歲的她，已出落成一個亭亭玉立、充滿青春活力的千金大小姐。

打自父親有了姨太太後，黃蕙蘭便隨同母親一起旅居英國倫敦。此時此地，一個女孩子的社交生活不再像留在爪哇那樣受到約束，在極爲優裕但極端孤獨中長大的黃蕙蘭，當然渴望有同齡的孩子作伴。她很快地在此學會了西方的交際舞，並出入於當地流行的跳舞場所。那裡，總有殷勤的舞伴翹首等待著她的到來。黃蕙蘭幾乎每場舞會必跳，幾乎每次都興奮得直到黎明時分才回家。

顯然，憑著自己善跳舞、會騎馬、能開車和通曉多國語言的能力，在她的生活圈裡，引來了許多富家貴族公子哥兒如衆星拱月般的大獻殷勤。不過，孩子氣的黃蕙蘭玩得開心自在，她對任何一個追求她的男孩子都沒有特別的用心專注，根本沒去想戀愛的事。

外人有所不知，這個看上去外表自由而摩登的女郎，其實骨子裡是個守規矩的中國女孩子。每天她去看望母親，總要把自己所做的每件事如實稟報。雖然每次和男孩子一起跳舞調情，但她絕不允許別人對她有任何輕薄非禮的舉止。在母親的影響下，黃蕙蘭有著東方女子的道德標準，她是個孝順的好閨女。

回頭再說一九一九年巴黎和會接近尾聲前的一段時間。三十二歲的顧維鈞因妻子病故才不到一年，暫時也無續弦之想。此前外界謠傳他和曹汝霖之女結親一事，純屬子虛烏有。不過，打心底說，每當夜深人靜時，想起留在華盛頓兩個失去慈母的兒女，想起自己失去愛妻的淒涼，悲念之情、孤苦之感總不期而至地襲擊心頭。正當盛年的他需要一個妻子，年幼的孩子也需要一份母愛。鰥夫孤寡，誰解箇中滋味?!顧維鈞何嘗眞的不想?!

這一刻，讓他心動的機會來了。

一天，顧維鈞去當年上海聖約翰的老同學簡崇涵家作客。不經意間，一張放置在友人鋼琴上的照片，把他的視線一下子吸引住了。但見照片上的女孩年輕漂亮，活潑天眞，顧維鈞頓時被她的美貌和氣質打動，不禁有一見鍾情之感。他忙不迭探問，才知女孩原是友人家的小姨，芳齡十九的黃蕙蘭小姐。於是，心存愛慕的顧維鈞把想法告訴同窗夫婦，想請他們居間設法，他想見見照片上的這位女孩。

很快地，正在歐洲遊歷的黃蕙蘭和母親收到姐姐的來信。信是寫給她母親的，有意瞞了她。母親聽說中國派往巴黎和會代表團中一位年輕人對自己的小女兒挺有意思，若有所悟，便趕緊帶上小女一塊從義大利回到巴黎。

這樣，在姐姐、姐夫特意安排的晚宴上，黃蕙蘭見到了與她比肩而坐的顧維鈞。

初次會面，顧維鈞在黃蕙蘭的眼裡沒有什麼特別奪目之處，老式的平頭，普通的衣著，比起她在倫敦和威尼斯遇到的一些男友們相去甚遠。當瞭解到他既不跳舞，又不懂騎馬，甚至不會開車，黃蕙蘭更斷定此人不值得她注意。但她有所不解的是，為何宴席上的其他人都對他如此敬重？也許自己不懂政治，對中國的問題甚少關心，對中國代表團要在國際聯盟做什麼也是一無所知，她只能這麼想。

然而，黃蕙蘭不得不承認低估了顧維鈞：

不管我說什麼，做什麼，都不能使他失去勇氣。他不談自己或其他從事的工作，而是讓他自己關心起我的生活天地。宴會還沒有結束，我已覺得有些陶醉了。我們在一起友好而不感拘束。

此一刻，黃蕙蘭顯然很快改變了對顧維鈞的漠視。飯後，兩人悄悄避開客人，來到窗臺俯瞰巴黎夜色，彼此融洽無間地攀談起來。

接下來的一切，誰都看得出來。顧維鈞深深迷戀著黃蕙蘭，他不斷地送糖果和鮮花，甚至一天抽空找她幾次。至於黃蕙蘭，以少女特有的敏感，看出顧維鈞追求的是她這個人，而不是她父親的財產。這是讓她感到難得一遇，尤為怦然動情的關鍵。因此之故，情竇初開的黃蕙蘭，懷著被人眞心愛戀的幸福感，每次都要精心打扮，盼著和顧維鈞頻頻相約。

身為中國駐外官員的顧維鈞，正引著天眞爛漫的黃蕙蘭走向一個夢幻般的生活天地。

坐在由法國政府專為顧維鈞提供配有司機的轎車裡，黃蕙蘭好生羨慕，也好不得意。想想家裡儘管也有轎車也用司機，但那是自己花錢買的。記得有一次印象更深，顧維鈞帶她去看歌劇，坐的是由政府保留的國事包廂，黃蕙蘭深知，這又是父親花多少錢也買不到的殊榮。

在聽顧維鈞說起英國白金漢宮、法國愛麗舍宮和美國白宮時，黃蕙蘭更是一陣子激動，那些都是她從來沒奢望過會被邀請去的地方。在此話題上，不妨看看兩人之間如何對答：

「我到那些地方進行國事活動時，我的妻子是和我一起受到邀請的。」

「可是你的妻子已經去世了。」

「是啊，而我有兩個孩子需要一位母親。」

「你的意思是說你想娶我？」

「是的，我希望如此，我盼望妳也願意。」

揣測此番對話，顧維鈞和黃蕙蘭的心情顯有所別，較之黃蕙蘭有些怎麼想就怎麼說的天眞，顧維鈞的話裡分明已有了事先嚴肅而認眞的考慮，因而隨機應變，不失含蓄地表達了自己的求婚心願。

不過，照兩人最後如此一問又一答，黃蕙蘭到底爲自己脫口而出的話感到有些不知所措。她說她需要仔細想想。畢竟，對於結婚一事，她還沒有多少心理準備，何況要她面對兩個現成的孩子，黃蕙蘭能不爲此猶豫和困擾嗎？

正在女兒猶豫不決時，母親爲她消除了顧慮，事實上也幫了顧維鈞的大忙。

說起黃蕙蘭的母親，自從嫁了父親黃仲涵之後，物質生活當然過得驕奢和氣派，從不輕裝出遊，總是行李如堆，僕人成羣；每到一處，也不外乎購買珠寶首飾。但說到夫妻之間，實在沒有什麼情份可言。所以，小女黃蕙蘭的記憶裡，母親把全部的夢想都傾注到她們姐妹倆身上，唯一的生活目標就是希望女兒長大後婚姻美滿，成爲上流社會的婦女，以此給她增光添福。

眼前，黃蕙蘭和母親來到英國已有一年多了。女兒長大了，母親的心事也重了。看著女兒在西方社交圈中越來越受歡迎，母親當然高興，從未想過要去約束她；但每次聽女兒回家說起發生的一切，母親也不是沒有擔心。用她跟女兒的話說：「我願意妳進入歐洲社會並且與他們的女人平起平坐。但妳一定不能嫁給一個白種人。如果妳生下歐亞混血兒，那會使我傷心的。我想我不會承認他們。也許我們應該回東方去。」母親顯然不願意女兒嫁給外國人。

此刻，接到大女兒琮蘭的信，母親和黃蕙蘭一起回到巴黎。

本來不知喜歡女兒的男子姓啥名啥，如今見了面、說了話，才知是因巴黎和會而成新聞人物的顧維鈞。論才貌有才貌，論地位有地位，顧維鈞的一切，顯然具備了黃蕙蘭母親心目中的女婿標準。

這個時候，姐姐也在一旁極力鼓動黃蕙蘭，她要妹妹別像她這樣，找個凡庸之輩做丈夫，慫恿妹妹嫁給顧維鈞，就可以成爲高貴的「馬丹」了。當時外交界的正式語言是法語，外交官的妻子一般被稱爲「馬丹」（madam；夫人）。對此，黃蕙蘭當然心有所動，但要她馬上做兩個孩子的母親，也實在太難爲她。母親大概看得有點不耐煩了，她直截了當地要女兒把這門婚事答應下來，說到孩子，她說她會負責，會安排保姆照料好他們。

經過反覆考慮，黃蕙蘭終於答應了。

但在把此事電告父親之後，父親卻給女兒回電，要她不必結婚，不如回新加坡與他同住。隨後，黃仲涵又給妻子拍來了電報說：「妳在幹傻事。如果妳把蕙蘭嫁給顧維鈞，她永不能成爲他的正室，因爲他在中國已經有一房活著的妻子，妳怎能如此對待蕙蘭？」原來，在被告知女兒要嫁的對象後，黃仲涵派出私人偵探，輕而易舉地查明了這個要把他愛女帶走的男人的一切情況。偵探的結果只找出顧維鈞一個問題，就是他曾在上海結過婚又離過婚，最近去世的年輕女子已是他的第二個妻子。這些對黃蕙蘭和她的母親來說，早已不是什麼新聞。因爲在此之前，顧維鈞已把自己曾經的婚姻波折坦率地告訴她們。黃蕙蘭的母親更不會因丈夫的忠告而動搖，她為有顧維鈞這樣一位乘龍快婿而自豪。

幾十年後，已成老太太的黃蕙蘭，在追憶起與顧維鈞的婚事時，還和友人頗有感慨地談及當時父母截然不同的態度。她說父親反對她嫁給顧維鈞，原因有三：一是顧窮，沒有錢；二是他已結婚兩次；三是他已有兩個小孩。因此女兒結婚時，父親未去參加。就其母親而言，對這門親事則非常滿意，原因在於：第一，顧做大官，有名氣，可以光耀門楣，這是再好沒有的事；第二，顧生肖屬豬，女兒生肖屬虎，兩人命造相合，可以琴瑟和諧，白頭偕老。要說這一點，可是中國封建社會由來已久的特殊民俗，男女相親必先測算生辰八字，就是說每人出生的年、月、日、時四項，各以相應的天干地支數與之相配，每項兩字，四項共八字，算命先生以八字算出雙方各屬水火金木土五行中的哪一項，再看兩人相生還是相剋。八字相配就成，不合則散。諸如「白馬畏青牛」、「豬猴不到頭」、「龍虎兩相鬥」、「羊鼠一旦休」、「蛇虎如刀絞」、「雞犬淚交流」之類諺語，一直是流傳於廣大民間的生肖禁忌。黃蕙蘭的母親很在乎這些迷信說法。在她看來，自己與丈夫感情失和，大概也有屬相不配之理，一個龍，一個虎，龍虎相鬥，各不屈從相讓。如今得知顧維鈞和女兒生肖相合，自然喜上眉梢。

不過，還是那句古話說得好：「有情人終成眷屬」。一個是年輕可貴、大有作為的外交官，一個是富可敵國、亮麗動人的糖王千金，情投意合，顧黃聯姻便閃電般地成為事實。

顧維鈞和黃蕙蘭訂婚的正式消息，在十月十日中國駐巴黎使館代辦爲國慶舉辦的舞會上宣佈。

本來顧維鈞希望馬上結婚，並帶黃蕙蘭去華盛頓見見他的子女和同事們，但最後商定的結果，是等顧維鈞一個月後去歐洲參加另一個會議時，在布魯塞爾的中國使館舉行婚禮。在這之前的一段時間，黃蕙蘭必須辦嫁妝，顧維鈞的岳母更是躍躍欲試了。

據黃蕙蘭回憶當時母親爲她忙著採購、添置嫁妝的情形：

媽媽的心情正處於幸福感高潮。她從第一家商店轉到第二家，為我訂購大量新婚用的亞麻床單、桌布等等。我現在還能想起來一盒一盒的亞麻布枕頭罩，每一副都釘上一套玫瑰花形的金扣絆，每朵花的中心鑲一粒鑽石。作為結婚禮物，她在攝政街訂製了一套三十六件餐桌器皿。湯盤和菜盤都是金銀的，沿口鑲金，甜食碟和調味碟都是金的，水晶玻璃的香檳轉酒瓶上裝著金蓋子，刀叉食具也是金的。她從中國訂做了金的座位名片架，鑿雕著中文「顧」字，一面花紋是龍，代表男人，一面花紋是鳳，代表女人。

以黃家之豪富，且女兒深得父母之寵愛，黃蕙蘭嫁妝之考究之驚人也就不在話下。

此間，顧維鈞這邊又傳來令人鼓舞的消息，政府調任他爲駐英公使。黃蕙蘭不禁問顧維鈞，這是不是意味著自己會受到邀請去白金漢宮。顧維鈞向她保證，在他遞交國書時，公使夫人將一同晉見英國國王和王后。這在黃蕙蘭，像是收到了一件心愛玩具的孩子一樣，夢想成眞，別說有多激動了。

一九二〇年十月二十一日，兩人的婚禮如約舉行。當時中國駐西班牙公使和夫人從馬德里前來布魯塞爾出席婚禮。從巴黎來的中國代辦在公使館客廳主持了這一宗教性婚禮。身穿西式拖地白紗裙的黃蕙蘭在公使攙扶下，走到身穿西式禮服的顧維鈞跟前，兩人並排而立，相對鞠躬。由證婚人宣讀祝辭之後，新郎給新娘戴上了結婚鑽戒，新娘則借來一把佩劍分切了結婚蛋糕。

隆重而正規的儀式，讓黃蕙蘭陶醉了。等到兩人回到旅館套房，爲給新婚的丈夫一個意外的驚喜，新娘悄悄地換上了專爲此刻而挑選的晚裝。但在她走進套房起居室時，沒想到顧維鈞幾乎連頭也不抬一下，他正在辦公，忙著口述備忘錄和指示，四個秘書正圍著他作記錄。黃蕙蘭至此才得知，因爲國聯大會翌日召開，身爲中國代表團團長的顧維鈞務必出席，所以他們還得連夜趕去日內瓦。

不得已，一對新人的新婚之夜，就在當晚開往日內瓦的臥車上度過了。從此，如夢如幻的黃蕙蘭，又該怎樣面對別開生面的新生活？

擔心顯然是多餘的。憑藉黃蕙蘭的語言才能，以及對西方社交界那種天然的適應能力，加上父親的財富，這一切對她來說無疑應付裕如；對年輕有爲的顧維鈞來說，無疑如虎添翼。

既爲外交官夫人，起初對諸如時事政治和外交禮儀，對外交使節在西方世界代表中國時所遇到的問題和挑戰少有所知的黃蕙蘭，自此開始學習和瞭解，就像她所說的：

維鈞和我結婚的時候，我對這一切很少瞭解，但我逐漸理解我丈夫所處的地位和肩負的責任，並且在靜坐傾聽中學習到有關政治和權力活動的知識。我對中國的愛國心並沒有因政治而變得複雜化。我是中國人，所以我愛中國。

此後，無論是在倫敦、巴黎、華盛頓，還是在北京，凡顧維鈞任職所到之處，黃蕙蘭總是隨同丈夫一起，出現於各種正式場合，周旋於王公伯爵之間。既年輕貌美，又高貴典雅，怡靜但不羞澀，且能說得一口流利的英語或法語，與傳統中國婦女如此迥然不同的風采，無疑使她成了一個格外亮麗出衆的角色。

黃蕙蘭曾經動情地回憶：

我的社交地位逐漸提高，經常參加大型宴會，再還席款待別人。顧維鈞和爸爸一樣，具有令人不能忽視的天賦。雖說中國的未來對我還是個謎，但是我有一種直覺，他必將在其中擔當一個角色。我還明白，不論他想不想要，我定能給他以幫助。這是一個令人激動的預期，對未來的挑戰。

當然，要說黃蕙蘭對顧維鈞的幫助，在她也許更多地體現於依靠她父親雄厚的財力支援上。

據說，當時西方好些國家派駐外國的大使，都是由一些富豪擔任。相比之下，中國大使十之八九自己沒錢，夫人也不富有。大使月薪六百美元，住房免費，並配有兩名僕人、一部汽車和一名司機，此外還有一筆招待費，數額根據職位級別及政府財政狀況而定。不少大使還要靠節省這筆招待費以備養老之需。就此而言，顧維鈞從事外交工作，賴岳父對女兒的有求必應，錢財上得其幫助確實不小。黃蕙蘭曾不無驕傲地追述：

我們什麼地方都去。我渾身珠光寶氣，穿著名師設計的衣服，外披雪貂或紫貂長大衣。維鈞的大禮服是英國裁縫縫製的。我們的汽車是由司機駕駛的羅爾斯．羅伊斯牌，是媽媽送的結婚禮物。由於媽媽的培養，我深諳歐洲社交的習俗，使我能夠進入沒有幾個中國婦女能進入的社交圈子。我愛跳舞，開高速汽車，下大賭注，而且爸爸支援；從他那裡源源而來的金錢，就像我們參加的華貴舞會和招待會上的香檳酒一樣綿綿不絕。

儘管顧維鈞對夫人如此闊綽的生活多少有些想法，甚至有一次不無怨言地提醒她說：「我曾送給妳我僅有的力所能及的首飾。以我現在的地位，妳戴的爲衆人所欣羨的珠寶一望而知不是來自於我的。我希望妳除了我買給你的飾物外什麼也不戴。」但黃蕙蘭有她自己的一套想法，按她的話說：

我在和你結婚以前從來不懂得政治。但是我並不傻。我知道別的國家怎樣看今天的中國，他們把它看作一塊可以進行經濟剝削的地區。我曾經在爪哇生活。在那裡荷蘭人看不起中國人，除非你有足夠的錢不理睬他們。為什麼我們不坐爸爸花得起錢買給我們的好汽車？我有珠寶飾物。為什麼別國的外交官妻子們在盛大集會中用她們所有的一切裝扮她們自己，而我卻要把我的珠寶棄置一旁？如果我們和旁人同樣做法，這將有助於使他們理解中國不能忽視，我們並非如他們所想像的來自落後的國家。我們來自有權受到重視的國家。

上述這段話表明，作爲一名中國的外交官夫人，活躍於外國政要與使團之間的黃蕙蘭，其行爲舉止絕不僅僅只是爲了顯示自己的光彩奪目，也有一份在西人面前不甘示貧示弱的愛國熱心。不管國內實際情況如何，至少在她看來，也是要爲中國爭個面子。顧維鈞能輕易否認這一點嗎？一個外交代表團的形象，直接關係到所代表國家的在外聲譽，這是他最清楚不過的事實。也正是在他的影響下，黃蕙蘭要說了：「我不得不經常牢記在心，法國，以及別的國家，在很大程度上要根據維鈞和我的表現來確定他們對中國的看法。我們是中國的展覽橱窗。」

如今夫唱婦隨，黃蕙蘭有自己的表現方式。

當顧維鈞出任駐法大使前一年，鑒於巴黎所在原中國公使館已破舊得不成樣子，黃蕙蘭便受丈夫所託，四處尋找合適的新館址。此後經政府同意撥款重建新的大使館，她又幾乎自告奮勇地多有建議，並專程回國採購家具陳設，然後負責使館裝飾工作。整修一新的使館充分體現了中西合璧的典雅風格，這中間自有黃蕙蘭悉心努力、精心設計的功勞。至於在此期間雖有政府出資用於使館裝修，但黃蕙蘭傾其私蓄添置大量名貴物品，也就不必說了。

在一九四一至一九四六年間顧維鈞擔任駐英大使，後來又駐節華府，夫婦倆幾乎沒有哪一天不被邀請參加各種非外交活動或社交活動，黃蕙蘭還要設宴招待和拜訪客人，往往三日一大宴，四日一小宴。種種酬應間，她總是應對自如，遊刃有餘。雖然有時也不免產生厭倦之感，但她仍傾心理解、支援和協助丈夫的工作和事業。酒宴舞會的酬酢之外，黃蕙蘭還負責當地華人的慈善救濟工作。她記得，在二次大戰期間的倫敦，即使顧維鈞曾一度因回國彙報工作而免了很多的官方應酬，但留在英國的她仍沒有閒著，主動申請參加當地紅十字會組織的救護隊工作，被派往正遭狂轟濫炸的貧民區，每天工作八小時，將近四個月。這段特殊的生活體驗，讓她親眼目睹了戰爭給無辜平民和兒童帶來的巨大災難。不過，這樣的冒險服務工作，她沒讓顧維鈞知道。

回憶戰時倫敦的那段生活，黃蕙蘭不無自得地說過：

我們正是靠著父親的財產，才得以輕鬆自若地周旋於歐洲的社交界。我丈夫雖然精明能幹，但他國際聲望的提高，卻離不開我們的招待方式及中國使館的裝潢修飾。此外，我諳熟豪華生活，習慣於僕人服侍，所以在各種慶典酬應中，不論做主人還是作客，全都輕鬆自如。我總能做到不失自己身份和本來面目。

難怪，在顧維鈞任駐美大使後的某一個場合，當幾位來訪的中國官員對這位聲望卓著的外交家大加稱賞時，宋美齡卻指著黃蕙蘭說：「別忘了大使夫人也起了重要作用呀。」以蔣夫人自己的親身感受和體會，她很清楚顧維鈞的外交事務離不開黃蕙蘭的襄助。甚至連黃蕙蘭的大兒子顧裕昌，也有一次當著父親的面說過，中國大使多如牛毛，父親能有今天，是因爲娶了像母親這樣的妻子。曾與顧維鈞和黃蕙蘭夫婦倆多有交誼的袁道豐，結合自身外交經歷，對此作過評價：

老實説，在我國駐外大使夫人如林的當中，最出色的中國大使太太要以黃蕙蘭為首屈一指了。中外人士都對她表示尊敬，就是多年貌合神離的顧公維鈞，對她肆應外交的功績也不能忘懷。

此論當屬客觀事實。

不過，也許誰都不會想到，就是這對看上去富貴結好、相得益彰的夫婦，結婚三十多年之後，仍終歸於分道揚鑣的結局。

說起來，夫妻間的情感波折，絕不是外人可以妄加猜度、說長道短的。好在黃蕙蘭在一九七五年寫有一本題爲《沒有不散的筵席》（*No Feast Lasts Forever*）的個人回憶錄，其中不少篇章追述了她和顧維鈞這段愛怨交加的感情歷程。後人藉此可窺知一些箇中跡象。

最初幾年裡，夫婦倆的感情是頗爲融洽的，在彼此的欣賞中，他倆深深愛撫和體貼著對方。顧維鈞欣賞黃蕙蘭的美貌動人，以及她深諳西方風尚習俗，懂得如何與那些王室貴族及顯貴人物周旋自如的能力。他一改老式的平頭髮型，穿起妻子爲他精心訂製的西式禮服，平時也樂於聽取她提出的建議或意見，甚至於雖然沒有學會騎馬，但對此道也逐漸有了興趣。所在任上，面對錯綜複雜的社交生活，每遇重大的外交活動場合，顧維鈞身邊總少不了妻子的倩影。對黃蕙蘭來說，嫁給顧維鈞，不僅使她擁有作為外交官夫人的高貴地位和身份，也圓了她少女時代躍升上流社會成為貴婦人的夢想。而且，看到自己的丈夫那麼出衆，那麼受人敬崇，更讓她感到無比的榮光。

有一件事給黃蕙蘭的印象實在太深了。那是在一九二一年的華盛頓會議期間，由於日本頑固阻撓，有關山東問題的談判，一直拖過耶誕節，仍繼續陷入僵局。一天，顧維鈞懷著厭煩之感離開會場後，帶著正有身孕的妻子驅車兜風。等他倆回到代表團住地，未想到大門裡外擠著一羣憤怒的中國留學生。他們唯恐顧維鈞在山東問題上對日本讓步，羣情激憤地闖了進來，不無過激之舉，甚至把電話線切斷了。從未見過如此場面的黃蕙蘭幾乎嚇壞了，但過一會兒，恐懼化爲驚奇。原來，顧維鈞沈著鎮靜地出面接待，並一一回答他們提出的問題。這些青年顯然在顧維鈞的耐心說服下消除顧慮，並轉而贊成和支援他的立場。很快地，一個個心平氣和走了。至此，她才眞的理解爲什麼年長的人們佩服他，爲什麼丈夫如此年輕就擔起這麼重要的職務。正如三〇年代一位英國作家評論說：「新中國很少比顧維鈞博士更堪作爲典型的人了。平易近人，有修養，無比耐心和溫文爾雅，沒有哪一位西方世界的外交家在沈著與和藹方面能夠超過他。」在婚後與丈夫相處的日子裡，黃蕙蘭淸楚地感到，爲了服務於中國的外交事業，在顧維鈞身上有著一份非比尋常的精神和意志，那就是在必要時寧願自我犧牲的品格。妻子的眼裡，顧維鈞是一個才華橫溢、懷有崇高理想的知識份子，一個擅以處理最複雜處境而著稱的聰明且有耐心的外交家，一個終生為保持中國的完整而奮鬥的百分之百外交家。這當然是黃蕙蘭引以為傲的。

但是，也正由於此，具有強烈事業心的顧維鈞，難免因工作的繁忙而少了一份對妻子的溫情關懷，難怪黃蕙蘭漸漸地多了一份抱怨：

我很少機會單獨和他在一起。他的日程填滿了大會小會。等他回到家中，又馬上坐到書桌旁，向他的秘書們口授演講詞或是親自起草每天向北京彙報的電稿。我們常常一同接到邀請去參加各種宴會，但是當我打扮整齊等待他的讚許時，他往往只不過心不在焉地看我一眼而已。

黃蕙蘭記得，在北京的時候，兩人除了歡宴款待賓客，顧維鈞總是在書房裡工作到半夜，然後直接回到他的臥室睡覺。面對這樣一個獻身於事業的丈夫，她感覺到心頭的苦澀：

我盼望從丈夫那裡得到愛情，我知道我父親和母親都愛我而感到安然，然而有時我被用作他們的人質。維鈞很有才華，但他缺少溫柔和親切的天賦。他對我不是很親熱，而是常常心不在焉，有時令人討厭。他最關心的是中國，為國家效命。他看不到我這個人也就不奇怪了。他關心的是事件，不是個人。他是個可敬的人，中國很需要的人，但不是我所要的丈夫。

所以，黃蕙蘭越來越覺得，其實她並非眞正瞭解顧維鈞，顧維鈞也同樣不瞭解她。如果說，因爲顧維鈞對事業的那份熱忱，最初使他不經意間對妻子冷落，少了一些溫存，那麼，此前曾經不同的生活閱歷，不同的家庭背景，更有不同的性情志趣，所有這些，對於一見鍾情的顧維鈞和黃蕙蘭而言，一俟婚後生活共處，也就難免產感情上的隔閡。

在顧維鈞眼裡，妻子黃蕙蘭實在是過於驕慣了。

就說一九二二年奉召回國那一次吧。當年五月下旬，夫妻倆帶三個孩子從倫敦回到上海。自從一九一五年出任駐美公使以來，從華盛頓到巴黎再到倫敦，如此輾轉整整七年，顧維鈞一直未能抽空回上海看看親人。父親去世好幾年了，母親可安好？哥姐家又怎樣？讓他著實惦念不已。在別處，人家稱他「閣下」、「大使先生」或「顧博士」，只有在上海，才會聽到有人親切地叫他「少川」，彼此還可以用家鄉話交談。一想起這些，歸國途中的顧維鈞感到從未有過的快樂。船到上海，兩個哥哥早已守候碼頭，等待小弟歸來，還有他們從未見過面的弟媳，然後一起去見母親。但對黃蕙蘭來說，初次見到夫家的人，心裡卻有一種格格不入的感覺。

當我的目光接觸到我婆婆和大姑子的小腳，以及繼而瞭解到我和她們之間竟不能直接用中國話交談，我的確感到出乎意料之外。她們只會說上海方言，我一點不懂，而我只會講官話和福建話。北京離上海不過一千英里，這兩位婦女卻從來沒有到過那裡，也從未想去過。

看來，這是黃蕙蘭無論如何難以置信的，以致她不能不意識到，以自己完全一副外國人的打扮，在夫家人眼裡大概就像是從另一個世界裡來的陌生人。外表上的強烈反差，交談中的語言障礙，當然包含著一種觀念上的深刻對立。如果說這畢竟情有可原的話，那麼，黃蕙蘭接下來的做法，就讓顧維鈞感到挑剔過分，多少有些看不過去了。爲了他倆的到來，哥哥特意在上海租了一處已算不錯的住宅，但黃蕙蘭卻嫌它不合自己的要求，沒有自來水，沒有洗手間，沒有個人隱蔽的餘地，連床也是自己從未睡過的中國老式硬板床，這對一個自幼嬌生慣養的富家小姐來說，是實在不願遷就的，甚至她連一天也不想試，等顧維鈞好言勸慰後總算讓步，就是在夫兄們離去後她再帶孩子去一家旅館的貴賓套房。用黃蕙蘭的話說，反正租金是用父親給她的錢支付的。但圖舒舒服服的她，可曾體察到當時一言不發的顧維鈞窘迫難受的心情？此舉顯然大大傷了他的自尊心。

隨後，等顧維鈞去北京參加內閣工作，憑他當時權勢，終於從一位前清官員那裡租借到一處蔚爲大觀的府邸，「這是一座位於城內的巨第，占地十英畝，有二百多間房屋。主要的院落都由帶遮簷的迴廊連接起來。迴廊的漆繪五彩繽紛，雕刻著珍禽異獸，頂板由一根根露在外面的木構架承托，表面塗以各種顏色的油漆，還用金箔妝點。迴廊每一轉折都能看到山石飛泉，池塘花樹，賞心悅目點綴其間。」這下黃蕙蘭當能稱心如意了嗎？但一聽說是租借暫住，又難愜其意了。好在乃父對女兒素來百依百順，得了父親二十五萬的一筆鉅款資助，不僅買了下來，而且加以現代化的裝修，什麼暖氣系統、衛生設施，可謂應有盡有了。這所位於北京鐵獅子胡同的府第，據說原是十七世紀初明朝山海關總兵吳三桂寵妾陳圓圓故居，幾經易主，如今終於成了顧氏夫婦的官邸，女主人集一時風光之盛，自是不難想像。一九二四年十一月孫中山應邀北上，也曾以顧宅爲行轅，及至翌年三月又在此病逝，所以在顧維鈞一九二八年遭國民政府通緝之後，這裡被一度沒收，並因此改成孫中山紀念館。此地當年冠蓋雲集之勢，由此可見一斑。

挾慈父之豪富，依丈夫之顯貴，黃蕙蘭的生活變得越來越飄飄然忘乎所以，一切殊榮、一切奉承都被她視爲理所當然。養狗、養魚和賭錢，騎馬跳舞，收藏古玩，紙醉金迷的生活，連黃蕙蘭自己也不無遊戲人生之歎。想想在政局不穩多有戒嚴的北京，她仍可以前呼後擁地自由出入想去就去的地方；想想在上海，她甚至與已故唐寶玥的幾個姐妹，常常創出新的時裝式樣，又看著十里洋場的婦人們爭相仿效以爲樂事。一切都浮在表面，高貴的外表背後，黃蕙蘭越來越感到苦澀難言。除正式場合外，夫婦倆往往各行其素，各行其事，他們很少一同外出，很少再有感情上的溝通與交流。儘管黃蕙蘭暗中立誓要當好一個中國式的賢妻，但與顧維鈞的前妻相比，她發現自己來自父母親的部分太多了。靠父親源源不斷的匯款，使她生活更氣派，個性更驕縱，就如黃蕙蘭晚年不無自責地感悟說：「我的父親自幼寵壞了我，社會繼而驕縱我，諂媚我，追求我。寵壞了的孩子長成了寵壞了的貴婦。」難怪顧維鈞不時埋怨她出手過於闊綽，生活過於挑剔，交際過於隨便。追憶和顧維鈞的姻緣，黃蕙蘭不由深長感慨道：「我想他寧願我不是個大富翁的繼承人，我現在回顧，如果我果眞不是，可能對我們的婚姻要好得多。」

事實上，黃蕙蘭實在太富有了。但如人所共知，金錢其實並不一定能夠支配一切，尤其是男女間的感情。

雖然黃蕙蘭用父親的錢爲自己、爲顧維鈞買了許多共同享用的東西，還讓丈夫管理她的錢財，想用的時候就向他要。雖然顧維鈞也不會否認妻子的錢財對自己多少有所助益，但自當初兩人在日內瓦爲首飾和汽車發生爭執之後，感情似乎有了微妙的變化。隨著時間的流逝，看著黃蕙蘭依然我行我素的生活方式，顧維鈞越來越生厭感。到了一九四六年再度出任駐美大使，夫婦倆的感情明顯出現裂痕，彼此的心已離得越來越遠。黃蕙蘭不得不正視眼前的事實：

我觀察到，維鈞似乎變得日益高大。他為所欲為，不與我商量。他對待我，就是忍讓，供吃供住，人前客客氣氣，私下拋在一旁。

更讓她難以忍受的是，顧維鈞已暗中移情別戀。破裂的婚姻看來已無可挽救。

不過，就在兩人感情開始走向破裂之時，他們仍粉飾著婚姻的外表。聽說岳母病重，顧維鈞決定把老人家接到華盛頓與他們同住。等老人家去世，他還爲這位生前喜歡體面講究排場的岳母舉行隆重的葬禮，盡一個做女婿的責任。這當然是黃蕙蘭感激不盡的。就此勉強維持好多年後，直到一九五六年，兩人才平靜地離婚。

憶起黃蕙蘭，晚年的顧維鈞曾在友人面前這樣評說：

她在西人社會中經驗豐富，應答如流。在那裡她簡直如魚得水。但在中國社會裡，她便不感舒暢，一因中文不夠好，後來有進步；二因對中國事情不太瞭解。她比較歡喜和西人交往。

言談間的感觸，想必是有苦也有甜。

憶起顧維鈞，晚年的黃蕙蘭雖不無怨言，但仍自認爲是顧維鈞夫人，仍以丈夫作爲新一代的外交家而自豪。畢竟，他們走過那麼漫長的一段人生歲月，怨裡有恨也有情。月有陰晴圓缺，人有悲歡離合。

一九九三年十二月，黃蕙蘭在百歲生辰的那一天無疾而終。

「大帥」與「少帥」之間

熟悉中國近代史的讀者，對於「大帥」、「少帥」的稱謂所指，一定不會陌生。「大帥」，係指奉系軍閥頭目張作霖；「少帥」便是張作霖之子，因西安事變而聞名中外的張學良將軍。

「九一八事變」前後，在這一對父子之間，顧維鈞與他們曾經有過一段特殊的交誼。這在顧維鈞的政治生活中，在他光怪陸離的人際世界裡，無疑是一段頗不尋常的際遇，並且在對顧維鈞的家庭生活上，也曾留下抹不去的印記。

要說此事，還得從一九二七年說起。此時的國內形勢，正當政府內閣變換更爲頻繁、各地軍閥混戰加劇之際。

該年年初，由顧維鈞署理內閣總理兼外交。身居要職的他仍在爲北京政府維持政局，苦撐門面，但又始終力圖避免捲入各派軍閥互相傾軋爭奪的漩渦中。顧維鈞自己明白，留在政府首腦職位上的唯一理由，只是以個人身份從事工作，保證根據憲法使國家事務有秩序地正常運作。但在當時情況下，這幾乎是不可能的。因爲它無法制止那些認爲只有透過戰爭才能解決問題的軍閥集團。顧維鈞等少數文職人員的努力，顯然左右不了整個局勢的發展。

此刻，奉系張作霖已率部從東北進入華北，並很快打敗其他各路軍閥，控制了北京政府。到這一年的夏天，入主北京後的張作霖自封大元帥，設立軍政府，儼然以總統自居；而且在其幕僚的策劃下，準備廢除憲法，改弦更張地自由行事了。

在獲悉他們的計畫，且自己據說被要求留任新政府內時，顧維鈞理所當然地考慮拒絕。因此，就在張大帥成立新政權之前兩天，他正式作出內閣總辭的決定，隨後住進了西山簡樸的鄉間住宅休養。

當然，休養是假，不願在這個違憲的新政府裡任職是眞。顧維鈞有自己的立場。但張作霖不希望失去顧維鈞的幫助。大帥正看重了他的外交才能，堅持讓顧維鈞在政府中供職。這似乎也是意料中事。

當初顧維鈞在巴黎凡爾賽會議上的傑出表現，大帥當然不會不知。那時作爲國內地方實力派人物，當有人勸張作霖通電支援簽約，他卻保持沈默，不作明確表態。但至華盛頓會議重議山東問題，張作霖旣出資爲中國代表團支付費用，又答應爲贖回膠濟鐵路捐助鉅款，成爲支援代表團的重要人物之一。這個看來曾依靠日本提攜和支援起家的「東北王」，雖在此前相當一段歲月裡親日媚日，而今出任國家元首，針對日本在中國東北的野心，越來越明顯表示出不甘屈服的強硬態度。那麼，被日本人視爲反日領袖的顧維鈞，大帥自然有好感。把顧維鈞拉進自己的新政府內，正可在處理複雜的中日關係上有所借助。此番心情之迫切，可想而知。

見顧維鈞辭職不幹，大帥當然發急。於是，就職典禮後的第二天，立即派黑龍江督軍吳俊升上西山拜訪，轉達口信，希望和顧維鈞一談，希望他回住北京，同時不要離開華北。在其一再要求下，顧維鈞決定翌日從西山搬回北京鐵獅子胡同的住宅，並隨即與大帥會了面。大帥一再表示，可以按顧維鈞的意願安排任何職務，但顧維鈞仍推辭不從，並懇請他不必再堅持要求。之後不久，新任總理潘復又奉大帥之命，前來敦請顧接受審計院院長之職，據稱大帥擔心顧維鈞不願擔任任何政治責任，所以選了這個不直接牽涉任何重要政治問題的職務。用心可謂良苦，禮遇可謂周全，但都打動不了顧維鈞的堅辭之意。一個解散議會，推翻憲法後成立起來的所謂「革命政府」，是他無論如何不敢恭維和信服的。顧維鈞辭職的眞正原因在於此，他當然不便和大帥說明。

一方再三堅持邀請，一方反覆婉轉推辭，爲打開難以回絕的僵局，顧維鈞不得不推薦自己多年的知己和政界密友羅文幹任職，以此解決問題。此後，無職閒居著的顧維鈞仍與張大帥之間繼續朋友似的來往，彼此有過兩、三次私人談話，有時張作霖招待外國使節，也請顧維鈞出席參加。據說有一次在北海瀛臺舉行招待會，顧維鈞應邀在座。宴會散後，兩人一起送客，客人走完，張作霖的隨從把張的車開到門口，大帥怒問副官；「顧總理的車呢？」馬上命人把顧維鈞的車開過來停在他的車前，並親自打開車門，送顧維鈞上車，然後再上車。這一小插曲，足可見大大咧咧的張作霖對顧維鈞如何禮遇有加。所以，在張作霖掌權時期，顧維鈞既與政府無正式聯繫，也未離開北京；而是與新政權，確切地說是與張大帥保持私人之間友好的交誼。這段私交一直保持到一九二八年六月前爲止。幾天過後，在回奉天路上，張作霖被日本關東軍炸死於瀋陽附近的皇姑屯車站。

當然，如果沒有「皇姑屯事件」，張作霖的末日也已臨近。因爲就在當年春夏，蔣介石聯合馮玉祥、閻錫山和李宗仁，勝利北伐，占領北京，結束了北洋軍閥的統治。

此時，災禍也同樣降臨在顧維鈞頭上。

一九二八年七月，因顧維鈞曾在奉系北京政府中歷任內閣要職，由此遭南京國民政府通緝。一時間，北京的府宅家產全被國民黨罰沒抄收，闢爲孫中山紀念館。無奈之下，顧維鈞只得先把妻子黃蕙蘭和孩子們安置到天津住，自己則在年底前不得不遠走巴黎，再往加拿大避居。一家人終於難免分奔離散。其實，在此之前，妻子不是沒有提醒過。她從朋友那兒聽到一絲風聲，因此勸丈夫至少設法和蔣介石有所接觸，他的一位好友事先就去南京投了蔣的麾下。但顧維鈞無意離開北京，這不僅僅因爲張大帥的執意挽留，他也覺得沒有必要去南京，南北抗衡，派系交惡，在此動蕩的時局面前，他看厭了，只想求個潔身自愛。

如今呢？顧維鈞跟著倒了楣。個人遭罪不算，連家人妻小也一同受累。而且，自己的名字竟然還和那些臭名昭彰的政客一起列入通緝令，顧維鈞有口難辯。

出遊歐洲，暫時遠離中國政壇上的是是非非，顧維鈞也該擁有一份清靜自在？

實際上，這又談何容易?!

一九二九年冬，赴歐小住不到一年的顧維鈞，剛從法國前往加拿大，就接到少帥張學良催請回國的電報。

說起顧維鈞與少帥間的私交情誼，當推始於張作霖把持北京政權期間。因與大帥保持友好的私人交誼，顧維鈞與少帥亦交接相識，並在不同場合的往來中互相激賞，從此引爲知己好友。

張作霖死後，二十八歲的少帥出任奉天督辦，很快執掌了東北的軍政大權。少帥雖年輕而錚錚有骨氣，但從乃父被害事件中，他汲取了教訓，認識到必須保持東三省地盤，維護國家的統一，堅決不做日本的傀儡。因此，在上臺不久面臨的艱難處境中，少帥不爲日本的一連串威脅利誘所動，而是相機與南京國民政府息兵言和，並在一九二八年十二月二十九日通電宣佈東三省「易幟」，服從國民政府，遵守三民主義，從而使四分五裂的中國實現了形式上的統一。

張學良「改旗易幟」之際，正當顧維鈞被逼赴歐途中。在顧維鈞看來，少帥無疑是個愛國者。此去一別，他對少帥仍心繫一份殷切的關懷。

就說到巴黎後不久，在與此間政界友人談論蘇俄問題時，顧維鈞特別有興趣他們對蘇俄軍事潛力的看法。因爲從各方面觀察，顧維鈞深感少帥對蘇俄的滿蒙政策雖多有警覺，但對蘇俄的軍事實力又明顯估計不足。爲此，他當即致電少帥身邊的高級顧問，轉告少帥當以小心謹愼爲佳。沒想到，少帥正急於和他見面，隨後發出邀請，希望他回國面商，且已爲他預備住處，竭盡周到之禮。盛情之下，顧維鈞只得結束海外旅程，如約而歸。

回瀋陽的當天晚上，兩人馬上就此面談。顧維鈞應少帥之請，一五一十地說明自己對蘇俄的印象及其國內外形勢的估量，雖然沒有作出任何結論，但少帥顯然聽得非常投入。過於自信又無充分外交經驗的他，希望盡可能和顧維鈞多多見面，因此要求顧維鈞擔任自己的高級顧問，以便隨時諮詢請教。但此番好意，未免讓顧維鈞多有爲難之處。老實說，此次回來，顧維鈞也是看在朋友的情份上，想爲少帥分擔一些壓力，提醒一些事情。至於擔任什麼職務，對他而言暫無興趣，他還不願讓自己再度捲入政治。所以，少帥派人送來聘書，顧維鈞只有婉言謝絕。他要少帥明白的是：不必給我官銜，如果有事和我商談，我樂意隨喚隨到。顧維鈞只願以朋友身份幫忙。

知己貴知心。如此肺腑之語，少帥當然有所領悟。與乃父一樣，少帥看重顧維鈞對自己的借助作用，但他同樣懂得理解人、尊重人。因爲，少帥打從心裡瞭解、敬佩顧維鈞。

雖然沒有受聘任職，顧維鈞也絕非無官一身輕。他不時樂於接受少帥之邀，與其討論國事，過從密切。最初一些天，幾乎每周三、四次，幾個人常在一起打高爾夫球。顧維鈞爲此不失時機地直言規勸少帥，應避免在中蘇邊境採取軍事冒險行動。有一天正打球時，見有滿載東北軍的火車一輛接一輛地向北方開去，顧維鈞不免驚問少帥爲何事調兵，少帥漫不經心地表示，因他獲知蘇俄向滿洲邊境和滿洲里集結軍隊的情報，因此也派兵去哈爾濱，以此嚇唬一下蘇俄。顧維鈞又不禁追問：「假如你發現你的手裡眞正有好牌，你怎麼辦呢？」少帥認爲自有對策，顧維鈞對此十分擔心，他認爲一旦虛張聲勢，後果堪憂。但是少帥迷悟不從地挑起武裝衝突，最後導致損兵折將，不得不考慮接受蘇俄之最後通牒。等接到事發後的會議緊急通知，顧維鈞連忙趕了去。痛惜之餘，他還要告誡少帥談判交涉時務必謹愼行事，不能因此垂頭喪氣，拱手相讓。

憑心說來，顧維鈞此時雖爲在野之身，但早已是少帥實際上的私人顧問。只可惜，以爲自有對策、志在必得的張少帥，少不更事，未能聽取顧維鈞的忠告，致使失算失策，失手失利。「吃一塹，長一智」。那麼，此後呢?顧維鈞免不了擔憂。畢竟，他也瞭解少帥的個性。

不過，患難與共，有求必應。一段時間裡，出於和少帥的私誼考慮，顧維鈞就此經常往來於北京和瀋陽之間，後來更常出入少帥暑期總部所在地北戴河。他無疑成了少帥府中的常客。

看得出來，少帥對於顧維鈞，也的確隆情厚誼。一九三〇年七月，得知顧夫人準備由歐洲回國，少帥立即電令黑龍江當局妥爲照料。一俟顧夫人抵滿洲里，即派專員趨往接應，沿途軍警護送。此後，顧維鈞偕夫人回瀋陽，一路又是格外地周至禮待。至於將在後面章節提到的，顧維鈞擬在此間經營墾殖事業——他在清閒之中的投資興趣，少帥當然更主動地設法給予特別關照。

退出政界的顧維鈞，這時確曾一度想好好過過平民生活。然而，事情往往難遂人願。

一九三一年七月，顧維鈞照例在北戴河消夏避暑。

當時，來自日本的新聞報導，大肆渲染所謂的中日三百件懸案，要求張學良的東北當局談判解決。但少帥拒絕討論，顯然不願和日本人接觸。日本少壯派軍人團體爲此不斷煽動國民集會，特別抗議所謂日本軍人野村在興安嶺被殺事件。這些消息令顧維鈞感到非常不安。

憑自己一直對外交問題的敏感，他擔憂會有大事發生。因爲日本可能要以此爲藉口，採取激烈行爲，釀成嚴重事件，也許會使用武力奪取瀋陽以示恫嚇。此時少帥正在北京治病，顧維鈞先是向東北來的幾位少帥幕僚談了自己的預感；同時寫信給少帥，提醒他注意當時發生的以及可能會發生的事。遺憾的是，雖說兩天後少帥爲此也曾派專機接他回京面談，但短短的交談中，顧維鈞仍感到少帥並未充分重視當前局勢的嚴重性。不得已，他留下書信一封，再次表明自己深深的擔憂，對少帥的擔心，也是對國事的憂心。

或許是眞的過慮了。接下來的近兩個月內，一切似乎平常如往。九月初秋，顧維鈞也回到了北京鐵獅子胡同。曾經被沒收的住宅已在北京市長的默許下，由夫人出資重新恢復原貌。

但是，回京沒住上幾天，顧維鈞擔憂的事還是發生了。

九月十九日晨，一陣急促的電話鈴聲，把顧維鈞從睡夢中驚起。少帥顧問端納來電：日本關東軍於昨日深夜突然襲擊東北軍駐地北大營並占領瀋陽城。

蓄謀已久，不宣而戰。日本爲攫取中國東北而挑起的「九・一八」事變終於爆發。事情如此嚴重。開了一個通宵會議，少帥及其東北集團的十幾位將領，顯然已疲憊不堪，卻仍一籌莫展。「該怎麼辦呢？」看來還是得聽聽顧維鈞的意見。

本該「防患於未然」，但每次勸告，少帥總是不以爲然。顧維鈞的心裡也眞說不出是什麼滋味。此刻少帥又一次緊急召見，他當然刻不容緩地去了，但疑惑終亦難免。

對當前應採取的應變策略，顧維鈞提出兩條建議：第一，立即電告南京國民政府，要求向國聯行政院提出抗議，請求行政院召開緊急會議處理這一局勢；第二，立即派人設法觀察和探聽日本軍事當局到底準備走多遠，以此作爲我們決定行動的基礎。結果，少帥對第一點表示贊成，至於後者則持保留態度。似乎很明顯，少帥只想依靠前者，把問題交由國民政府負責，而不是由他個人單獨負責。所以，顧維鈞進一步向少帥解釋，提請他切勿因把問題訴諸國聯，而指望能有多大結果或立即產生任何效果，以此方式只是爲引起世界注意和公衆輿論，從而制止日本擴大侵略行動。

此事既發，戰火已燃，中華民族又一次面臨嚴重危機。顧維鈞還能游離其外嗎？歷史不得不讓顧維鈞再次躍登外交舞臺。

值此國難時艱，南京國民政府決意起用顧維鈞了。恐怕，這與張少帥的從中努力又不無關係。

話說當初有人誣告他與北洋軍閥沆瀣一氣，阻止國民革命軍北伐。於是一紙令下，顧維鈞成了全國通緝目標。不過，據說通緝令頒發後，蔣介石曾派其親信去天津看望顧維鈞，傳話說，如果他在南京，此事便不會發生，請顧不必爲此介意。言外之意，這只是一個誤會而已。

作爲朋友，少帥要爲顧維鈞打抱不平了。

一九三〇年二月，少帥電請南京國民政府取消對顧維鈞的通緝令，南京方面隨即通知他說，國民政府已准予撤銷。但從天津《大公報》報載，又說並無其事。少帥於是當即致電南京請求核正。據告，有關通緝一案，未撤銷前，地方黨部曾向上級請示，中央黨部據以問之國府，國府答無此事；及至撤銷後，國府未報黨部，故秘書處以爲尚未撤銷。至此，少帥仍不放心，他要蔣介石親自表態，明令撤銷，以便早日了結，免生枝節。這樣，到這一年夏間，經張學良的一再疏通，促使南京方面撤銷了對他的通緝。

等顧維鈞得知此情，他已被任命爲南京中國展覽會成員。根據國民政府要人的指示，責成少帥勸他去南京就職。對於顧維鈞與張作霖、張學良父子倆的私人關係，國民政府不是不瞭解，蔣介石也不會不清楚，且由少帥出面說情，也算是政府爲他恢復名譽，也可說動顧維鈞爲政府服務。外交問題如此嚴峻，蔣介石不能不想到顧維鈞。

當然，僅僅讓少帥居間設法還不夠。此後不久，顧維鈞因母親病故，回上海料理喪事。上海市長吳鐵城聞訊來了，除了親自參加顧母葬禮，自然少不了勸他到南京去。王寵惠也來看他，稱通緝令是本不應有的事，已被撤銷了，蔣介石和其他同事要他務必諒解，勸他赴寧就職。但在此時，無論少帥還是其他人勸駕，實際上仍說服不了顧維鈞。他已表示決意放棄外交和政治生涯，無意再從政事了。此前就已有人找上門來，想拉他入夥。那是汪精衛密謀與閻錫山、馮玉祥等派別勢力聯合反蔣，另組政府的計畫，爲取得國際承認，他們希望借助顧維鈞的影響力，邀請他擔任外交部長，但顧維鈞明確表示拒絕。儘管他承認自己的興趣在外交問題上，但對政治不再有任何興趣，因爲在他的意念中，外交應該考慮的是民族利益，而政治不過黨派利益而已，二者並非一碼事。所以，顧維鈞當然不會參加他們的活動，不想參與國內的政治紛爭。

直到「九・一八」的炮聲，才使得他不容選擇。

九月三十日，南京政府成立了旨在處理外交問題，特別是處理當前日本侵略問題時以備諮詢的特別外交委員會，由於少帥的懇切勸說，加上蔣介石對他外交才能的賞識，顧維鈞接受任命爲此會委員，參與政府外交決策。實際上，由於事發後少帥與南京政府的聯繫隨之密切，此後的一個階段，顧維鈞無疑成了東北張學良和南京蔣介石之間溝通資訊、通報情況的聯絡人。始於十月一日，顧維鈞便乘坐少帥的「福特號」專機，由北京飛抵南京，與有關方面交換意見，並拜見了蔣介石，從此與國民政府有了聯繫。據說有一次，顧維鈞藉外委會休會間歇返回北京，蔣介石特別指示手下到機場送行，並交給他一封信，信內附有一份用作旅費的三百元支票。顧維鈞謝忱之餘，當然把它退了回去，但此細節足見蔣介石待其殷勤備至。

此後，經國民黨中央政治會議作出決定，顧維鈞正式出任外交部長。先爲代理，後爲署理。這一次，爲應付岌岌可危的東北局勢，蔣介石特意要請這位既爲無黨派人士，又聞名於外交界的顧維鈞出山相助了。爲促其就職，宋子文受蔣所託，已多有勸駕，甚至說了，作爲一個愛國公民，在國家急需時爲國效勞，乃是神聖的義務。

這不正是顧維鈞一貫的想法嗎？此言正中下懷，他也只好勉爲其難了。

此刻蔣介石顯然是寄予厚望。且看十一月三十日顧維鈞就職宣誓儀式上，蔣介石不僅親自出席以示重視，還發表了題爲「外交爲無形之戰爭」的長篇演說，內稱：「外交之折衝樽俎，其致力之遠，收效之大，有遠勝於軍事十倍千倍者。亦在乎任之專，而信之篤，使外交當局，得以負責勇進，以收最後之勝利。」隨之高度讚揚顧維鈞「就職於危難之秋，受命於存亡之交，深信其必能力肩艱巨，不辱使命」，更寄望於他「布展其抱負，發揮其長才，俾我國外交，得以轉敗爲勝，轉危爲安，庶不負政府與國民期望之殷也。」

只是，受命於如此危難之際，恐怕顧維鈞欲有所爲，也是無濟於事。當時的國民政府以「攘外必先安內」的既定方略全力剿共，張學良也在蔣介石「不抵抗」的訓令下要求東北軍按兵不動。待顧維鈞走馬上任，日軍已經占領長春和哈爾濱，東北大片國土淪喪。東北軍政機關已遷至錦州，日軍又隨即向錦州進犯。能否保全錦州，已成爲整個東北的最後關鍵。在致張學良的電報中，顧維鈞這樣分析道：

近日國聯形勢惡化，錦州情形又急，日本所云無意進攻，恐不足信。弟意錦州一隅如可保全，則日人尚有所顧忌。否則東省全歸掌握，彼於獨立運動及建設新政權陰謀必又猛進，關係東省存亡甚巨。

因此，經與美英法等國公使緊急會商，顧維鈞提出使日軍正要占領的錦州中立化的計畫，即駐錦州中國軍隊撤至山海關，要求日軍向美英法三國保證不占領錦州，避免進一步的衝突，然後謀求雙方談判。

但對此建議，一方面列強沒有積極反應，它們不願爲此擔保；另一方面，更與民衆要求和社會輿論相向逆反。因國民黨政府推行了不抵抗政策，而激起的民怨沸騰普被全社會。主張直接談判，主張設立錦州中立區，很快引來各大城市絡繹不絕的抗議和示威。眼下被推上外交職位的顧維鈞，無疑成了首當其衝的目標，來自全國的電報如潮水般向他提出種種責問，甚至有一封發自江蘇同鄉會的電報，警告顧維鈞如果態度不改，就要毀掉顧家的祖墳。那些日子，幾乎接連三、四天內，很多學生團體從各地湧向南京，要求與顧維鈞對話，儘管他與學生代表申明自己保衛中國權益的決心，但人們只把他的努力說成是爲蔣介石保持政權的陰謀，把他本人視爲蔣介石執行其政治計畫的服務工具。面對廣大民衆的反對浪潮，顧維鈞終於明白，羣衆示威的目的其實不是直接朝他而來，而是反對蔣介石領導的政府。來自國民黨內部的摩擦和爭吵，如桂系、粵系、西山會議派等，也是一片反蔣呼聲，幾個月的政治大動蕩、大混亂局面，最終迫使蔣介石下臺。任職不過一個月零兩天的顧維鈞，也隨之掛冠而去。

「早知今日，何必當初？」顧維鈞自然不會這麼想。

不過，他也確有受屈之感。據說，就在當時成羣結隊前往外交部請願的學生中間，有人在牆上赫然寫下「打倒賣國賊顧維鈞」的標語。短短一個月的外長任期，竟招來如此罪名，這是顧維鈞無論如何沒有想到的難堪。

難道是自己錯了？

其實，出此錦州中立化的設想，自有他不得已的苦衷。就當時實際情況而言，事變發生後，根據國聯行政院決議，要求日本從各占領區撤至南滿鐵路區內。但日本方面置之不理，而是提議其撤兵前與中國政府直接交涉。對此，與少帥和國民政府明確拒絕和日本談判，而寄望於依靠國聯主持公理的態度不同，顧維鈞傾向和日本直接交涉。在他看來，要日本遵守國聯決議是不可能的，且國聯又無權強制實行它的決議。因此只有在國聯干預下，由兩國談判，才能解決中日之間的一系列問題。依他作爲職業外交家的理念，談判是解決國際爭端的正常方法，不管這些爭端多麼嚴重。如果中國對日本的建議完全加以拒絕，那就正中日本之計，使它可以行其抗拒國聯的策略。但由於日本向國聯提議中日直接交涉遭中國拒絕，國聯又不能採取有效步驟迫使日本撤兵，日本關東軍藉此擴大侵略，東北局勢更趨惡化。在此情勢下，就任外長的顧維鈞，之所以有錦州中立化之議，就是爲阻止日軍繼續進攻而尋求的一種權宜策略，其目的正在於此。

何況，就其個人而言，在整個對日交涉過程中，顧維鈞維護國家主權的立場始終沒有改變。據中國第二歷史檔案館披露，在當年的最後三個月內，顧維鈞發給張學良的電報共有一百多通。從這些頻頻往來的密電中，不難窺見他憂心之所深：

錦州一帶地方，如能獲各國援助，以和平方法保存，固屬萬幸，萬一無效，只能運用自國實力以圖保守。

——十一月二十五日電

唯萬一彼仍步步緊逼，則自不能不取正當防衛手段。

——十一月二十七日電

錦州一隅之保存，關係三省全部存亡，撤兵一節，若無國聯或三國切實保證，吾方萬不能允承，如日軍不顧國聯決議，悍然進攻，只能竭力抵禦。

——十二月二日電

甚至，針對張學良將錦州駐軍自動撤退之事，顧維鈞還致電相勸，請求暫緩，認爲「現在日人如進兵錦州，兄爲國家計，爲兄個人前途計，自當力排困難，期能抵禦。」「知我者，謂我心憂；不知我者，謂我何求？」事到如今，在朝野上下一片激烈的反對聲中，顧維鈞不得不想到求退。就在辭職當天給張學良的電報中，他與友人不無眞誠的表白：

弟此次不避危難，勉當重任，明知無補時艱，堅摯難辭，未獲如願。任事以來，昕夕焦勞，心力俱瘁，殊覺不支，准即乞退，離京休養。

顧維鈞相信，患難之交的少帥能理解他此時此刻的心情。

但在辭職後回到上海的他，又豈能眞的靜心休養？豈可眞的撒手不管？

至此，讓我們就本章話題作一小結。

從張大帥到張少帥，顧維鈞與他們父子倆建立的私情交誼，正不失為民國政壇上的一段趣聞佳話，後人藉此可窺其為人處世之一斑。

對顧維鈞，軍閥出身的張作霖顯然見重其才。但正是在大帥所謂的政府宣告成立之前夕，顧維鈞抽身引退，離開政界。雖有此後張作霖多番美意苦心，顧維鈞卻亦不為所動。但政見不合，倒也無妨於兩人彼此間的禮尚往來。保持這份私誼，在顧維鈞那裡大概也是出於禮貌之見。以大帥其人性情，能如此以禮待己，他是不能不感動的。何況，張作霖也絕不是沒有一點民族意識。至少在日本人要他出賣國土的時候，張作霖的對日態度表現得異常強硬，用他跟左右親信的話說：「我是東北的當家人，我得替中國人保護這份財產，不負他們的所託」。在顧維鈞眼裡，大帥仍不無稱道之處，比如被炸死的結局，他就覺得正是大帥不願屈從日本淫威所造成。看來，與大帥的交往，顧維鈞還不完全僅限於還禮的考慮。

此後與少帥張學良的篤深交誼就更顯出意味深長了。每見年輕而自信的張學良在對日問題上少所謹慎，退出政界後的顧維鈞，更多了一份主動的憂心關切。在少帥每遇事後的頻頻垂詢中，顧維鈞已越來越有違初衷，一步步地再度與險惡的時局相交會，欲罷不能地被推上歷史舞臺，而「九・一八」事變是觸發他的一個根本動因。面對日本侵略者對中華民族窮兇惡極的霸道行徑，顧維鈞沒有任何理由置身事外。曾已多次與日本較量過的他，還會繼續較量下去。

那麼，與少帥此後的關係呢？

要說此後一段時間裡，從陪同國聯調查團前往東北調查中日衝突之眞相，到參加日內瓦國聯大會，揭露日軍侵華罪行並尋求國聯制裁日本的外交活動中，顧維鈞仍與張學良多有聯絡。再往後的交誼，由於資料闕如，我們基本上無從得知。衆所周知，事隔幾年後的張少帥失去了人身自由。一九三六年十二月因與楊虎城發動「兵諫」，逼蔣抗日，待事變和平解決，張學良終被蔣介石長期軟禁，直至大陸解放前夕隨同押至臺灣繼續看管監視。因此，兩位老友自然失去聯繫，謀面的機會就更別提了。據說，後來在美爲國民黨政府供職的顧維鈞，對少帥被長期幽禁的處境一直深表同情，回臺述職之餘，他也多方設法與少帥見上一面，但顯然未允批准。不過，對於少帥遠在海外的親屬，顧維鈞總是盡力給予關照。少帥爲此心同感受，極表感激。

可惜的是，一九九〇年三月，當幽居在臺五十多年的張學良終於結束羈禁生涯，以耄耋高齡獲准赴美探親，顧維鈞已在此五年前去世，執手話舊已無從談起。但有意義的巧合是，繼顧維鈞一九六〇年起接受哥倫比亞大學邀請，歷經十七年完成個人口述回憶

同胞手足情

本是同根生，親是一家人。

兄弟之愛，手足之情，可以說在相當程度上影響著一個家族的凝聚力與親和力，維繫著一個家族盤根錯節般的人倫親情。成書於南北朝時期的《顏氏家訓》，就有「兄弟不睦，則子姪不愛；子姪不睦，則羣從疏薄」的家教名言，道出的正是這個理。

顧維鈞和他的兄弟姐妹間，便有一份足可稱道的手足深情。

如前所示，由於一場歷史風暴給顧家帶來的劫難，父親顧溶是在顛沛流離中度過童年生活的，此後極盡辛勞瘁苦，勤儉持家，經濟情況有了好轉，到他兒女輩的少小時代，有了衣食無虞的生活，孩子們相處融融，其樂更無窮了。

顧維鈞在家排行老四，上有兩個哥哥和一個姐姐，下有一個妹妹。

也許因爲年齡相近，小時候的顧維鈞大多和比他大二歲的二哥和小一歲的妹妹結伴。兄弟倆一起入私塾讀書，平時一起玩耍，當然也會把妹妹給拉上，玩些「扔石子」、「滾銅錢」、「鬥蟋蟀」等古來已久的遊戲。每到新年假日放風箏的時候，人家孩子的風箏都是從市集買來的，兄弟倆卻喜歡自己動手，做帶音響的風箏，然後把它放飛上空，聽那響聲從高處隨風傳來，總會讓他們感到特別自豪。有一回的活動就更來勁了，還把年長顧維鈞七歲的大哥一起吸引加入。那次，顧維鈞刻了一枚滑石圖章，又把二哥和自己的印章蓋在他們各自臨摹的字畫上，感覺很滿意。於是，活潑機靈的顧維鈞出了個點子，兄弟三人決定擺個字畫攤作生意，用來補貼他們的零用錢。等到除夕開張，雖然字畫價格比別人來得便宜，但就是沒人光顧，沒人對小毛孩的作品感興趣，這不由得讓他們有些掃興。

兄弟幾個就這樣邊讀書邊娛樂，雖然也難免會有孩子氣的吵吵鬧鬧，但童年時代的朝夕相處，更是充滿了童真的友愛和歡趣。

轉眼間幾年過去了，大哥和姐姐到了各自娶嫁的年紀，並很快地在父母的一手包辦下先後成了家。畢竟爲人長兄、爲人姐姐，對於還在上學讀書的小弟弟顧維鈞，大哥之寬厚，姐姐之細心，他們總有一份關心和愛護，和父母一樣，他們也寄望著弟弟能更有出息，光宗耀祖，皆大歡喜。

就說姐姐吧。小弟弟的聰明頑皮，心靈手巧，似乎格外地討人喜愛。當初她和母親每逢喜慶，要用紅紙剪成各種圖案裝飾敬神祭祖的供品，想不到還在私塾入學的弟弟站在一旁仔細觀察，很快就學會如何剪，效率又高，還幫著分擔大部分的剪紙任務。記得姐姐結婚前的幾個星期，顧維鈞看到她在房間裡忙著給姐夫趕繡各種衣物飾品。有一天，趁姐姐下樓吃午飯的一會兒功夫，小傢伙悄悄地溜進去，拿起姐姐的活兒匆忙把它繡完。要不是事後他親口說出，姐姐又親眼看了弟弟穿針引線的熟練示範，家裡人還以爲是仙女下凡繡的呢。此後一段日子，因爲父親要把弟弟送進一所家館念書，但他待了一天就不想去了。逼迫無奈之下，顧維鈞想到逃跑，但到底還是被怒氣沖沖的父親抓了回家。顧維鈞記得，那天一到家，他掙脫開父親的手，鑽到姐姐房裡反鎖了門。當父親追上樓來，庇護他的姐姐連忙衝出去攔，結果父女倆撞了個滿懷，一對心愛的耳環打碎，翡翠落了一地，姐姐一下子傷心得哭了，見此情形，父親也就不再追究下去。雖然顧維鈞後來還是回到原來的私塾，但怎麼也高興不起來。弟弟滿臉愁苦的樣子，讓姐姐看在眼裡，也疼在了心裡。此時新婚不久的她，在丈夫面前說起此事，要他爲弟弟想想辦法。終於，在姐夫的勸說下，顧維鈞隨同進了英華書院，即使後來同時考上聖約翰書院和南洋公學，但在姐姐的極力建議下，還是讓顧維鈞和姐夫一起到聖約翰去，姐姐的話說得很實在，弟弟還小，需要照顧。

凡此幾則家庭生活細節，已可見出其姐弟情誼。

說到大哥顧敬初，更是顧維鈞念念不能忘懷的。

一八八一年出生的顧敬初，也許是年齡上的關係，較之於他的幾個小弟小妹，當然多了一份老成和穩重，而在弟弟妹妹中間，他對小弟顧維鈞有著格外的庇護和照顧，顧維鈞也一向把大哥當成自己的顧問。每每遇到什麼不順心的事，他總樂意找大哥幫忙設法，兩個人的關係因此顯得尤爲親密。

不過，隨著近代社會的新陳代謝，隨著兄弟倆各自人生道路的漸次展開，分歧總是不可避免。在當時的社會風氣、歷史潮流面前，顧維鈞出了國、留了學，比起兩個哥哥和姐姐妹妹，應是顧家那一輩中最有幸的一個了。接受西方教育的弟弟，與從未跨出國門一步的大哥間，豈能沒有一些觀念上的差異？

最明顯的例子，莫過於反映在顧維鈞的第一次婚姻上。

那是一九〇八年的夏天。正在美國哥倫比亞大學留學的顧維鈞，本想利用暑假回來探親的，沒想到終於拗不過父親的意願，履行了一樁包辦的婚姻。

在此之前，顧維鈞不是沒有反抗，不是沒有明確的拒絕。但就在他與父親各執己見、弄得兩相煩惱之際，大哥的出面勸駕，從某種意義上最終動搖了他的初衷。

也難怪大哥的一片苦心。眼看著發生在父親與弟弟之間的矛盾不斷擴大，顧敬初當然不可能無動於衷。既爲長兄，他不會不理解小弟的苦惱；既爲長子，更需要他體諒和分擔父親的苦惱。

就在顧維鈞當面拒婚，以致父親惱怒之下拒絕進食的第二天一大早，大哥很快地來找他了。事情發展到這一步，做大哥的覺得該和小弟好好談一談了。

這是兄弟間一次推心置腹、坦誠佈公的交談。晚年顧維鈞對當初大哥與他的談話有過這樣一段回憶：

他的論點是，如果我堅持我的個人願望，那就會使我父親更加苦惱，實際上是使他晚年不快。他說，要是老人繼續拒絕進食，誰也不能預料會發生什麼後果。萬一發生什麼事，我將如何自處？我哥哥理解我的想法，但並不完全同意。他認為我過於自負，看問題過於西方化。我想要這樣那樣，這都是對的。但是他認為我不能太自私，不能不顧父母和家庭的願望而一意孤行。

從大哥的角度看，顧維鈞為自己的前途和事業著想，這是可以理解的；但也該理解老人的心情，他所做的一切，還不都是為了自己的兒女好?!試想，父親在太平天國造反後白手起家，一生經歷了很多困難，經過極大的努力，才達到目前這種使人羨慕的地位，那麼，兒女成長之後理應讓他老人家安度晚年。

言談間，既有一份理解，也不無責備。

那一刻，雖然顧維鈞仍不時為自己的想法努力辯解，但也許正如大哥所說的那樣：「我們畢竟都是中國人。」自己的固執態度，不僅僅關係到父親的名聲，也會影響到女方的家庭；既然雙方家庭在社會上都有名望，如果一味為自己著想，那就很不好了。經此勸言，顧維鈞不能不看到事情的另一方面，設身處地爲父親著想，爲家族著想，大哥的話說得合情合理。既然這樣，顧維鈞終於很不情願地作出違心的決定。

那麼，爲此事，能怪罪大哥嗎？顧維鈞當然不會。就像他後來說的，大哥是個中間派，顧維鈞能體諒大哥的用心。換了他處在大哥的位置上，可能也會有一樣的想法。看來，觀念上的差異確實難免，但它並未因此疏遠兄弟之間的感情，這段不愉快的往事也從來沒有在他們之間投下任何陰影。

從顧維鈞和夫人黃蕙蘭各自的回憶錄中，我們還可以得知，自他父親顧溶去世後，大哥顧敬初成了顧家的「家長」。按照父親所立遺囑，顧家財產，包括房地產和存款，兄弟三人各得一份。由於工作關係，屬於顧維鈞名下的那份遺產，平時一直由大哥掌管，什麼時候想用來貼補，顧維鈞就與大哥聯繫，請他寄匯。黃蕙蘭淸楚地記得，一九二二年，當她和顧維鈞新婚之後第一次回國，丈夫就急切地帶著她去上海看望親人。那天甫抵碼頭，二位夫兄就已守候多時，並且事先爲他們悉心安排了住處，夫兄們還親切地叫她「三太太」。

對顧維鈞來說，常年駐節海外，眞可謂「獨在異鄉爲異客，每逢佳節倍思親」。他與老家的親人們總是聚少離多，思鄉懷親之感也就十分自然了。所以，每次回國度假，或在國內任職，他總要設法去上海探親，和全家人團聚。再說孩子們在上海聖約翰附中讀書期間，顧維鈞夫婦倆遠在國外，生活上當然少不得哥哥們的照顧。據說，顧維鈞的二子顧裕昌、三子顧福昌，名字還是大哥取的呢。一個「裕」字，一個「福」字，連同顧維鈞長子顧德昌名字中的「德」字，正包含了大哥對姪子們殷切的希望。

大概是受了叔叔顧維鈞的影響，也得了叔叔的熱心照應，顧維鈞的幾個姪兒如顧應昌、顧海昌，也先後來到美國學習或工作。顧應昌讀了哈佛大學經濟學系的哲學博士，又一度任聯合國遠東委員會的技術顧問，後來在密西根州立大學從事教學工作。每逢節假日，姪兒總會攜全家去看望他，叔姪之間暢談政事，交流親情。

根深葉茂。

家族中的兄弟姐妹，猶如根系上長出的枝枝葉葉，各展姿勢，各具定位，都有自己的生活軌跡。可惜有關顧維鈞哥哥和姐妹各自家庭成員及其人生事業，由於缺少這方面的資料，我們基本上無法知曉。不過，以顧維鈞在中國外交界的聲望，無疑是他們心中的驕傲。至於在此間顧維鈞所遭遇的一切榮辱，無論順境或逆境，無論讚譽或毀譽，自有他們同其樂亦同其憂的心手相應。

日本人的眼中釘

冤家路窄，狹路總相逢。

從顧維鈞民國初年投身於外交界起，日本人已發現，這位年輕的中國外交官正越來越與自己過不去了。

當然，這一切本來都是因日本的胡作非爲引起。

最先是在山東問題上。當初日本以支援袁世凱稱帝爲誘餌，逼簽《二十一條》密約，沒想到顧維鈞以中國外交部的小小參事身份，與美國公使館頻頻接觸，還不斷地向新聞界透露消息。等到日本察覺之後，以限制參加談判代表人數爲由，迫使中方把顧維鈞排除在外，但如何能阻止他在幕後參與戎機？風聲走漏，密約不密，各方輿論關注之下，使日本陰謀未能全部得逞，而對顧維鈞的敵視也就隨之而起。

雖然此事暫告一個段落，但問題還沒有結束。及至巴黎和會上日本別有用心地提出山東問題，但有顧維鈞事前的深謀遠慮，便有了遇事後的胸有成竹，從容不迫的即席演說，以及隨後遞交和會的一份份說帖，簡直就把日本人的醜行當著世人曝光，衆目睽睽的場景裡，讓它極度狼狽，幾乎顏面喪盡。直至日本近乎歇斯底里地要賴威脅和會答應它的無理要求，又是顧維鈞作爲中國代表團後期的實際主持者，竟來個拒絕簽約，山東問題的解決也成懸案，留下後遺症。

終於，到了華盛頓會議召開，舊事重提，卻已今非昔比。

正如巴黎和會上顧維鈞所預料的那樣，中國拒簽的結果，雖使自己一度處於困境，但此舉已廣爲世人矚目，一方面，它使日本自以爲唾手可得的東西變得沒有合法的繼承權；另一方面，也使人們對美國總統威爾遜旨在維護國際聯盟的努力大失所望，這種失望不僅來自中國人民，也來自美國朝野上下。

確如論者指出，當初威爾遜在巴黎作出犧牲中國利益而讓步於日本的抉擇，與其說是美國政策的變化，不如看作是威爾遜本人在其全球戰略與對華問題關係上的判斷失誤。據說，當威爾遜發覺國會對和約表示強烈的反對情緒，曾一度提出調停辦法，促使日本在和會之外作出退讓，促使中國補簽。而日本此刻急於要在巴黎得到各國對其特權的承認，並要商得一種中國同意的方案，爲此發表宣言，稱今後將膠州灣租借地全部歸還中國，稱它在山東取得的只是「經濟性質」的權利。但中國政府要求它明確承諾歸還的確切期限，日本卻又拒絕寫下任何書面文件。爲此，當美方就和約補簽一事前來勸說時，顧維鈞愼重表示：山東問題關係重大，如無確實保證，實難簽約。同時，他又電告政府，德約既經拒簽，只有付諸國聯，請求公允判決，此時無論如何不宜補簽，以免給人話柄。顧維鈞認識到，由於山東問題已成爲美國的政治問題之一，從參議院與政府的矛盾，以及一九二〇年即將面臨的美國總統大選來看，中國再等待一些時間，靜觀國際形勢進展，比接受某項不利的解決方案要明智些。正爲國內外輿論所困而猶豫不決的中國政府，最終接受了顧維鈞的建議。

後來的事態發展，果然對中國有利。

由於日本毫無誠意接受調停辦法，且中國堅持拒絕補簽，更加劇了美國參議院反對和約中山東條款的情緒，美國國會終於以壓倒性多數通過否決和約的保留案。事實上，經過一次大戰期間日本對中國和太平洋地區的勢力擴張，日本已經成了美國在遠東推行門戶開放政策的主要障礙。作爲戰後世界頭號經濟強國的美國，爲謀求建立它在東方的霸權，當然不能容忍日本獨霸中國的企圖。隨後，當共和黨候選人哈定在大選中獲勝，新政府發起國際會議，亟待把因山東懸案而日趨嚴重的遠東問題作爲它的首要任務之一。

爲削弱和抑制日本，美國已不再像巴黎和會那樣取悅於日本人了。

再說對中國而言，因山東問題未能在巴黎和會上獲得公正合理的解決，廣大民衆對華盛頓會議寄予極大希望。政府隨之派出由一百三十名成員組成的龐大代表團，社會各界人士也紛紛成立各種聲援組織，一致要求收回主權。而在此前，已從駐美公使調任駐英公使，同時兼任國聯行政院中國代表的顧維鈞，雖說到倫敦已有一年，但他除了在國聯中負責的工作外，最關心的仍是山東問題，特別密切關注著美國對遠東、對中國問題的政策和態度。早在會議醞釀期間，顧維鈞已向政府建議，中國與會的提案內容應包括：(1)要求各國擔保尊重我國主權乃領土完整，以杜外患；(2)要求廢棄條約上各種不平等之束縛限制，俾得自由發展；(3)申明贊成各國在華工商業均等主義，並願將此主義於中國全國一律遵守，不分區域；(4)宣言我國建設計畫大綱，以慰各國期望。當此之際，接到外交部邀請，正式任命他為出席華府會議的中國全權代表之一，這當然是他情動於衷、樂於從命的。

於是，趕在一九二一年十一月初，顧維鈞偕夫人黃蕙蘭一起抵達美國。

華盛頓會議有兩個主題，一是限制海軍軍備問題，它與中國並無直接關係，主要是美國希望打破英國海上霸主地位，尋求它們在海上實力對比的暫時妥協。二是遠東太平洋問題，這當然就和中國有關。看來，山東問題的重新提出，已是勢不可免。

會前，為避免處於被動境地，日本以山東問題為「特定國間問題」為理由，要求不予列入會議日程，阻止會內討論；同時照會中方，要求直接交涉。美英希望問題得到解決，又不希望在會上提出。後在美國出面斡旋下，安排在會議的「邊緣」談判，也就是在海軍裁軍會議之外，另行組織中日會議，美英則以觀察員身份列席。由此，從一九二一年十二月一日到一九二二年一月三十一日，中日雙方前後舉行了三十六次談判交涉。

三位中國全權代表中，由於顧維鈞分工負責山東問題，理所當然地成了中方的主要發言人。

雙方談判的重點是租借地和鐵路，特別是膠濟鐵路問題，更成爲其中最重要，也是難度最大、費時最久的問題。談判一開始，日本的態度就非常強硬和蠻橫，照它的看法，有關鐵路利益問題，說穿了就是只要把日本當成德國的接替者就行了，中方當然不會答應。日本表示要由中日合辦，在遭拒絕後，又將中日合辦改爲中國向日本銀行借款贖回，並要求在借款後，由日本資本家推薦日籍總工程師、車務總管和會計長各一人，企圖使鐵路行政管理權名義上歸中國，實際上仍由它控制。顧維鈞斷然加以反駁，認爲鐵路已經修好，已在營運，因此沒有貸款的必要，只存在償還的問題。他尖銳地指出：「在中國，既不需要借債，也無須用錢的時候，日本似乎急於讓中國充當日本的債務人。」堅持以償還退款反對日本的立場，堅持以現款贖路，或以發行國庫劵的辦法，十年內分期付款但三年後可一次付淸。雙方爲此辯駁良久。

但經顧維鈞既沈著應戰又講求實際的一次次談判，加上美國出於自身在華利益而對日本的施壓和調停，二月四日，中日簽署《解決山東懸案條約》及附件，規定日本在六個月內將膠州灣交還中國；撤走青島和膠濟線的日本駐軍；戰前屬德國的煤礦和鐵礦由中日合資公司經營；膠濟鐵路交還中國，由中國支付贖金。至此，日本無可奈何把它侵占的山東主權交了出來。

歷時八年的山東問題終於有了結果。

顯然，無論是巴黎和會，還是華盛頓會議，作爲中國政府委派的全權代表，顧維鈞直接參與有關國際交涉山東問題的全部過程。前前後後的無數次交鋒，無論會上會下，明裡暗內，日本人幾乎每次都要使出渾身招數，極盡死皮賴臉之相，但每次均無一例外地遭遇來自顧維鈞的回擊。在此間，不論中國政府的政策如何變化，也不論國際外交的風雲如何複雜，顧維鈞抓住山東問題不放，堅持和日本較量，始終沒有改變他收回山東主權的決心。

因此，在日本看來，顧維鈞顯然成了它在華推行擴張政策的絆腳石。

如今又有滿洲問題的告急。日本侵略者把魔爪伸向了中國東北。

此時，作爲國內外公認的反日領袖人物，顧維鈞對此情勢是絕不會無動於衷的。雖然他曾一次次地表明自己無意從政，但在謝絕了張作霖、張學良父子的堅請邀職後，仍有一次次發心忠良的建議。歷來視民族利益爲至高無上的顧維鈞怎會如閒雲野鶴，無所牽掛?!意欲從事開墾事業的同時，正以敏感的洞察力注視著東北局勢的發展。所以，當「九・一八」事變猝發，蔣介石國民政府徵召示用，顧維鈞只有知難而上之想，絕無退避卻步之念。外交是他一往情深的事業，況且是對日外交，既然你日本人沒完沒了，顧維鈞也該有始有終地奉陪到底。

與此相應，正當中日外交因滿洲問題而再度陷於僵局的關鍵時刻，聞知中國政府任命顧維鈞爲外交部長，日本當局惶恐不安極了。雖然有關公告發至日本使館後，日本駐華公使很快地前來表示祝賀，但也不過是國與國之間例行的禮節性會見。有意思的是，據說就在顧維鈞結束會面準備送客時，日公使從口袋裡掏出一封特別信件，原來是時任日本總理大臣兼外相幣原男爵轉來的私人來函。顧維鈞與他曾在華盛頓會議期間相處過一段時間，爲山東問題交過手。既爲老相識，對方免不了以老朋友的口氣表達一番良好祝願。談到滿洲問題，信中表示自己盡可能爲促使問題得以公允解決而努力，同時又說明本人在國內面臨的困難和壓力。言下之意，來信中的建議並非代表官方意見，只是他個人的主張，要求顧維鈞不要外傳。看來此番不無坦誠的好意，與日本少壯派軍人的強硬對華政策並不一致。那麼，尋求切實解決辦法的個人表態，只是空論而已。作爲日本內閣政要，人家考慮的畢竟是如何爲本國謀取更多的利益。顧維鈞絕不會因此迷惑。

怨結既深，仇緒亦彌切。

一九三一年底，國聯行政院決定派人調查因日本侵略而形成的滿洲問題，第二年元月組成了以李頓（Victor Robert Lytton）爲團長，由英、法、美、德、義五國組成的五人調查團。剛辭去外長職務的顧維鈞受命爲中國代表，以中方顧問身份，專職爲調查團的工作做好各項充分準備。爲此，顧維鈞組織了一個包括政府各部門代表和不同領域的專家在內的委員會，以備就調查團可能提出的問題作出適當回答，此間，由他列出一張問題單，交由一個或幾個能勝任的人對每個問題寫出備忘錄，每份備忘錄都必須交他核准或修改，然後定稿付印。這些備忘錄，根據中日關係中的重要事件分成二十八個專題，內容所涉，既有遠至一九〇五年的中日鐵路協定書，又有近至日本侵占東三省和一九三二年在上海挑起的「一・二八」事變；包括政治、經濟、外交、文教、關稅、郵政和社會治安諸方面。每一份說帖資料翔實，條理淸晰，觀點鮮明，從多方面揭露了日本侵華的事實眞相，特別由顧維鈞親自起草的《中日糾紛問題之總說帖》，包括：(1)日本六十年來之侵略；(2)琉球事件；(3)日本在朝鮮之陰謀；(4)日俄戰爭；(5)日本併吞朝鮮；(6)日本占領膠州；(7)二十一條；(8)日本出兵山東；(9)濟南事件；(10)中國之抗議；(11)東北事件；(12)日本之藉口；(13)日本繼續活動；(14)日本食言之完全占領；(15)天津事件；(16)上海事件；(17)進攻閘北；(18)日軍進攻引起的拉夫。這是一份涉及全部問題的總備忘錄，幾乎綜述了一部日本侵華史。

在認眞研究了日本對華政策、中日關係之基礎、日本的侵略行爲與國際法及條約等問題的前提下，顧維鈞提出解決問題的基本要求，認爲：(1)遵照國聯決議，日本必須立即撤軍；(2)中國制訂與履行保護日本公民財產的一切合理條款；(3)恢復中國東北政權，由中國政府依法任命的官吏執行其事；(4)公平解決日本侵犯東三省、天津、上海及其他各地的責任與賠款問題。

等三月中旬調查團抵達黃浦江畔，並隨後爲之舉行的歡迎會上，身爲中方代表的顧維鈞表示，現在處於過渡時期的中國，正致力於改造自己的國家，但由於外敵入侵，嚴重阻礙了政府的行動。爲此，他建議調查團透過實地考察和進一步研究，瞭解「九・一八」事變以來中國人民羣情激昂、民氣憤慨的原因所在，希望調查團胸無成見，以公平眼光觀察中國，使國聯眞正貫徹其保障和平、制裁侵略的宗旨。三天過後，顧維鈞便偕同從戰區開始調查，包括閘北、江灣和吳淞等處。在那裡，日本爲轉移國際視聽，預謀發動「一・二八」事變，燃起新的戰火，因此激起駐滬國民黨第十九路軍的奮起抵抗。此時，淞滬戰場雖告暫停，但已成焦土的戰區硝煙未散，破壞情景令人慘不忍睹，給顧維鈞留下深刻印象。緊接著，他又陪同調查團先後去了南京、蕪湖、九江、漢口、濟南、天津再到北京；隨此而後的目的地便是深入東北地區展開實地調查。

但是，說來似乎令人難以置信，身爲調查團中方顧問，顧維鈞的隨行竟然成了爭論的問題，竟然遭到日本方面的無理拒絕。

其實，似怪也不足爲怪。從山東問題到滿洲問題，顧維鈞出手不凡的外交才能，已使日本當局多有領教。對顧維鈞，日本人越來越不能容忍了。滿洲如今已在日本軍隊控制之下，憑顧維鈞一貫與日作對的言行，他們能輕易放行嗎？

從日本當局傳來的消息顯然是令人震驚的，聽說顧維鈞要陪調查團去滿洲，日方迅即以滿洲形勢嚴重爲由，揚言不能保證其人身安全，反對他隨同前往。由日本在三月一日一手炮製，挾持溥儀一夥袍笏登場的僞滿洲國，也以所謂「主權國家」的名義，致電南京政府外交部，聲稱顧維鈞入境，「雖保母與不呈之徒種種機會，為將來雙方親善之阻礙，應請貴部長妥為設法，勿使顧氏一行東來，免滋意外」。一時間，恐嚇之聲接連不斷。

出於對顧維鈞的安全顧慮，不少中外同行友人紛紛勸他免去此行。一天，兩位來自法國和比利時的駐華公使，分別以私人身份來到顧宅，拜訪顧維鈞夫人。他們要她轉告顧維鈞，不要去東北，否則生命會受到威脅，因為他們從本國駐東京大使館得到可靠的機密消息。作為顧維鈞夫婦倆的好友，他們此來目的就是勸他不宜去滿洲。在他們看來，顧維鈞是對中國的將來會發揮重大作用的年輕政治家，不應為此去冒生命的危險。談話間，夫人深感來者的善意和真心。因此，把這些話告訴丈夫後，她也勸顧維鈞千萬要慎重考慮。實際上，夫人比任何人更要為他擔憂。

在此赤裸裸的威脅面前，顧維鈞並沒有屈服和退縮。他向國聯代表團李頓團長和南京國民政府明確表示，自己將不顧個人安全，堅決履行職責。此行，他是鐵了心了。作為中方顧問，既然不能像日本顧問那樣隨團走遍中國各地，心頭湧起的憤怒更激發他無畏無懼的鬥志。但此時報界和政府部門，卻還在為他是否情願陪調查團去滿洲而多起猜疑，顧維鈞當即給新任外交部長羅文幹發出一封長電，電文說：

如果我的生命遭到任何不測或者為國犧牲，我認為那是極大的光榮。……作為中國代表，那是我的應盡之責。我早就決定獻身於中國的事業；在執行職務時，我自己就像任何一名被召喚去為國戰鬥的戰士一樣，義無反顧。

且再看他四月十二日接受日本記者採訪時，有如下一段一問一答的對話：

問：對於長春來電，所謂滿洲國者拒絕中國代表顧維鈞博士入滿之舉，態度如何？

答：中國遵照上年十二月十日國聯行政院決議案，任命代表為調查團之參加員，與日本政府任命代表為參加員，其情事相同，兩方參加員均為國聯調查團份子。故委員會李頓爵士前曾聲明對於任何參加員赴滿之拒絕，將視為對於調查團全體之拒絕。

問：今日已有滿洲國存在之事實，是否為調查團及顧代表所知悉？

答：中國對於所謂滿洲國之存在，未經正式承認，所稱由長春發往南京之電報，業已退回發電地點，調查團亦不承認此種政治組織。調查團之目的，在調查滿洲國之整個情形。尤其關於上年九月十八日以後之舉動，自「九・一八」以後所發生之事變，連同所謂滿洲國在內，均在調查範圍之內。

問：顧代表將不顧可以料見之危險，毅然赴滿？

答：在任何情勢之下，代表有偕同赴滿之必要。關於調查團全體之安全問題，據鄙人所知，委員團業已向國聯報告，國聯當然對於東方所派委員之安全，有適當之處置。

問：執事既不承認滿洲國之存在，然則關於調查團之安全，據執事見解，是否應由日本負責？

答：中國並不準備令日本負責。對於安全問題，將為如何適當之處置，應聽由國聯決定並執行之。但滿洲既為中國領土之一部分，故國聯如不能籌有適當之辦法時，中國自必於全體調查團入滿時，周密派隊護送。

問：謠傳此次滿洲國拒絕中國代表之舉，係有日本之背景，執事之意見如何？

答：此次之舉動，背景如何，鄙人並不重視，因日本與滿洲種種活動之關係，將為調查團徹底調查之一。

問：調查團將如何入滿？

答：調查團將乘車入滿，至調查團願於任何處下車調查，該團有此完全職權。

這份無畏無懼的獻身精神，無疑感染了調查團的大多數成員。李頓團長表示完全理解和同意顧維鈞的心願。對於日方出此卑劣之舉，他也同樣深感不滿，於是正告日方，如果顧維鈞不能進入滿洲，調查團也將取消東北之行，而且，日本政府的義務是不但要保證調查團成員的安全，還要保證陪同調查團去滿洲的中國人士的安全。以此迫使日本當局勉強作出讓步。

「明知山有虎，偏向虎山行。」看來顧維鈞此行凶多吉少，一路險情已是不可避免。

正如事先被告知的那樣，日本不能保證顧維鈞的安全。當然，不是不能，而是不願。現在，報復顧維鈞的機會終於來了。

起初，當中國政府爲調查團準備的列車要通過山海關進入滿洲時，日軍就故意製造麻煩，先是不准列車通過，即使允許調查團經陸路進入，也不讓顧維鈞通過。爲此中方不得不臨時改派一艘驅逐艦走海路，將顧維鈞和調查團部分成員送到葫蘆島，然後由大連登陸。進入瀋陽後，僞滿洲國竟聲稱，如果顧維鈞和其他中國隨員離開南滿鐵路區域而強行進入吉林和哈爾濱，將採取斷然手段，以「侵犯滿洲國主權，擾亂治安」爲由，加以逮捕和重懲。這當然又是日本人操縱下的鬼把戲。

調查團一到東北，顧維鈞便發現自己處在日方的嚴密監視之中。比如說從瀋陽到長春，顧維鈞每到一處，經常有兩、三個密探盯著他，尾隨著他。他上廁所，有人跟到門口；他去吃飯，有人守在外邊。甚至未經許可擅自闖進他的房間。到了吉林後，日方給調查團其他成員均備有汽車，唯獨顧維鈞和他的秘書，被留在車站外面，只得自行解決。待到爲調查團設宴款待，顧維鈞雖在邀請之列，但沒有一個日本人理他，好像完全沒有他在場似的。在給張學良並轉南京當局的一封電報中，顧維鈞對當時遭日人橫施脅迫、處處阻撓的境遇，殊爲憤慨。據他稱，調查團在瀋陽時，備受日警監視，華人來訪者被捕，往見者被阻。抵長春後，被監視得更嚴，即便外國顧問出外，亦有便衣日警強制同車，車後復有電驢（機車）相隨，寸步不離，形同押解。

監視了一段時間之後，暗藏殺機的日本人要進一步動手了。

事情發生在顧維鈞隨團來到哈爾濱期間。

一天清早，有位當地警官悄悄找到顧維鈞的隨從，要他轉告顧維鈞當天別去公園散步。因爲據他所知，幾個日本兵已決定在那天行刺。顯然，顧維鈞每天下午到公園走走的習慣，已被日本情報人員跟踪發現。得此消息，顧維鈞不覺意外，因他知道日本人密謀暗殺並非不可能之事；早把個人安危置之度外，顧維鈞當然無畏懼心理。但他疑心，光天化日之下，日本人恐怕不敢輕舉妄動，果眞要這麼幹，顧維鈞反倒有了一身孤膽。於是，當天下午，他照常不誤地約了三五好友來到公園。邊走邊留意，顧維鈞不無奇怪地看到三個學生模樣的中國人正試圖接近他，等到彼此走近，突然間有四、五個日本人從不同方向跑過來，不由分說地把三個中國青年當場帶走。原來他們的暗中保護，破壞日本人的行刺計畫。顧維鈞因此免遭毒手。

置之死地而後快。意外失手的日本人肯定不會放過他。

就在調查團按原計畫準備前往齊齊哈爾時，日方先是極力阻止，一再聲稱無法保證顧維鈞的人身安全。與此同時，他們又在鐵路沿線某地段安放炸彈，一旦調查團的列車經過，在規定時間內將顧維鈞所坐車廂引爆炸毀。所幸當時調查團因故放棄此行，日本人的暗殺預謀再次破滅。據說，此事還是很久以後，一位曾被指令參與行動的中國站長親口告訴顧維鈞的。不過他也說了，當初他拒絕執行命令。

一路險象叢生，一路化險爲夷。滿洲之行使顧維鈞確信，東北人民除了極少數和日本有特殊利益的人以外，大都反對日本人，可以說百分之九十九・九都是反日愛國的。

在瀋陽，顧維鈞就收到不少信件，對交給調查團的滿洲官方請願書內容多有譴責。其中的一封信上說：「你可能會在請願書上找出我們的簽名，但是我們是被日本人強迫簽字的。我們的眞實感情表達在這封信中。」在吉林，有人給顧維鈞隨從的一張條子上寫道：「我們在請願書上向調查團所說的話是日本人口述的，我們並不同意。」顧維鈞所到之處，類似情況遇到過好多次。來到長春，顧維鈞透過旅館三樓的窗戶看到，日本特務爲了製造假相，強姦民意，驅使一些中小學生向調查團遞交支援「滿洲國」的請願書，逼迫每人手持一面「滿洲國」紙旗或一面日本旗，喊些「滿洲國萬歲」之類的口號。但是這些人臉上不但無精打采，而且無不流露一種悲憤之情。再來到哈爾濱，當時正在松花江邊堅持與日軍抵抗的馬占山、李杜所率東北軍，很快派人前來和他取得聯繫，並告訴他，中國軍隊要和日本人戰鬥到解放東北爲止。他們要調查團知道，東北人民絕對不願在日本傀儡的統治下生活。甚至還有一位在僞滿政府當差的下層職員，半夜裡找到顧維鈞，表示他們身在僞滿，心向中國。在當時調查團收到東北各界人士的一千五百五十件書信中，除兩件外，其他各件均對僞滿洲國和日本人深表仇視，要求國聯主持公道。

從東北人民的悲憤表情上，從青年學生的護衛義舉中，從每到一處透過隨從及藉助西人暗通所取得的信件裡，從與商會、銀行公會等團體和士紳代表的接觸中，也從日本人隨時隨地的威脅、甚至謀害的企圖裡，顧維鈞足以瞭解事變的眞相，掌握了日本侵略東北的種種罪證。國聯代表團成員，也在透過對東北不同地區、不同階層的調查訪問後，不得不承認，日本人所謂「滿洲國」是由中國人倡議成立的論調，完全是一派胡言。

結束了這次幾經險阻的東北行旅，顧維鈞終於平安地回到北京。一度擔憂的家人和朋友們都爲他鬆了一口氣。但在六月二十日的北京各界慰勞會上，顧維鈞說得很明白，東北錦繡山河，如今淪喪日軍之手，雖有馬占山等義軍以一當十，奮勇抵抗，但人少力薄，無濟於事；多數民衆又手無寸鐵，以幾萬日軍統治三千萬民衆，其故何在？顧維鈞顯然無法輕鬆起來。

匆匆此行，心情沈重，親眼目睹了日本在中華國土上爲非作歹、爲所欲爲的一幕幕，他感到深惡痛絕。「你們日本人在東北都幹了些什麼?!」顧維鈞無論如何要讓眞相大白於天下。

其時，因爲決定還要去日本再作調查，國聯代表團的行程至此尚未結束。照理，顧維鈞也該像日本顧問一樣，隨團赴日。但這顯然是不可能了。不難設想，此前滿洲之行就遭百般刁難，日本之行還能指望嗎？顧維鈞甭想了，日本政府一口回絕了他。想必，顧維鈞本來也不抱什麼奢望。

那麼，還是走著瞧吧！

回到北京後，調查團基於收集到的大量資料，準備起草調查報告。顧維鈞隨即把在東北實地考察時收到的各種通信、備忘錄和請願書，連同此前的各項說帖一一送交調查團，並應邀審閱報告的主要結論，提供個人建議，闡明政府立場。與此同時，針對國人對國聯抱有過高的希望，七月十六日，顧維鈞在致汪精衛電文中認爲，鑒於日方態度無可理喻，中國政府亟應設法自救。除了在外交軍事方面積極備戰，尤以經濟抵制亟待努力。同一天，他又給《申報》總經理史量才和中國職業教育社黃炎培去電，請他們與國內商界領袖密籌辦法，團結一致，以期在經濟上對日本施壓。

不久之後，顧維鈞被任命爲駐法公使，並兼任國聯特別大會的中國代表，處理中日爭端。這麼一來，對顧維鈞而言，日本是擋也擋不住，躲也躲不了了。中日雙方面對面的衝突將再一次不可避免。

畢竟父老鄉親

歷史，往往有它動人的情節和畫面，值得後人加以定格並且回味。

一九三一年的冬天，來得似乎特別早，去得又特別晚。已是一九三二年的早春季節，遍野草樹仍是一片凋零，滿眼蕭索。但遭「九・一八」事變和「一・二八」事變的連綿戰火，中華民族更是山河破碎，滿目瘡痍。

煎迫日急的民族危機，成了擺在國人面前一個生死攸關的主題，它召喚起每一個有良知的中國人，與時代同呼吸，與國家共命運，縱然年齡有大小，身份有差異，倘若同心協力，同仇敵愾，各顯身姿，各盡其能，強大而持久的民族凝聚力終能化作生生不息的精神泉源。

在此當兒，顧維鈞以中國外交官的身份再度肩負起中日交涉的使命，他的一言一行、一舉一動，理所當然地引起人們的注視。其中，既有來自日本人的仇視，更多的則是國內民衆的廣泛關注。

這裡，引起我們特別興味的是兩位愛國之心老而彌篤的前輩長者，他們幾乎不約而同地向顧維鈞投去了冷峻而深情的審視目光，這目光裡，寄寓著他們對國事的憂心關切，對晚輩的眞心愛護。

於此，先來摘錄一份顧維鈞一九三二年三月二十三日發表在《申報》上的函件：

相伯先生有道：違教日久，時切馳思。頃奉臺函，敬承壹是。老成謀國苦衷，躍然紙上，循誦再四，佩仰彌深。維鈞愛國之心，未敢後人，歷來辦理外交，咸以維護國權、保全領土為主旨，諒在洞鑒。此次所稱之滬上停戰會議，雖承當局以首席代表相屬，但已送電辭謝。辱荷關垂，至紉盛誼。特此奉復，諸祈臺察為荷。專布祇頌道安。顧維鈞拜啓。

原來，這是顧維鈞寫給著名教育家、愛國老人馬相伯先生的一封回信。

說起馬相伯，無不爲衆所欽仰，更是當時包括顧維鈞在內的年輕一代肅然起敬的碩望耆老。一八四〇年，馬相伯生於江蘇丹徒。伴著鴉片戰爭的炮聲成長的他，自十二歲獨闖上海，入法國天主教會所辦依納爵公學（後改徐滙公學）讀書，直到在耶穌會大學院取得神學博士爲止，歷十餘年。一八八一年起隨駐日公使黎庶昌赴日本，先後任使館參贊和領事。不久奉李鴻章之召，一度赴朝鮮襄助辦理新政。回國後負責調查輪船招商局帳目，還輾轉到過歐美各地參觀考察，深知非充實國力不能雪恥圖強，非有基本建設不能充實國力，因此屢以建設之策上陳當局，但始終不見採納。一八九八年，維新派領袖梁啓超曾特邀他主持籌設譯書局，旋因變法失敗而止。痛感淸廷內政失修，外患日亟，六十歲的馬相伯乃辭官南下，回上海主持天文臺事；並與胞弟馬建忠一起，以西洋文法釋中國古籍，合著《馬氏文通》，成爲我國第一部系統的漢語語法著作，轉入世紀初的一九〇三年和一九〇五年，懷抱了教育救國多年理想的他終於不惜毀家興學，先後創辦震旦學院和復旦公學（今復旦大學前身），以此培育英才。民國建立後，老人應敎育總長蔡元培之請，一度代理北京大學校長，兼總統府高等顧問。此後歷任北京政府參議院參議、參政院參政、平政院平政等職。直到袁世凱欲行帝制，老人忿而辭職。從此，在上海徐家匯土山灣孤兒院的紅樓一角，暫避塵囂，過著似乎不問世事的隱居生活。

但從早年當神甫、辦洋務、搞外交、建學校，並埋頭譯著，以老人遭逢國難、飽閱世變的人生歷程，始終有著祈望國家民族強盛的熱心。如今日寇侵占東北，又進犯上海，眼見國難深重，民不聊生，老人義憤塡膺，以衰邁之體，終於再一次登臺亮相，怒作獅子吼。

再把話題回到開頭。

雖說筆者一時未能查到馬相伯致顧維鈞的信函，但證諸他們兩人在此前後的言行出處，以及顧維鈞備至崇敬之情的回信，我們仍可知其大概。

要知顧維鈞和馬相伯的年齡，兩人幾乎相差了將近半個世紀。當初老先生創辦震旦和復旦兩校的前後幾年裡，顧維鈞還不過是一個在校求學的小輩。由於入聖約翰書院讀書，繼則赴美留學，老少之間當然無緣交臂。但自民國初年顧維鈞進入總統府任職，想必對這位老成耆宿自當心生仰慕之情。此後，從巴黎和會到華盛頓會議，以顧維鈞臨事以勇，多有參與折衝的出色表現，成爲民國外交舞臺上的後起之秀。馬相伯對此概也同樣不無後生可畏之感，回想自己早年隨李鴻章助理清廷外交，目睹中國對列強處處屈辱退讓，對弱國時時妄自尊大，而外交官不懂外情所引起的笑話，更是令人齒寒。如今年輕一輩出洋歸來，受過良好專業訓練，後來者居上，終是民國社會的一大進步，但是弱國無外交，老人是有切身體會的。

眼下日寇悍然侵華，東三省半壁山河幾近淪喪。在此事關民族生死存亡的關頭，當本有退隱之心的顧維鈞再次出征外交戰場，已息影上海殆逾十年的馬相伯一樣地不再隱忍坐視了。爲共赴國難，來自他們內心的那份義不容辭的責任感是一脈相通的。

就在全國人民爲「九・一八」事變致哀的一九三一年十月二十三日，九旬老翁發表〈爲日禍敬告國人書〉，呼籲全體國民各抱決心，「自贖自救，羣策羣力」，隨後主張抵制日貨，動員爲抗日將士募捐。在當年十二月的一篇〈泣告青年書〉中，老人對政府當局不謀自助，只是一味依賴國聯和英美法等列強調停的做法，多有指斥，認爲求助結果不過與虎謀皮，自取屈辱而已。由此，對當時因提出錦州中立化計畫而遭廣大民衆抨擊的顧維鈞，老人一樣地多有疑惑，一樣地不能理解其何以所爲？但爲國事計，由老人家發起組織的江蘇省國難救濟會，在他領銜下，以鄉誼起見致電顧維鈞，電文曰：

南京外交部顧部長鑒：公以外交專家，臨危受任，全國國民均以最善折衝之策望公。近見報載，施代表（筆者按：即施肇基）在國聯贊成錦州為中立區，天津交各國共管，想公事前當有聞知。此事無論久暫，實開國際惡例，敢以鄉誼奉勸，公如堅持國際正義，對政府損害國權之議，以去就爭，國人必為後盾。設經依違，鑄成大錯，公何以歸慰鄉人？尊旨如何，敬盼電復。

同在電文上署名的還有七十六歲的武進趙鳳昌、七十五歲的泰縣韓國鈞、六十八歲的吳縣沈恩孚、六十七歲的太倉唐文治、六十六歲的常州莊蘊寬、六十五歲的吳縣張一麐，以及川沙黃炎培、蘇州李根源、嘉定徐鼎康等，皆爲江蘇一時名宿耆老。

面對家鄉父老如此情眞意切的勸電，顧維鈞當然不會無動於衷，且看他的回電：

支電敬悉。誠勉殷拳，曷勝感悚，猥以菲材，服務外交，夙旨所在，保衛國權，一息尚存，矢志不懈。邇來受命危難之秋，益懷興亡有責之職。關於錦州問題，已詳政府致施代表訓令。關於天津問題，亦見外交部發表之消息，今日均已披露報章，諒荷栽鑒。此後自當繼續堅持國際正義，誓挽狂瀾，盡瘁鞠躬，奮鬥到底。倘竟事與願違，唯有引身而退，絕不負公等之望，而貽父老羞也。辱荷教督，敢布愚枕。顧維鈞魚叩。

正如前面章節所示，顧維鈞心之所繫，自有作爲外交家的孤詣以求，錦州中立化的建議，乃是情急下的臨時辦法，目的在牽制日軍，破其進攻錦州之謀。既然此計不得人心，事難可爲，顧維鈞只有引咎辭職。但在卸職後，顧維鈞仍繼續關注著事態的發展，仍努力爭取國際輿論的支援。

當「一・二八」事變發生後，身在上海的顧維鈞被指派爲國聯調查團中方代表，再度成爲受人矚目的焦點人物。馬相伯當然一如既往地注視著顧維鈞的立場和態度。顧維鈞再次收到老人的來信，應在李頓調查團來華，最先協定中日上海停戰談判的時候，馬相伯字裡行間免不了又一番語重心長的勸勉之語。就如他當時和報界記者所說的，自己老了，希望年輕人多替中國爭氣，多做些有益於社會的事。老人家的來函，既是對顧維鈞的愛護，也是對他的期望。所以，顧維鈞的回信，在對老人感佩之餘，少不了再次表明自己的心跡。其實，他也是要讓老人家放心，顧維鈞知道自己該怎麼做。

無獨有偶，正當國聯調查團來華，有關顧維鈞的滿洲之行遭日方抵拒並引起各方爭議之時，又一位剛從上海趕往北京的老人，也正關注著事態的發展。

他就是可稱執近代思想文化界之牛耳的國學大師章太炎。

一九三二年四月十七日，時年六十五歲的老先生來信了。信是這樣寫的：

少川先生足下：日人無賴，嗾使偽滿洲政府拒絕足下出關，且以種種危詞恫嚇。聞國際調查團諸君與足下誓同進退，宣言足下不行，各調查員亦即不往。此種態度，雖似強硬，其實反墮日本術中。僕謂服務外交者，非徒以辯論壇坫，亦當稍存節概。洪皓、左懋第或囚或殺，未嘗有悔，豈徒不愛驅命而與今之奉使者異情哉，見危受命，義如是也。足下此行，為日人所忌，其極不過一死耳。犧牲一身，而可以彰日人之暴行，啓國聯之義憤，為利於中國者正大，豈徒口舌折衝所可同比耶？日人常言，日人服官者性如石，中國服官者性如綿，其言中否，既以足下行止卜之。足下往矣，慎勿朝受命而夕飲冰也。

人們一定不會忘記，這位一八六九年出生於浙江餘杭一個世代書香之家的近代思想界驍將，自幼得祖訓啓蒙，富有民族意識。青年時代從知名學者俞樾受業於杭州，前後達七年之久，因此成就了深厚的學問根底。際會於十九世紀末急湍奔湧的時代潮流，痛切於甲午戰後空前嚴重的民族危機，推促了他走出書齋投身社會，為國事奔走呼號，開始以學者兼思想家現世。從杭州到上海到東京，從斷髮以絕保皇到作書以謝本師，從積極參與維新到熱心倡言革命，從主張全國統一到支援地方自治，從一度擁袁到傾向反袁，從「辛亥」時期的高蹈奮進到「五四」後漸趨頹唐消沈，終其一生的前後思想變化，既有丰姿綽約的可貴，也有老馬失途的可惜。

年過花甲之後，老人在回流曲折、思潮跌宕的時局下，已很少公開露面，大部分時間蟄居書齋，專事著述，聊以「民國遺民」自嘲。只是，不問政治也絕不等於忘情於世。年來政情不安，外侮逼至，更至於東北淪陷，國土失守，當此國難日急，舉國悲憤的關頭，老人已無法安心學問，「九・一八」的炮聲終於再度召喚他投袂而起，重新燃起愛國政治熱情。由此，老人毅然北上，赴京會見張學良，呼籲他出兵抗日，收復東北失地。更向報界宣示：對日本侵略，中國目前唯有一戰，不戰則無路，唯坐而待亡。

此間，有關顧維鈞滿洲之行安全問題的種種議論，見諸報端已有一段時間。老人一定有些急不可耐了，他正擔心假如顧維鈞怯而不往，調查團又取消行程，豈不中了日本的圈套？所以思之再三，慨然握管。

老人當然是多慮了。臨危不懼，乃至赴湯蹈火，顧維鈞決心已定。不過，老先生字裡行間的激勵之語，也是句句說在他的心坎上。恐怕兩人雖從無謀面，大概亦不無心儀之念。想必顧維鈞讀到此信，更添了一份起敬之感。

在這危急存亡問題上，老人的來信，顯然是一種莫大的鞭策。

當我們在此把筆觸定格於這一側面，讀者必定更能領會，在顧維鈞服務於中國外交事業的背後，始終牽引著一種有形無形的力量推促。

《周易》說得好，「同聲相應，同氣相求。」際此國難當頭，多少人激發起這份聲應氣求、同振共鳴的愛國心和救國志。這就意味著，顧維鈞並不孤獨，但也絕不輕鬆。在時代的挑戰面前，顧維鈞正時時處處接受著嚴峻的考驗。

此恨綿綿

現在，顧維鈞又一次來到法國。一身幾任的他，不得不在巴黎和國聯總部所在地日內瓦之間來回奔波，異乎尋常地忙碌。

較之巴黎和會和華盛頓會議，這一回顧維鈞駕輕就熟多了。

爲了盡可能地徵詢人們對李頓報告書的意見，他既拜會各國代表，探明各方輿論動向，尋求國際社會對中國的支援；又把掌握的各種情況加以匯總分析，及時向國內提出報告和建議，以利政府作出相應對策和指示。同時還安排中方說帖的各種文本，以便散發國外；並利用收到的國內大量報導，揭露日本侵華暴行，宣傳中國軍民的抗日活動。

而且，與過去形成對照的是，此次在日內瓦的中國代表所有成員之間，大家都懷有一種爲中國事業奮鬥的心願，始終體現出團結合作的精神。以此，顧維鈞和同事們一起，得以在會內外廣交朋友，積極活動，對日本的侵略行徑展開猛烈的外交攻勢。

不過，強盜自有強盜的邏輯。

就在顧維鈞出於外交慣例，禮貌性地拜訪日本駐法大使時，對方貌若眞誠地表示，中日雙方應當早日進行談判，除「滿洲國」的存在和日本對「滿洲國」的承認兩點外，沒有不能討論的問題，甚至願就李頓報告書中關於建設中國的各點進行談判。顧維鈞當然不能容忍日方避重就輕的說法，因爲日公使所除外的兩點正是構成東北事件的核心。因此，他直言相告，調查團的報告書既已公佈，中國公衆輿論正等待著國聯討論解決辦法，如果迴避要害問題，談判顯然難有成效。對此，無理可言的日本公使照例大放厥詞，聲稱中方若以生硬態度和日本打交道，那就不會有什麼結果。

於是，從一九三二年十一月二十一日至二十八日，當國聯行政院將李頓報告書提交會議討論，中日之間便開始持續不斷的輪番爭辯。這裡，雖然不是硝煙瀰漫的戰場，但每一次討論無不充滿了濃濃的火藥味。

極盡玩弄詞藻之能事，極盡詭辯囂張之氣焰，日方代表夸夸其談，盛氣凌人，全然置事實於不顧，拒絕接受李頓報告書。面對日方無可理喻的態度，顧維鈞又一次顯示了他的高超辯論藝術，以大量鐵的事實加以駁斥。顧維鈞詳細申訴了日本大陸政策對世界和平構成的嚴重威脅，指出中國政局不穩情況於過渡階段在所難免，但日本對中國統一事業卻一再阻撓；指出中國政府和人民抵制日貨運動，正是日本的侵略引起的反日情緒。結合報告書中對中國有利的調查結果，強調指出解決中日衝突的辦法必須符合國聯盟約的基本原則，並進一步補充三條原則：一是不得鼓動侵略；二是必須賠償中國的損失；三是以日本撤軍爲談判的先決條件。最後堅決要求國聯採取迅速而有效的行動制裁日本。

常言道：事實勝於雄辯。而今證據確鑿，且有仗義執言，事實加雄辯，終於使國聯行政院不顧日本反對，通過了將李頓報告書送交全體大會的決議。

據此看來，透過向國聯控訴，以求制裁日本侵華的幻想，正在顧維鈞等中國代表的共同努力下，一步步地接近現實。接下來應當以報告書爲基礎，討論具體的解決辦法和實施措施。但事態的發展卻遠不是顧維鈞所能逆料的，最終結果注定讓他大失所望。

十二月六日開始的國聯全體大會特別會議，各小國都能團結一致，支援中國立場，明確表示接受李頓報告書，認爲它足以證明日本違反盟約，因此要求國聯採取有效的制裁行動。但英法義德四大國代表的發言與此截然相反，明顯地偏袒日本。他們強調日本在滿洲行動的特殊環境和複雜情況，因此極力提倡以調解方式解決爭端，至於對下一步如何制裁卻避而不談。換言之，各大國顯然不願對日本採取果斷行動，故而對中方要求通過一項公開譴責日本或呼籲不承認「滿洲國」的決議，他們均無興趣。

明知日本態度之專橫，立場之頑固，更有它派駐日內瓦代表的任意歪曲事實，到處散佈流言蜚語，但在大國把持下的國聯，仍一味堅持調解，那麼，這樣的調解不僅毫無希望可言，而且對中國十分有害。因爲拖延對日裁決，只會給日本爭取時間進一步擴大其軍事行動。

顧維鈞和一同前來參加國聯會議的顏惠慶、郭泰祺等同僚都急了。爲此，當國聯十九國委員會準備以決議形式起草供全體大會最後討論通過的報告，並成立專門的起草委員會後，他們立即四出活動，盡量與國聯各成員國保持接觸，特別是與一些頭面人物交換意見，重申作爲受害者的中國所持的原則立場：一，通過李頓報告書中的調查結果；二，發表一項不承認「滿洲國」和不同「滿洲國」合作的聲明；三，以取消滿洲現政權爲必不可少的調解基礎。

但是，就是上述幾乎已是最低限度的要求，英國代表除第一點表示可以接受外，認爲宣佈其他兩點是不明智的，會被日本看作是對它的威脅。客觀事實存在於此，卻又處處袒護和迎合日本之意，日本當然更加氣焰逼人了。

隨後，當中日雙方各自接到大會決議草案後，日本很快提出反對意見，一是反對不承認「滿洲國」的提法，一是反對美蘇參加調解。當初國聯有意邀請美蘇兩國共同調解爭端，消息一經證實，顧維鈞和他的同僚馬上聞風而動，從中斡旋，多方試探美國和蘇聯的態度，熱切希望得到他們的支援。但從實而言，在滿洲問題上，蘇聯的答覆似乎又取決於美國對它的態度，至於美國，雖然也有意與日內瓦合作，但它顯然持謹慎觀望姿態，不願帶頭，而是聲明必須先由國聯作出裁決後再介入調解，以便一致行動。然而，國聯事實上又拖延不決，且就是否邀請美蘇一事徵詢日本意見。那麼，既爲中國歡迎之事，豈能不遭日本敵視？美蘇既非國聯成員國，日本當然有權拒絕。最終，國聯只得遷就日本而放棄邀請。中國徒喚奈何？

歲月蹉跎。日復一日，月復一月的調解，終於仍因日本毫無誠意而步入窮途盡頭。其實，對此毫無成效的調解結局，顧維鈞從一開始就料到了。在他看來，中國之所以始終堅持與國聯合作，之所以一直沒有放棄努力，就是要在國際社會中公開揭露並明確譴責日本，然後依靠國聯的幫助求得問題的公正解決，特別是據以國聯盟約實施對日本侵略者的有效制裁。顧維鈞認爲這樣的要求不僅僅在於表明中國力圖收復失地，也在於維護國聯應有的權威。

這樣幾經無數次反反覆覆的爭取，對於中方歷時十七個月的申訴要求，國聯在調解無效之下不得不作出結論。一九三三年二月十四日，經十九國委員會通過的最終報告書草案，初步達到中國向國聯呼籲的主要目標：一是中國對東三省的主權獲得確認；二是全體會員國在法律上或實際上一致承諾不承認「滿洲國」；三是日本在南滿鐵路區以外的一切軍事行動及扶植「滿洲國」等行動均遭明確譴責。當然，這與顧維鈞預期的願望仍有相當距離，特別是它既未能要求日本立即撤軍或停止敵對行動，也沒有建議國聯會員國採取強有力的制裁措施。換句話說，這份報告書仍不過是一紙空文的許諾而已，不痛不癢，無補於實際。

還能怎麼樣呢？國聯的態度終究取決於幾個大國的立場。求助於人，還得看別人的臉色行事。既然英法列強出於各自利益權衡，要求對日本不能操之過急，那麼顧維鈞也只能默認了。好在一年多的苦心交涉，多少還有些收穫，最起碼在道義上爲中國贏得了勝利。等最終報告書投票表決通過，氣得日本代表灰溜溜地退出會場。但顧維鈞仍感到深深的不安。他看得很清楚，僅僅通過法律上的道義裁決，遠不足以制止日本進一步侵略和擴張。從外交部發來的報告可見，日軍大規模進犯熱河正迫在眉睫。如此明目張膽地訴諸新的軍事行動，表明日本根本未把國聯放在眼裡。顧維鈞爲此無論如何不能沈默。他一面提請大會切實重視這一嚴重局勢，迅速採取制裁措施；一面致電國內，敦促政府積極行動，堅決抵抗侵略。

看來，只有依靠自己的力量才能眞正捍衛國土。假如中國人不能善自努力，團結自救，又有什麼理由指望別國政府履行報告書而支援中國？對於這一點，不僅顧維鈞和其他中方代表有著強烈感受，也同樣是日內瓦的輿論普遍觀望著、議論著的問題。

那麼，當時中國政府的抗戰意義和決心究竟怎樣呢？

說來令人堪憂和痛心。與中國代表團在國聯大會辯論時所持強硬態度形成強烈對比，有關中國政府和軍隊的實際表現，不能不讓人心生疑竇，多有迷惑。

本來出征日內瓦，也在於透過外交戰，爭取國聯支援，但關鍵所在無疑取決於中國自身的意志和決心，內外呼應，方能收效。然而證諸國內情況，事實完全相反。

繼侵占東三省後，日軍進而向華北擴張，侵略矛頭首先指向熱河。一九三三年初，山海關淪陷。之後未久，熱河也被攻占。從國內傳出的最終報導總是中國軍隊的節節敗退，戰略要地的接連丟棄。將無守志，兵無戰心，或望風而潰，或叛國投敵。

一時間，人們無不驚詫莫名，各方責問紛至而來：日軍何以如此輕而易舉？中國軍隊何以如此不堪一擊？人們完全有理由認爲，既然連中國自己都不願自衛，不能自助，那麼，別國當然可以袖手旁觀，自然不願有所作爲。

面對來自各方面的輿論壓力，能讓代表團說什麼好呢？

要說在此期間，代表團始終與國內保持密切聯繫，顧維鈞當然就更不會稍有懈怠了。有關國聯討論中日衝突問題的任何情勢變化，他都隨時電告外交部，以便請示政府決策，也以此瞭解和掌握國內的形勢發展。

就在初到日內瓦後不久，即有傳聞國內地方軍事實力派集團在日本煽動下交相爭戰，內亂正酣。爲此，顧維鈞曾與其他駐歐外交官一起懇切陳辭：

值此國難臨頭，禍迫眉睫，在我全國，正應同心同德，一致對外，冀可挽救於萬一。當不致有擁兵自逞，以圖爭長者。倘因爭權洩憤，國家淪胥，同歸於盡。諸公深明利害，務望放開眼光，蠲除意見，風雨同舟，共濟危局。否則國將不國，更何外交之可言？我不自愛自重，而欲求人援助，必不可能。

此番深明大義的籲請，又何濟於事？停戰息爭，似仍遙遙無期。

就在國聯通過最終報告書後不久，按代表團預想，正待進一步謀求實施制裁的目標，而要援用制裁條文，必須認爲日本有訴諸戰爭的行動，並據此與日本斷絕外交關係。爲此，顧維鈞和同事們曾就此事屢屢回電，請求當局盡速決斷，指出外交關係是不能與一個把戰爭強加於我們頭上的國家同時並存的，那也是和國家的尊嚴不能相容的。其中的一份電報說：現在已經到了我們應該迅速擬訂全面計畫，以便組成聯合陣線對抗日本的時候了。當我們請求國聯援助之時，當國聯正在研究如何進一步行動之時，如果我們不能長期堅守，國土一片接一片地淪於敵手，那就只能更加招致世界的輕視，喪失友好國家的同情。到那時，恐怕縱有奮發自強之心，亦將爲時已晚。

但令人大惑不解的是，南京政府並未因此作出任何實質性反應，中日外交關係一如既往地存在。既然如此，看來中國自己也未把日本的侵略視爲戰爭，否則何以迄未與日斷交？這樣的狀況下，豈能要求別國冒著直接捲入衝突或招致報復的危險，而對日採取聯合行動？

事不關己。只要自己的重大利益不受損害，人家才懶得管呢！

與此同時，日本可鬧得凶了。他們極力詆毀中國形象，散佈中國人擁護「滿洲國」，缺乏民族統一觀念，如此等等。一時謠言蜂起，人們於似信非信之間，對中國的抗日前景越來越沒有信心。

面對朋友的一再查問，敵人的種種非難，一度大張其辭的中國代表團，如今是何等的無言以對！豪言壯語在外，潰不成軍在內，此種尷尬處境，如同顧維鈞後來作的比方，就像講壇上的發言人，臺前說得天花亂墜，臺後發生的卻完全是另外一回事。如此難堪局面，還能指望別人相信你嗎？

眼看透過國聯實施制裁的希望一天天變得渺茫，身處日內瓦的中國外交官們，對政府究竟持何政策？前方軍事眞相如何？他們仍無從確切得知，他們已無計可施。至此，除了辭職，還有什麼辦法？

憂憤難抑，羞愧難當。萬般無奈之下，一封聯名辭職的電報由顧維鈞起草，拍發而去：

轉呈國民政府鈞鑒：前年三省之陷，不戰而走，世界為之駭異。此次熱河之役，日人宣傳，謂我軍並無抵抗誠意。松岡在國聯且謂我軍勇於內戰，無意對外。連日熱河要地，紛紛失守。各國論者以我軍憑崇山峻嶺之險，有主客攻守之異。而戰線屢縮，失地頻聞。友我者對於我國是否真心抵抗，羣來惶問；忌我者謂我本無自助決心，國聯原可不必多事。愚等待罪海外，無法答辯。且自報告書公佈後，軍事方面重要甚於外交。將來外交前途，多視軍事為轉移。愚等心餘力絀，應付乏術。應請准予開去代表職務，另委賢能接允。不勝盼禱之至。顏、顧、郭。

顯然，在此四面受辱的困難面前，即使是能言善辯的顧維鈞，也一樣無話可說了。留駐在外，徒勞無益。

不過，留還是留下來了。

也許，辭職之電當眞引起國內不小的震撼。於是乎，接二連三的電報，既表示出設身處地的理解，更有重振旗鼓的決心，似乎多少讓人差慰心意。雖說也有非議，如少數軍人就不以爲然地認爲這是外交官撒嬌卸責之舉，如此云云。殊不知，國威日墜，何嬌可撒？痛切陳辭，原爲負責。看來只能由他們說去了，好在畢竟還有體諒和慰勉，還有衆多軍政要人誓與代表團共同奮鬥的積極表態，更何況蔣委員長也親自來電以示慰留。在此情況下，顧維鈞等一班子人當然信以爲眞了。爲保持民族體面，他們只有忍辱負重，振作精神，硬著頭皮也得堅持下去。

但是，事態的發展仍在急劇惡化。顧維鈞和代表團的處境更加難乎其難。

令人不無困惑的是，當代表團把外交部發來前線戰場獲勝的電報公佈，很快就被戰局失利的報導證實，表面上一個個令人鼓舞的消息，事實上總是那樣令人沮喪。短短數天內，熱河省會承德淪陷，熱河全省亦隨之全面崩潰。

軍事失利，外交也失策，而顧維鈞此前切望的對日斷絕外交關係問題，任他無數次頻頻電促，政府仍遲遲未決。該斷不斷，反受其亂。及至日本退出國聯時，聲稱中國並非是一個有組織的國家，國內外情況均極混亂，因此國際公法和盟約均應修改，才能適用，並以此譴責大多數會員國在其承認「滿洲國」問題上提出的詰難。此番混淆視聽、蓄意誹謗，雖經顧維鈞一再澄清，力加駁難，但在如此敗局面前，就連他本人也是疑團滿腹，少了一份理直氣壯。

但見日內瓦輿論已對中國政府大失所望，對解決中日衝突的熱情也日趨冷淡。顧維鈞把一切及時傳告了國內，請求政府迅速作出決策。而在此時，復任行政院長的汪精衛卻在回電中說：「國際對我愈形冷淡，國民失望於反攻之無期，均可顧慮。但兩害相權取其輕。國聯經濟絕交之進行，固足以困日本，若日本因此向我急攻，則佈置未周，全盤動搖，尤爲可慮。」爲此政府主張採取不帶刺激性的對日政策，以爭取時間加強軍事力量。似乎除了寬予準備時間，已經別無他法。

果眞如此嗎?究其內裡，國民黨政府其實並無抗敵到底的決心。

蔣介石口頭上聲稱長期抵抗，實際上毫無積極行動。當駐長城各要口的中國軍隊與日軍浴血奮戰時，他本人卻跑去江西剿共，至於抗日前線則無一兵一卒的增援。負責代理華北局勢的汪精衛仍舊鼓吹「一面抵抗，一面交涉」，蔣汪協商一致，決定以妥協退讓乃至放棄抵抗來達到求和目的。經過秘密談判，至五月三十一日簽訂《塘沽協定》，這個表面上由關東軍代表和華北軍政當局之間達成的所謂純軍事性質的停戰協定，事實上默認了日軍侵占東三省和熱河所造成的現狀，並把察北、冀東的大片領土拱手相讓，整個華北門戶由此洞開，日軍可隨時進占冀察和平津。如此事關重要的停戰交涉，就連外交部事先也一無所知，以致當有關中日雙方和談的報導在日內瓦傳開，外交部還以純屬荒謬無稽之談，指令代表團嚴加駁斥和否認。事實如此，曾經努力闢謠的顧維鈞又如何向外界解說？似是而非，虛飾其情，顧維鈞深感難言之苦。

一個在得不到本國政府堅決而有力支援下的外交使團，還能夠在國際舞臺上有何作爲呢?!

憑多年外交實踐的體會，顧維鈞痛切地感到，在中國，除了正常的國際外交活動之外，卻還有一種所謂的「內交」，即施行於內部的外交，這無疑是更難的，因爲不能摸透政府領袖的眞實意圖。政治上的利害歪曲了事實的眞相。政府經常不將事情的眞貌全盤告訴國外代表，有時甚至只說些表面上正確，而實質上不眞實的話，因而常常給國外代表的工作造成不必要的困擾。

中國政府的眞實意圖究竟何在呢？

在此看看一九三四年十二月秋由蔣介石口授、陳布雷筆錄的〈敵乎?友乎——中日關係的檢討〉一文，就知道是怎麼一回事了。這篇刊於當年《外交評論》雜誌上的文章，全面闡述了國民黨政府的對日基本政策。蔣介石告訴日本人：國民黨的敵人是共產黨。如果他的統治不勝外力之壓迫而崩潰，共產黨的勢力就會抬頭，而共產黨對日本是不妥協的；如果日本無休止地侵占中國的領土，國民黨迫於民衆運動的壓力，就不能不抵抗，如此下去，只能使日本和國民黨在相爭中同歸於盡，而共產黨從中得利。因此，蔣介石以「不絕交，不宣戰，不講和，不訂約」爲對日外交政策的基調，要求中日兩國當局就此檢討，以利打破僵局，免使雙邊關係走向絕路。

不言而喻，政府當局視共產黨爲心腹之大患，由此對江西蘇區一再圍剿，以期早日徹底撲滅；而對日本卻一再姑息，以期早日息兵罷戰。

對此，遠在海外的顧維鈞雖未必洞若觀火，悉數瞭解，但從各方面留意，卻亦早有覺察。在他的印象裡，政府致力於「剿共」的決心較其抗日的決心爲大。據他分析判斷：

歸根到底，問題還不僅在於沒有作戰的準備。當時中國尚非完全統一。不統一現象遠非僅僅是一個共產黨問題，因為中國依然分裂為一些地方集團，中央政府只不過是其中最強的一個集團而已。中央政府不敢派遣軍隊與一個或數個地方集團共同抵禦日軍，因為這樣會削弱自己的力量，失去了自己的優越地位，而助長地方勢力出頭露面。這是國民黨早期的典型思想，與若干世紀以來的中國歷史狀況有很大的關係。這一看法實可謂合乎實際，入木三分。

無怪乎日本藉以誇大其詞，四處造謠惑衆；無怪乎美方人士在與顧維鈞會面時不無輕蔑地說：他們所同情者乃一面臨悍然侵略而團結一致、秩序井然的中國，實則事與願違，其想像之中國並不存在。言外之意，美國當然愛莫能助了。

自尊自愛，才能自強自信，才能贏得別人的尊重和信任。個人如此，國家亦如此。如今，停戰協定既已簽定，人言嘖嘖自是無法避免。看來中國甘願向日本屈服，那麼，放棄對日制裁的企圖亦已成爲預料中的定局。無論如何，國內外對中日問題的關注至此已一落千丈。

怎麼辦呢？難道說所有的努力都要放棄？所有的努力都徒勞而無成？

知其不可爲而爲之。置身在這樣困惑難堪的境地裡，顧維鈞仍勉力以赴。

不過，風向驟轉，現在的外交努力只能以謀求國聯對華經濟技術援助爲中心。

適值一九三三年六月中旬，世界經濟會議將在倫敦開幕。南京政府決定由行政院副院長兼財政部長宋子文率團出席會議。而在此二個月前，應羅斯福總統發起，邀請英法德義日中等國政治領袖赴美，磋商復興世界經濟計畫，中方指派宋子文先順道訪美參加會議，再去倫敦。同時電囑顧維鈞和郭泰祺前去與宋會商。

顧維鈞敏銳地注意到，宋氏此行表面看來討論經濟問題，但其目的在於摸清美國底細，特別是摸清在中日衝突及國內建設方面，可以得到美國哪些援助。這正是他在日內瓦一直寄望深切的事。正待他準備就緒，啓程在即，但爲顧及美方爲難之虞，終於未能成行。爲此，趕在五月初宋抵華盛頓數日後，顧維鈞將事先準備的有關當前中外局勢中若干突出問題的書面材料及時寄達，並附信一封，簡要說明國際政治形勢的特徵，以供宋子文與美國當局會談前備用參證。此後，作爲世界經濟會議的中方代表之一，他又適時趕往倫敦，爲宋子文的大會發言協商籌議。

期間，尤當注目處，是幾位與會中國代表在倫敦多爾切斯特飯店的一次秘密會晤。時當盛夏將臨。自《塘沽協定》後，中日關係表面上的平靜，絲毫沒有亦不可能減少有識者的憂之深，慮之遠。當此之時，顧維鈞與宋子文、顏惠慶、郭泰祺一起，正就目前國內外形勢和中國對外政策諸問題，進行廣泛討論。

在他們看來，政府對日採取消極政策，不僅意味著向全世界表示中國自願放棄東北，而且有導致實質上被瓜分的可能。歷史往往會出現驚人的相似，當一八九五年中日甲午戰爭後，列強在華掀起瓜分狂潮，強占租借地和劃分勢力範圍。現在倘若中國不再爲收復和保衛其領土和權利而奮鬥，必將出現同樣的危險。各國很自然地會從中國的消極政策中，斷定中國不配被視爲國際大家庭中具備獨立自主標準的一個成員。那麼，犧牲中國而爲他們自己占有新的領土或勢力範圍，也就不可避免。

因此，眼看中外輿論對滿洲問題已普遍不予關注，收復失地的希望也正隨時間的流逝而消失。國際局勢更日益惡化，這些力主抗戰的人士一致認爲，除非中國制定一項持久抗日和充分備戰的積極政策，否則將在危機面前遭受更大的劫難。

鑒於國力衰弱，百端待舉，顧維鈞等擬訂了包括以下幾方面的新政策綱要：經濟方面，繼續並加強抵制日貨，通力合作以引導向友好國家採購，建立消費品工業以長期取代日貨；政治方面，激勵東北義勇軍的抗日活動；外交方面，繼續努力保持對遠東局勢的普遍關注，推動國際一致行動，以達到加速解決中日問題的目的；國內建設方面，重新努力實現政治團結，制定國防計畫，建立基礎工業，發展全國戰略運輸網。

商討國事，建言當局，旨在改弦更張，以圖力挽狂瀾。有關這次特別會晤的討論結果，當然隨即報請政府審議。隨後，顧維鈞又趕回日內瓦，在此他要盡早促使國聯接受中方請求，協助宋子文商定由國聯派遣技術合作駐華代表團計畫；至於宋子文爲爭取國內建設獲得長期的信用貸款而發起成立國際諮詢委員會計畫，顧維鈞也從中協力，竭其非常之勞。

幾經努力，國聯至此勉強考慮向中國提供援助，當然事先聲明，合作純粹是技術上的，絕無任何政治性質。

即使僅限於此，日本政府仍對此提出警告，聲稱國聯的舉動是歐美列強援助中國，使之達到抗日目的。日方爲此加大宣傳攻勢，利誘各國承認「滿洲國」，並阻止其他國家在華投資，更揚言中國如果藉助西方勢力對抗日本，它將不得不採取必要的武力行動。從朋友來信見告和自己觀察所得，顧維鈞擔心遠東即將出現更複雜和更令人不安的局勢。日本內閣的即將改組及今後兩個財政年度日本國防預算的顯著增加，不都是時局的風向標？

對比國內時局，動向又如何呢？

主張抗日的老朋友羅文幹被改派去新疆，其外長一職已由汪精衛親自兼任。作為親日派代表，汪精衛已深知對日外交的利害，絕不願觸怒日本。好不容易促成的國聯技術合作援助，因為引起日本強烈不滿，汪精衛為息其怒，再三強調此舉「非藉以縱橫捭闔，重貽東亞及世界之糾紛」，分明暗示對方，中國當局無意因此和日本發生衝突。至於在給顧維鈞和代表團的電文中，他又明確指示，不積極要求國聯對日制裁，此為審度國際形勢及中國現在所處地位所不得已。

好一個「不得已」，那麼顧維鈞也只有「勉抑悲憤，以協事機」了。

現在，距國聯通過最終報告書已過去七個月。春去秋來，國聯第十四屆全體大會開始辯論發言。

道是「天涼好個秋」！

猶憶當初遠征出使，也是初秋。涼風送爽，本應抒人心懷。但在顧維鈞心頭，濃重的悲秋愁緒久久地不能散去。一年來，不知有多少回與國聯的頻頻交涉，卻始終遲疑不決；也不知有多少次向政府頻頻呼籲，仍是迷誤不覺。風雨幾度，磨難幾多，雖說不悔，又豈能無怨？豈可不恨？

既憤且慨，既悲且哀。適此九月二十九日的大會辯論，顧維鈞決定一吐衷曲，爲中國，也爲全世界一切反對侵略、渴望和平的人們鳴其不平之心聲。

這是一篇洋洋數千言，幾乎一氣呵成的講稿。

作爲中國代表，顧維鈞首先對國聯的技術援助表示感激；然後開宗明義，直奔主題。據以回顧國聯接受中國關於滿洲問題申訴以來發生的種種事實，如日本如何違反盟約繼續對華侵略擴張，如國聯如何未能把最終報告書付諸實現，顧維鈞直言不諱地對此表示遺憾和失望，認爲「過去一年，實爲國聯成立以來最令人沮喪之一年」。結合日本在遠東地區大規模擴軍備戰所造成的緊張局勢，以及同樣日趨嚴重的歐洲形勢，顧維鈞鄭重提出自己的想法。他認爲：

世界之命運，正處於需要作抉擇之重要關頭。基於力量均勢之和平與基於集體負責之和平，二者必居其一。前者耗資巨大，且以戰爭無可避免為前提；後者最為經濟，因和平之維護以共同努力與共同犧牲為前提，且亦最為穩定，因國際糾紛悉憑正義裁決。質言之，裁減軍備抑重整軍備，經濟復興抑危機持續，戰爭抑和平，此皆有待吾人之抉擇。為了文明世界觀與人類幸福而作明智之抉擇，實所到望。

對侵略戰爭的鞭撻，對世界和平的展望，顯然，發言說出人們的心裡話，說出人們內心的憂慮，也說出其他代表不敢說的想法。

比起顧維鈞早年巴黎和會之演說，這次發言，更可見出他日益開闊的世界眼光，更有日益深厚的愛國情懷。一時間引來世界矚目，衆口交讚。

但又有誰能深知顧維鈞鬱結內心的難言苦衷？爲弱國爭外交，難就難於此。

眼下秋意蕭瑟，嚴冬在望。就在這一年的最後二、三個月內，發生在國內的幾樁事越發讓顧維鈞怨恨交集。

第一件事，出訪歐美回國不久的宋子文辭職了。辭職原因衆說紛紜。有說他因健康狀況考量，也有說是難以身兼數職，官方解釋是由於難以解決財政狀況。顧維鈞對此看得分明，他一語斷定，宋氏辭職一定是與政府對日政策和在江西耗費鉅額軍費的分歧引起。蔣汪決定進一步尋求向日本妥協，向共產黨大開殺戒。歐美之行後，宋氏在抗日與「剿共」問題上與其意見更形衝突，宋主張堅決抗日，且將外來借款用於建設，蔣介石卻一再提出增加軍費，雙方由此嚴重對立。而此時宋又成爲日本人攻擊目標，於是蔣汪達成一致意見，迫使宋下臺。

第二件事，中日繼《塘沽協定》後又在謀求達成新的協定。據說北平正在就鐵路交通和設置海關問題進行談判。雖然政府解釋，談判不過限在關東軍代表與華北軍政當局之間議論事項，但顧維鈞認爲，即使由地方當局出面，仍然構成對侵略結果的默認，因爲談判的實質必定涉及政府間的重大問題。

第三件事，國民黨十九路軍將領蔡廷鍇、蔣光鼐、陳銘樞與國民黨內李濟深等一部分反蔣勢力發動福建事變，公開宣佈反蔣抗日，成立福建人民政府。事後蔣自任「討逆軍總司令」，調集十五萬大軍加以撲滅。

所有這些事件，如同雪上加霜，更加深了外界輿論對中國形象的鄙視，加深了歐美列強對中國政府的不信任感。當然，更加重了顧維鈞和代表團繼續謀求外援的困難。這種困難，在顧維鈞給汪精衛的回電中不難切身體會：

綜觀彼赴救者之心理，常以救援者為向背。求援者擬如何自助，所求係何種援助，至何種程度，或經濟，或外交，甚或軍事，須自通盤籌畫，密定方案，備有步驟，方可使彼認識而籌商一切。自五月杪以來，首都、平、津、大連、長春、東京間，頻還信使；而抵貨之聲，消沈已久。且聞華北仇貨銷場超出近年紀錄；中部亦日進月增。彼以事實為重，睹此殊難瞭解。致對我政策及用意，不無懷疑。對弟遵照政府電旨種種解釋，視為空談。最近閩變突起，內亂復興。中央用兵原非得已，然外人則又多訕誚。此間應付，實感困難。

行難所行，言難所言，難上加難，難何如哉?!

顧維鈞當然有所不知，國民黨政府已在媚日道路上越走越深。

「何人不起故園情?」要說到了這一步，顧維鈞也該回國了，自一九三二年九月赴法迄今，出門這些日子，能不思鄉念親?更何況羈旅異域他邦？一九三四年七月，他終於暫別巴黎，回上海度假。

其實在這之前，顧維鈞也不是沒有回國的念頭。

就說去春國聯通過報告書後，爲使政府更瞭解日內瓦的形勢，以及歐洲列強所關注的問題，顧維鈞便有此考慮；而且自己一直被嚴重的失眠症困擾，從當初離開北京至今未見好轉，醫生多次告誡他必須靜心休養一段時間。顧維鈞想藉回國之旅稍作調整。但因在外公務纏身，無以成行。此後他曾打算等倫敦經濟會議結束後再作安排，只因《塘沽協定》的簽訂在海內外引起震驚，據稱羅外長因此準備辭職，顧維鈞深感危難之際，自己在國聯的責任必將加重，有待應付種種，不得已，準備回國的想法再度打消。

說來也難怪，在此期間，顧維鈞實在是欲歸不得。

作爲駐法公使的他，除了巴黎使館的日常事務外，又是駐國聯代表，又是裁軍會議代表，又是世界經濟會議代表，身兼多職但分身無術，爲此不能不經常在巴黎、日內瓦和倫敦之間頻頻往返。尤其是在日內瓦，正受命肩負著國聯申訴日本侵華罪行並尋求國際援助的特殊重任。如前所述，在此非常期間、非常處境，顧維鈞爲不辱使命而克盡心力，繁重而艱苦的外交工作一直讓他欲休難止，欲罷不能。

現在，要說的說了，該做的做了。接下來的大部分時間則在巴黎，既爲處理中法間的日常外交問題，還有因滿洲事件和國聯決議引起的一些特殊問題，忙碌了半年。再接下來也眞該回去走一趟了。

客旅思愁，只有歸時好。

回來度假的一年半時間，換了環境，顧維鈞似乎添了一份難得的愉悅。先是逗留青島，消夏避暑，享受一下喜愛的海水浴，不覺令人神清氣爽。更高興的是，老友李石曾、蔡元培等特意從外地先後趕來看他。席間一坐三小時不能離位，大家閒話北京往事，共飲陳年老酒。偶爾也爲公務去南京；也到各處走走，或去杭州飽覽湖光山色，或去無錫賞清泉品香茗。更多的日子，當然是在上海，與親人團聚，與朋友會面，也去大哥和姐姐家叙叙同胞手足情。

但是，幾乎整個度假時期，顧維鈞怎能眞的放鬆心情？

回國後不久，照例向南京政府如實彙報了代表團在國聯的工作情況，並及時反映了歐洲列強正緊張地為可能發生的戰爭作準備的新動向。但從蔣汪談話中，顧維鈞明確意識到他們對國聯失去信心，不抱希望。但對危難時局，卻無實際有效的對策。

一九三五年一月，日本外相廣田發表外交政策演說，表示要實行「中日親善，經濟提攜」之新的對華方針，為此要求與國民黨政府互派高級官員，以「調和感情」和「增進邦交」。蔣介石迅即回應，汪精衛也一起唱和，表示「願以滿腔的誠意，以和平的方法和正常的步調，來解決中日間之一切糾紛」。隨後，蔣汪密派專員赴日交換所謂「親善」意見，又宣佈取消抵制日貨法令，一改對日問題的宣傳政策。隨後，中日公使同時升格為大使，以示「調整邦交」的誠意。但是，國民黨政府百般遷就和退讓的媚日外交，並未阻止日本的侵華步伐。

一九三五年五月至十一月間，日本加劇侵華活動，先後在華製造一系列事變，旨在變華北五省（河北、山西、察哈爾、綏遠、山東）為第二個「滿洲國」，以盡早建立起它在整個中國的霸權地位。

這一切，當然未能逃過顧維鈞的耳目。他一直憂心忡忡地密切關注著中日關係的複雜動向。但奇怪的是，這個時候，政府當局無人向他徵詢意見，也無人邀請他參與如何應付時局的討論。顯然，以顧維鈞在對日問題的一貫態度，蔣汪不無心虛，更不無戒心。

國難深重，山河破碎。此恨綿綿無絕期？

前程更漫漫

揮手之間，上海漸漸地遠去了，故國漸漸地遠去了。趕在一九三六年的春天，顧維鈞結束了國內的休假生活，攜夫人再度遠赴巴黎。

啓程那天，大約一百五十人前來上海碼頭送行，有政府要員，也有至親友好。大哥和二哥來了，留在上海念書的兒子裕昌、福昌兄弟倆也來了。此刻，顧維鈞與衆人一一珍重話別，夫人黃蕙蘭更是撫著孩子們的臉，千叮萬囑，依依難捨。船緩緩地駛離了碼頭，望著岸邊送別的人羣，望著人羣中那兩雙不停揮動的小手，年近五十的顧維鈞憑欄凝神，四顧已茫茫，心裡滿是說不出的抑鬱。

此去一別，前程又漫漫。對中國人民來說，從此將要開始何其艱難困苦的抗戰歲月！就顧維鈞而言，從此又將肩負起何其忍辱負重的外交使命！

由於年初中法使節的升格，此次再返法國，顧維鈞已由原來的公使升任爲大使。到任後，要做的第一件事是先爲大使館找個新館址。這是早在一九三二年初到巴黎任職時就遇上的尷尬事。

說起老使館，是從清末就租定的，用了三十多年，樓下是使館，樓上是公寓。有時候房客不知樓下是使館，對使館工作人員呼來喊去，甚至把要洗的衣服丟到中國人面前。記得上任那一天，顧維鈞只見使館前張貼各種戲目海報，大門口掛著黑紗，原來樓上有人家出殯辦喪事。等他走進辦公室剛坐定，電話鈴響，對方說要預訂電影票，一問，原來是房東把大樓的另一半租給電影院；而且，使館所在的那條街道又窄，每逢遞交國書時，法國總統府派來的禮車只能停在街道口外。

代表一國在外形象的使館竟是這副模樣！顧維鈞實在感到有礙觀瞻，有失體面。爲此，徵得政府同意後，他決定另找地方。

於是，就任大使的頭一年，顧維鈞不得不因此費了很多的精力和時間。好在夫人對巴黎非常熟悉，也樂意爲此事出力，顧維鈞便請她先去探探行情，看看那些願意出租或出售的房產，有時讓她獨自去，有時陪她一起去。考慮到政府財政的拮据狀況，顧維鈞不得不精打細算，謹慎從事。最後選中喬治五世大街上的一幢私宅，待用政府專款買了下來，還得安排裝修和陳設。當然，這又少不了夫人的協助。身爲亞洲糖王的掌上明珠，黃蕙蘭生活闊綽，出手大方。當初隨丈夫來巴黎後，看到寒傖的使館，她就堅持要裝修一番，花去的雖然是自己的錢，但黃蕙蘭不在乎。現在說要裝修新使館，她又是回國採購家具陳設，又是負責佈置裝飾，還把她和顧維鈞在北京鐵獅子胡同家裡的部分家具、地毯和字畫古玩一起搬了來，當年作為嫁妝的一套鍍金食具也拿出來作為使館宴請之用。

到一九三七年初，一切佈置就緒的新使館，讓來訪者無不交口稱譽，都說表現出了中國愛美和風雅的傳統。

當然，顧維鈞的用心顯然不在於此。對他來說，還有更重要的事情等著去做，那就是觀察歐洲局勢變化，並繼續研究對日問題，盡可能審時度勢，作出結論以便向政府彙報，推動國內外交政策的調整。

一九三六年秋天，日德締結反共產國際協定，顧維鈞就敏感到，它既表明日本必將對中國繼續推行其侵略擴張政策，也可以看出南京政府與日本謀求和平解決的談判策略是不會有成功希望的。隨後，當外交官張羣以私人名義就歐洲和遠東事態發展來電徵詢有關外交對策時，顧維鈞坦率答覆：處目前情勢，中國實無與日本謀求妥協的希望，應該尋求與英法美蘇合作。

此後，當驚聞西安事變發生、蔣介石被扣的消息，顧維鈞隨即致信汪精衛，請他以政府首腦名義準備一份聲明，以示中國不會羣龍無首，不會馬上混亂。待見汪在聲明中明確表示反對聯共抗日，且不願與蘇聯尋求合作，顧維鈞對此不能贊同，主張應該對外爭取蘇聯的援助和支援，對內促進與共產黨的諒解。因為在他看來，中國目前最大的危險是日本，應該設法使共產黨的軍隊與政府軍並肩作戰，打擊共同的敵人日本。最後，汪精衛不得不肯定他的意見。

事實表明，西安事變促成了國民政府外交政策的轉變，轉變爲採取著重爭取包括蘇聯在內的西方大國支援的新政策。在此過程中，顧維鈞頻頻去函，或提出意見，或提供情報。

但在日本人眼裡，西安事變和平解決的結局，顯然是它不願意看到的。本來指望中國因此爆發一場更大規模的內戰，沒想到反而出現推動國共兩黨團結合作、一致抗日的局面。事與願違之下，日本終於再次不宣而戰。

一九三七年七月七日晚，日軍在北平西南宛平縣的盧溝橋附近進行軍事演習，詭稱一名士兵失踪，無理要求入城內搜查，在遭中國駐軍拒絕後，即向宛平城內開槍射擊，並炮轟盧溝橋，中國守軍被迫奮起還擊。這就是震驚中外的「盧溝橋事變」。八月十三日，日軍又大舉進攻上海，威逼南京。

從「七・七」到「八・一三」，短短五星期內，日軍把戰火從盧溝橋畔擴大到平津地區，從華北擴大到華中和華東，原來的局部挑釁發展成全面的侵華戰爭。一時間，抗戰禦侮，救亡圖存，成爲中國社會各界共趨於一的目標。在此情況下，九月二十二日，國民黨公佈了中共提交的國共合作宣言。次日，蔣介石發表談話，承認中共的合法地位。至此，以國共合作爲基礎的抗日民族統一戰線正式形成，全民族抗戰從此開始。

戰時外交的重任責無旁貸地落在顧維鈞的肩上。

「中國的希望究竟何在？」

這是「七・七」事變後，顧維鈞外交思想上一開始就考慮的基本點。在他看來，中國不能指望以一次戰役就能阻止日軍前進，並形成定局。中國的希望應在於喚起列強及其民衆的關注，使他們懂得，中國的抗戰不僅僅與中國有關，也是世界範圍內有關共同利益的重要問題。如果中國在促成這樣的認識方面取得成功，即使不是百分之百地成功，也有助於得到國際社會道義上和物質上的幫助。

於是，事變後不久，奉政府之命，顧維鈞與法國外交部長多次討論中國就此向國聯提出申訴並援引國聯盟約第十、十一、十七條，以及和英法美採取聯合行動的可能性。

按國聯盟約第十條規定，會員國應相互保證領土完整與政治獨立；第十一條規定，會員國有權請求國聯理事會及大會討論國際糾紛；第十七條規定，會員國與非會員國發生衝突時，爲解決爭端，可以請後者承認會員國義務；如果非會員國不接受並向會員國作戰時，可按第十六條規定施以同樣制裁。

但在事實上，無論是日本侵占中國東北還是義大利入侵衣索比亞，國聯在這些先例上表現出的無所作爲已是人盡皆知。就顧維鈞而言，他更清楚地知道國聯的軟弱無能，但作爲外交家的他相信，透過向國聯申訴，至少可以將中日問題國際化，至少可以發表反對日本侵略者的正義宣言，藉此引起世界輿論的關注。

所以，在向有關各方頻頻試探中國申訴於國聯的反應時，儘管法國已明確表示，把目前的中日問題交給國聯將是白費力氣，不能指望會有什麼具體效果。但知不可爲而爲之，顧維鈞還是勉力以赴。

九月十二日，顧維鈞代表中國政府正式向國聯遞交申訴書，並在隨後召開的國聯大會上發言，旨在讓世界輿論瞭解和關切日本侵華的事實，並激發對中國的同情。發言博得滿堂喝彩並引來衆所讚許，自是意料中事，這裡，既體現了顧維鈞卓越的演講口才，也是他在客觀現實基礎上所發合乎情理的呼籲。

然而，徒有心動而沒有行動。空洞的稱賞聲過後，國聯並無任何實際反應。在侵華日軍向上海、南京和廣州等城市的非軍事目標狂轟濫炸，造成成千上萬名中國平民無辜傷亡的事實面前，作爲國聯主要成員國的英法仍是推拖，甚至對宣佈日本爲侵略者的要求都加以迴避。

國聯該做什麼？能做什麼？在國聯的顧問委員會上，顧維鈞不能不當頭棒喝：

如果國聯在強權面前不能捍衛公理，它至少可以向全世界指出誰是為非作歹的人。如果它不能制止侵略，它至少可以斥責侵略，如果它無力執行國際公法和盟約的原則，它至少可以讓人們知道，國聯並未棄之不顧。如果它不能防止對無辜男女老少的殘酷屠殺和對財產的瘋狂毀壞，它起碼可以表示它憤怒的感情，並藉以加強文明世界的普遍要求，立即停止這種非法的、滅絕人性的空襲獸行的行動。

在顧維鈞看來，這些「至少」、「起碼」的要求，無疑是最基本的道義裁決。難道說，旨在伸張國際正義、維護世界和平的國聯，連最低限度的要求都無能爲力?!

會後回到住所，顧維鈞感到筋疲力竭，晚餐不想吃了，也吃不下去。本來還想草擬幾份給南京的電報，可腦子怎麼也不管用了。大會小會的舌敝唇焦，沒日沒夜地勞心費神，顧維鈞眞的覺得好累好困好無奈啊！

看來，事實是明擺著的，中國向國聯提出呼籲，只有形式而不會有結果，當初英法方面早已表示，除非說服美國參加，否則一事無成。言外之意，問題的關鍵在於看美國的態度。

現在，眼看國聯大會又將無果而終。但就在大會閉幕前一天幾近半夜的顧問委員會上，來自英國代表的提案，如同從天而降的炸彈，一時驚呆了所有在場的人。原來，英方提議召開華盛頓九國公約簽字國會議，以商討結束中日衝突的辦法。

「把燙馬鈴薯扔進華盛頓公約的籃子裡」，與會的顧維鈞不禁暗自打此比方。他一下子意識到，把問題從國聯手中轉交給九國公約會議處理，實際上是英法想把責任推卸給美國。

如此明確的建議多少出乎意料，但與顧維鈞的想法倒是不謀而合。

其實，在國聯處理中日問題上，英法以坐等姿態觀望美國的反應，顧維鈞一直在努力尋求美國的合作，「賴美爲助」是他置身於外交界後的一貫理念。在他看來，美國對國聯的決策，特別是在參與遠東事務中，有著舉足輕重的作用。所以，在此之前，顧維鈞就以個人名義向政府建議援助華盛頓九國公約；與法國外交部長交談時，也曾提議過召開有關簽約國圓桌會議。在隨後向國聯申訴的同時，又在日內瓦向美國公衆發表廣播演說，揭露日本再度入侵中國造成嚴重而艱難的局勢，呼籲美國人民給予中國抗戰全力的支援，其中說道：

這種無法無天的行為是現代史所沒有的。儘管直接受害的是中國，但其影響所及，卻是既深且遠的。它嚴重地危害到世界的秩序與和平，並威脅到文明的本身。除非一切愛好和平、遵守法律的國家聯合起來，毅然承擔和決心對付這個問題。混亂的局面是會傳遍全球的，總有一天，任何大國，不論它的位置是怎樣與世隔絕，也不論它是怎樣堅定地置身事外，都不能再享受到和平的清福了。

顯然，針對此間美國公眾充滿的孤立主義情緒，顧維鈞可謂有的放矢，用他的話說：「當前的遠東局勢，好比是街坊失火，除非你及時協助將火撲滅，誰也不能斷言它不會蔓延到你自己的房子裡。」

就此，在大會通過此項議案前，顧維鈞已如響斯應了。對即將召開的會議，中國應如何應對，他隨即致電政府，建議作兩手準備：如果日本出席會議，中國應有一套解決東北、華北等問題的具體方案；如果日本不出席，中國應建立與其他主要國家的聯合戰線，以及締結區域性互不侵犯和互助條約等方案。憑自己多年的外交經驗，顧維鈞深知，只有事先制定切實可行的方案，才能在談判中多一份從容。

那麼，既成爲衆矢之的的美國，對於日益嚴重的中日衝突，態度又如何呢？

恰當英國提議召開九國公約會議時，美國似乎已頗有遙相呼應之勢。羅斯福總統在芝加哥發表了著名的「防疫演說」，他不指名地譴責日本的侵略行爲，指出要像隔離瘟疫患者一樣，對侵略國家實行隔離。但迫於國內孤立主義思潮的壓力，隨後的海德公園聲明中又謹愼表白，美國僅僅希望用調停而不是戰爭來實現解決。

當下，英法既把難題巧妙地推過來了，美國當然無以推卸。作爲原華盛頓九國公約的發起國，美國能不硬著頭皮接下來？更何況，參與遠東局勢的處理，直接關係到美國在該地區的切身利益。

再說顧維鈞對美國的這一姿態，最初顯然深受鼓舞。依他之見，這是美國近年來第一次同意和歐洲合作謀求一項具體國際問題的解決辦法。

然而，會前與各國代表的交談中，顧維鈞似乎越來越感到前景不妙。從中國與列強對會議的各自目標期望來看，分歧就相當懸殊，中國希望所在，首先是宣佈日本爲侵略者，其次是得到列強物資上的援助；但與會的絕大多數國家只希望透過斡旋或調解的方式求得問題迅速解決，並不願意研究如何對中國實施援助、如何對日本實施制裁。如此大相逕庭，可說是各打各的算盤。至於會議召集，連美國都不願意充當會議的東道主，其他簽字國就更不願意出面了。法國政界領袖事先就對顧維鈞不無提醒：羅斯福提倡有關當前形勢的各項道德準則，但並未表明任何據此採取行動的決心。換句話說，聽其言而觀其行，恐怕美國不會有很大作爲，會議也不會有多少成就。

盼到一九三七年十一月三日，九國公約會議終於在比利時首都布魯塞爾召開，一切似乎已是料定了的。

先是德、日拒絕參加會議，義大利又爲虎作倀地扮演日本代言人的角色。至於英美等主要國家，不但不敢提出制裁日本的意見，甚至譴責日本侵略的話也都避而不講，唯一的態度是請求日本參加會議，並因此一再遷就日本。

至此，縱有顧維鈞會前一次次絞盡腦汁的思考，會上一次次激昂懇切的演說，會後一次次以誠相待的商談，但對援助中國和制裁日本的呼籲，且看英美等大國如何答覆：

美國表示，因為政府施行中立法，以免捲入戰爭，它不能公開表明幫助中國，也希望中國別說美國是中國最好的朋友；至於抗戰，中國最好繼續下去，等日本自感困難有增無減，自會停止它在中國的戰爭。英國表示，它能做的全都做了，貸款可以考慮，至於武器援助，自己還要從國外購買呢。法國早就說了，成敗關鍵操在英美手中，自己已被歐洲局勢完全絆住，一旦再和日本發生糾葛，實在無法自衛了。蘇聯則暗示，要它在蒙古和東北邊境舉行軍事演習以支援中國，除非得到其他大國的援助保證，否則等於去冒獨自面對日本的危險，它當然得為自身安全考慮。

如此敷衍以對，互相推諉，挑明白說，誰都不想激怒於日本、開罪於日本。及至三周過後，會議以一紙宣言宣佈暫時休會，但實際上是永遠地結束了。所謂的宣言，除了再次確認某些一般原則外，沒有任何實際內容。

莫非眞是鏡中花？水中月？

面對如此模稜兩可的會議結局，顧維鈞還能說什麼呢？但在十一月二十四日的閉幕會上，人們還是再一次聽到了他迴盪於會場的悲憤演說：

你真相信一紙原則宣言或忠實於誓言的虔誠表白，就足以使其在世界上得到遵守或尊重嗎？

拒絕給中國以援助，是否意味著中國應該停止抵抗侵略，或者在無足夠手段的情況下，能無限期地抗戰下去？在清楚而有力地證實了目前衝突中，日本和中國的政策在法律上的區別之後，你是否還認為在侵略者和受害者之間，無需作實際上的區別對待？由於拒絕停止向日本提供繼續侵略中國所需的物資和經濟資源，你不是已經作了這樣的表示嗎？

一句句質詢，像是一聲聲控訴。

要說對於會議的結局，顧維鈞當然非常痛心。

試想，連在遠東有著巨大利益的列強都不願意採取任何有效行動來抑制日本，因短視而猶疑而耽誤時機，只能助長日本的氣焰，使得它在侵略道路上越走越遠，看來除了再一次經受世界大戰考驗和磨難，已不可能達到制止和控制的程度。後來的歷史也證實了，英美推行綏靖政策的危害，到頭來只是自食其果。

要說對於會議的結局，顧維鈞當然不抱奢望。

試想，當西方社會習慣於從表面觀察中國，認爲中國的抵抗無濟於事，認定中國的抗日不可能持久。那麼，如何讓他們瞭解中國民衆的奮發精神和正在作出的巨大努力，如何讓他們明白中日衝突對全世界和平造成的嚴重後果，藉此會議，可以進一步把問題公諸於世。

但從「九・一八」事變到「七・七」事變，從日內瓦到布魯塞爾，躍登國際論壇的顧維鈞，爲中國的無數次辯護，對日本的無數次控訴，畢竟讓世界更多地聽到正義的呼聲。正如會後美國代表也不得不承認，這一切已爲中國創造了普遍的好感，贏得了比過去更多的朋友。

不甘絕望，卻又找不出希望，人就有了理想。很多時候，理想就是這樣一種處於絕望與希望之間的精神狀態。

顧維鈞當然還是充滿了理想。他相信，報仇雪恨的一天終將到來。所謂「得道者多助，失道者寡助」，正義最終戰勝邪惡，文明最終戰勝野蠻，從來就是一條顛撲不破的眞理。

會後，他建議南京國民政府暫時放棄爭取西方國家聯合制裁日本的努力，轉而集中力量爭取各國對華物資援助。該建議受到蔣介石等人的重視，先後派出不少政府要員分赴歐美各國力爭外援，取得了一些成效。到一九三九年日軍占領中國沿海各省並封鎖全部港口，致使國外援華物資無法從海路入內。顧維鈞爲此與法國政府反覆交涉，終於使法方同意開通滇越鐵路運輸線，雖因法國害怕遭日本報復而時斷時續，但在雙方約定各種機智靈活的方法後，使援華物資一度得以源源輸入。

轉任駐英大使後，顧維鈞繼續以宣傳中國抗戰事業和尋求西方物資援助爲目標。凡有公衆組織或機構邀其演講，他總是盡可能有請必到，以喚起英國公衆對中國的關心；同時積極動員中國留學生、使館人員和藝術家等一起參加工作，並列出宣傳要點，使西方人士普遍瞭解中國抗戰與世界反法西斯戰爭的密切關係。此外，利用當時西方衆多流亡政府雲集倫敦的機會，他又廣交朋友，四處宣傳中國抗戰的重要意義。上任伊始，針對中英兩國因歷史和現實原因懸而未決的問題，諸如戰爭貸款問題、滇緬公路問題、香港問題、印度獨立問題、作戰方針問題，顧維鈞從加強盟國團結、維護抗戰大局出發，努力改善一度緊張的雙邊關係，特別促成了英國國會訪華團和中國訪英團的戰時互訪，增進了兩國人民的團結合作。

一九四四年十月，世界反法西斯戰爭勝利在望，顧維鈞作爲首席代表，參加中蘇英美四國的頓巴敦橡園（Dumbarton Oaks）會議，籌組戰後新的國際組織事宜。會上，顧維鈞以靈活的策略，不僅使中國維持了作爲四強之一的大國地位，還盡最大可能對聯合國的創建多有重要倡議。

一九四五年四月，首屆聯合國大會在美國舊金山召開。事前，顧維鈞從倫敦飛抵重慶，一再建議國民黨政府派出包括各種不同政治力量組成具有廣泛性的代表團，並力邀中共代表加入。在整個會議期間，他又注意協調各派意見，向國際顯示中國團結統一的形象。至六月二十五日全體大會通過聯合國憲章，在大會舉行的憲章簽字儀式上，中國被推爲簽字第一國，顧維鈞爲此和其他代表依次簽下自己的名字，隨後即席發言，他說：

我們一生已兩次遭遇了世界上侵略勢力所造成的大流血大破壞。此次戰爭，中國是第一個被侵略的國家。今日聯合國能在隆情厚誼的美國舊金山制定奠立世界和平基礎之大憲章，實覺無限愉快。現在歐洲勝利既已完成，對日最後勝利不久亦可取得，余個人深信並深望這世界安全組織，一本各國始終不斷的合作精神，能使我們的子孫不致重遭戰爭的苦痛，而得享受和平與幸福。

時至八月十五日，傳來日本宣佈無條件投降的消息。

在這一天的日記裡，顧維鈞撫今思昔，寫下了這樣一段話：

余久所期望者，甚至夢寐以求，而終身致力者，最後得以實現。當中國被日本戰敗（一八九四—一八九五年）之噩耗傳佈遠近時，余方七歲，心為之碎，爰即立誓為國雪恥，恢復河山，永除日本威脅。

在此讓全中國人民揚眉吐氣的歷史時刻，就他個人而言實在有太多太深的切身感受。始自一九一五年參與中日二十一條交涉起，後經巴黎和會、華盛頓會議、李頓調查團，直到日內瓦國聯大會和布魯塞爾會議迄今，爲反對日本侵略，顧維鈞爲之痛爲之憂，爲之呼爲之喊，奮鬥了幾乎整整三十個年頭。由此一路追尋的他，與多少榮與辱、得與失、恩與怨相伴相隨，這一追尋的過程，恰恰鑄就他作爲民國外交家的生命意義。

在那一刻，顧維鈞激動的心情顯然溢於言表。

回頭再就顧維鈞的家人說上幾句。

從一九三六年到一九四五年，當先後駐任巴黎和倫敦的顧維鈞爲抗戰事業四處奔走、晝夜操勞之時，也是他與夫人黃蕙蘭的感情有些漸疏漸遠之際。一個幾乎全心放在外交事務的丈夫，還能有多大心力顧及家小？難怪黃蕙蘭說他是個百分之百的外交家，面對丈夫的冷落，做妻子的當然多少有些埋怨。不過，相處的日子裡，每見丈夫心事沈重地回家，又在書房裡一坐就是大半夜地忙碌，黃蕙蘭還是能理解丈夫投身事業的那份熱情和責任。因爲在她看去，中國需要像顧維鈞這樣的外交家，她也打從心底欽佩丈夫。所以，在顧維鈞爲戰時外交艱苦努力的過程中，黃蕙蘭更多了對丈夫的一份體貼。

自一九四〇年初夏法國政府因在對德戰爭中敗退，隨後被迫遷都維希（Vichy；或譯「維琪」），顧維鈞和使館工作人員隨同離開巴黎。駐巴黎的各國使館實際上全搬空了。一度留在巴黎的黃蕙蘭，面對戰爭衝擊帶來的混亂局面，覺得自己彷彿就在地獄的邊緣徘徊。此間戰時物資的短缺，對生性嬌慣的她來講，已談不上什麼安逸的生活了。擔心受怕之餘，她更牽掛著丈夫的平安。聽說維希的物資比巴黎更匱乏，黃蕙蘭特地帶一些食品罐頭，去那裡為丈夫改善一下伙食。在事後回憶中她還說，那段艱苦的日子裡，顧維鈞對她也多了一份體貼和關心。後來顧維鈞駐節英國後，為應付倫敦錯綜複雜的社交生活，他也需要夫人的幫助，黃蕙蘭為此確實多有協助支持，為患難的中國出一份心力，夫唱婦隨，也就自不待言了。

至於對自己的子女，顧維鈞此間想必也是多有愧疚之感。要說他沒有兒女情長，當然不可能。強烈的事業心已使身為父親的顧維鈞難以顧及，父愛只能深深地埋在心底。好在兒女們已長大成才，讓顧維鈞少操了一份心。大兒子顧德昌在一九四三年時已是中國空軍駐印代表，女兒顧菊珍也在英國完成大學學業後的一九四〇年回國參加抗戰工作。至於當初還在上海聖約翰附中讀書的次子裕昌、三子福昌，一俟中學畢業，隨之去了美國上大學，那裡有他們的外祖母，即黃蕙蘭母親的照應。兒女們天各一方，顧維鈞對他們的關心也更少了。但以父親對事業的那份執著精神，其實無不潛移默化地感染和影響著孩子們的思想境界和行為選擇。

身教重於言教。但此後，兒女會踵隨父輩事業嗎？

外交即戰爭

在中國的文化寶典裡，出自《北齊書》的「寧爲玉碎，不爲瓦全」之句，說的是人們爲實現自己的道德理想而不畏犧牲的一種氣節。多少年來，它成了歷代仁人志士普遍崇尚的人生準則。

談及此，作爲外交家的顧維鈞別有一番闡釋。他曾這樣說過：

每一個中國知識份子都記得一句古語：**寧為玉碎，不為瓦全**。換句話說，堅持原則比只顧局部利益為好。我一向把這句話看作是在個人一生中的寶貴箴言，因為一個人的生命是有限的；但**這項箴言不適用於外交，因為國家是永存的，不能玉碎。一個外交家不能因為必須堅持原則而眼看著他的國家趨於毀滅而不顧**。

顧維鈞在此告訴我們，就個人而言，他一直把這句成語視爲立身處世的箴言，但在外交上，它是不能適用的。

應該說，這是顧維鈞長期從事外交實踐活動的一個基本原則，也是他在談判中得出的經驗之談。

「外交即戰爭」。

還在大學期間，顧維鈞就常聽導師穆爾教授這麼說。這裡的戰爭，儘管沒有硝煙瀰漫，卻充滿唇槍舌戰，武器不同而已。

不失傳統文化根底的顧維鈞，顯然熟讀了中國古代的《孫子兵法》，從他多次稱引「知己知彼，百戰不殆」的經典戰術，可見深得箇中的啓發。由此移到外交談判桌上，顧維鈞特別強調，一個人必須首先判斷形勢，不僅要估計對方，也要估計自己。

顧維鈞這樣分析：因爲談判雙方都想取得全勝，也就是想百分之百地達到目的。所以，如果一個人意欲防止「玉碎」而不屑顧及「瓦全」，那他就是只想到了自己，而沒有考慮到對方。如果每一方都指望自己獲得百分之百的成功，那麼任何談判都不會有成功的可能。既然如此，**談判中唯一要做的事就是以做到百分之五十以上為目的。如果一個人取得百分之六十，他就應該很滿足了；如果他想超過百分之五十稍多一點，那他就得特別慎重。顧維鈞認為，這就是取得談判成功之道。**

顧維鈞在此表述了外交談判必須有所妥協的思路。他反對以百分之百成功為口號的外交全勝論。

那麼，該如何理解顧維鈞這一外交談判策略呢？

筆者以爲，大概要從兩方面切入。

首先，這是越來越放眼中外的一種視野。

歷史上，中國傳統的對外觀念立足於華夷等級秩序之上，它把中國和外部世界的關係歸結爲「內夏外夷」，積數千年之習，成爲凝聚民族力量、規範民族行爲的傳統心理定勢。由此建立起的宗藩關係體制，以「懷柔遠人」作爲處理對外關係的指導原則。但自近代以來，隨著中外交涉的不斷增加，歷經鴉片戰爭以後幾近半個多世紀的努力，長期固守封閉的華夏中心論逐漸破產，晚清外交觀念、外交機構以至整個外交體制，也逐步開始向近代化的艱難轉換和過渡，以國家主權和民族存亡爲基礎的近代外交意識得以應時化育。但在傳統經世理念指導下，夷夏觀念並無根本性改變，虛飾自大仍是晚清社會的普遍心理狀態，眞正以理性思辯確立嶄新國際觀念的人畢竟只是少數。

跟晚清以「夷務」觀念辨理外交大異其趣，以顧維鈞爲代表的民國新一代外交官羣體，既大多出生於上海爲中心的東南沿海一帶，敏於判斷時事、善於吐故納新的地域人文環境，以其特有的滲透作用潤澤過他們的心靈；更有得風氣之先，自青少年時代出國留學，以其特殊的受教育背景，豐厚了他們的學養，由此獲致一份開闊的世界眼光，具備了一個現代外交家應有的國際視野。其中表現在，把中國視爲國際大家庭中平等的一員，更加注重站在世界的大背景下考察，爭取本民族的國際地位；表現在努力藉助國際組織，主動參與國際事務，增進國與國之間的相互瞭解和信任，以此尋求國際社會的援助和支援；也表現在自覺援引國際法準則處理外交事務等。知彼知己的努力中，開拓了前所未有的新視界。

其次，這是不得不面對現實的一種選擇。

證諸積貧積弱的近代中國，半殖民地化進一步加深，外無平等的國際地位，內無強大的軍事實力，正如顧維鈞認識到，「中國拿不出什麼可以作爲討價還價的本錢」。

就拿華盛頓會議上中日關於膠濟鐵路的談判來說。中方最初堅持現款贖路。但國內能否輕易而迅速籌集這筆錢呢？答案令代表團極爲失望。雖然中國代表團曾陸續收到中國各地的許多來電，各省各界都贊成立即償還貸款，並紛紛保證所需款數可立即湊齊，還通知代表團說捐款已超過四千萬元。但從上海銀行公會和各省商會的來電，實際募集到的錢還不足五十萬元，預計能達到的數目，也不超過兩三百萬元。他們還認爲，省長們的諾言都有政治色彩，而且，從中國的金融情況來看，即使這筆款項眞能募集到手，交出此項鉅額外匯，會造成上海金融界的嚴重危機，並影響中國貨幣市場。總之，電報中的諾言是靠不住的。中國政府自知無法籌措如許款項，當然只能指示代表團原則上接受鐵路貸款協定。

所謂「弱國無外交」，但顧維鈞又偏不相信。在他看來，唯其弱，就更需要外交，

那麼如何為弱國爭外交？當爭的時候必爭，當讓的時候也必讓。他說：「中國的外交，從巴黎和會以來，我經手的就很多。所犯的毛病，就是大家亂要價錢，不願意吃明虧，結果吃暗虧；不願吃小虧，結果吃大虧……內政的對象是人民，外交的對象是與國。在內政上有時候可以開大價錢，可以開空頭支票。至於外交，就得貨真價實，不能要大價錢，否則就會自討沒趣，自食苦果。」

所以，一九二二年第一次任外長時，顧維鈞就發表聲明，明確表示：

我的政策是不要野心過大，第一我們必須保持還在手中的一切東西，然後才能收回我們失去的東西。許多政治家許諾要收回失地，但是當他們在努力收復失地時，卻又繼續失去現有的東西。

顯然，審時度勢、臨機應變的現實主義態度，是他在外交談判中的基本立足點。顧維鈞參與抗戰時期中英關於訂立平等新約的談判表現，就是一個最爲典型的事例。

事起於一九四二年初國際反法西斯統一戰線建立後不久。國際形勢的變化，使中美英成了共同反對日本侵略的盟邦。在此前提下，美英爲促使中國堅持抗戰以牽制日本，主動提出終止在華治外法權並締結新約的要求。當年十月談判正式開始。在華盛頓進行的中美會談倒還順利，只等確定簽字日期，但在重慶舉行的中英談判，困難可就大了。

困難來自香港問題。

說起香港問題，當然爲中國政府和廣大民衆所關注。英國自一八四二年通過《南京條約》強占香港島；一八六〇年通過《北京條約》割占九龍司地方一區；一八九八年通過《展拓香港界址專條》攫取九龍半島界限街以北、深圳河以南地區及附近島嶼，爲期九十九年，並將其改稱「新界」。屆此中英談判涉及放棄在華租界問題，中國乘勢提出以廢除九龍租借權爲簽約的先決條件，而英國認爲九龍問題不在其原先提出的承諾範圍之內。雙方爲此爭執不休。蔣介石的態度更是強硬，表示中英新約內如果不包括收回香港，就不同意簽字。

正當談判因此陷入僵局之際，時任駐英大使的顧維鈞，剛剛結束爲期一個月陪同英國議會代表團訪華任務回到重慶。於是，外交部長宋子文請他協助尋求解決辦法。

對此情形，顧維鈞有何良策呢？

顧維鈞認爲，現在的問題在於：是締結條約還是堅持收回九龍，兩者之間，看來應有取捨。如果堅持九龍歸還中國，那麼任何方案都無從打破僵局；如果想簽署新約，則不難找到解決辦法，那就是首先簽署新約，然後由中方提出照會，保留今後提出九龍問題的權利。

至此讀者不禁要問：顧維鈞何以出此妥協退讓的方案？

看來，顧維鈞不是沒有道理。

實際上，早在一九四一年調任駐英大使後，他就把香港問題作爲重點加以考慮。經過好幾個月的持續努力，透過與英國各界人士的廣泛接觸和試探，顧維鈞得出結論，無論是英國政府官員還是普通民衆，當時的普遍反應是，他們並不反對把香港交還中國，但以爲此非當務之急。在與英國首相邱吉爾的多次會談中，對方就表示過目前時機尙未成熟，只有等到戰後再說。

依顧維鈞之見，九龍問題不是一個孤立的問題。對英國來說，九龍租界權是香港問題的一部分，而香港則牽涉到英國政策上的重大問題，亦即整個殖民地政策問題。當時印度等殖民地要求獨立的呼聲高張，英國又因在西歐一隅孤軍作戰，處境困難，所以一再表示殖民地問題留待戰後解決。爲此，顧維鈞斷定，英國在九龍問題上絕不會遷就和讓步。至於美國總統羅斯福此間雖然鼓勵中國收復失地，且在開羅會議上敦促英國把香港歸還中國，不過是慷他人之慨而已。

再說，珍珠港事件以後，東西方反法西斯戰爭連成一片，中國的抗戰與各同盟國的作戰匯成一體，一旦在簽署中美條約後，中英條約未能簽署，豈不給人留下這樣的印象，即盟國內部存在嚴重分歧，盟國陣線的團結有缺口？

此情此勢下，一切還得從戰時外交的實際狀況出發。

所以，顧維鈞主張不妨採取現實態度，把問題分開處理，先簽署新約，再討論九龍租界地問題。按他跟蔣介石交談時所說，廢除領事裁判權，這是英國人送上門來的禮物，只是英國想分兩次送，那麼中國應先收下第一份禮，同時暗示等待第二份禮到來，這樣有助於維護戰時盟國間的團結合作。

顧維鈞向來認為，解決問題的良好時機與問題本身的正確解決同樣重要。據此，現實的方針是，不妨先把現在能得到的先弄到手，取現在之可取，其餘則留在以後再爭。

事實表明，通過一九四三年一月簽署的中英新約，除九龍、香港外，中國廢除了英國在華治外法權和一九〇一年的《辛丑和約》，收回了北平使館租界和上海、廈門、天津、廣州租界的行政管理權。有專家指出：就當時的歷史條件看，顧氏的方案較為可行。既達到了基本廢除不平等條約的目的，也保持與盟國的戰略關係；既堅持提出九龍問題的原則，又顧及到對方的現實困難。這是一個把歷史、現實、將來三者關係加以區別又加以聯繫，從而穩妥處理棘手事務的一個典型事例。此乃令人信服的公允之論。

此後的歷史當然人所皆知，由於英國堅持殖民主義的頑固立場，更由於國民黨政府軟弱無能，香港問題一拖再拖。試想，一個內部不穩、國力不振的半殖民地中國，又怎能洗刷民族恥辱？直到改革開放的社會主義中國不斷增強綜合國力，贏得應有的國際地位，才得以最終恢復對香港行使主權。

在此意義上，為弱國爭外交的顧維鈞，處其當時特定的國內國際環境，以其靈活性和原則性相結合，更以妥協求得問題最終解決的策略手段，後人當不應過於苛求。歷史的問題，需要從歷史中評判。

如果再把本章話題放回顧維鈞的一生，就不難發現，其實他並非一味主張妥協和退讓。該讓就讓，當爭必爭，當時勢需要時，顧維鈞從不遲疑採取斷然措施。

在此列述幾例，幾乎皆為近代中國的外交先例：

巴黎和會上：由他主持起草的《中國希望條件》，第一次透過外交途徑，把廢除不平等條約的要求正式提到世界列強面前。儘管希望條件被駁回，但在列強擅將德國之前在山東權益轉讓日本，實際主持中國代表團後期工作的顧維鈞毅然拒簽凡爾賽和約。作為近代中國外交史上的一塊界石，從此邁出中國人民廢除不平等條約的歷史進程。

華盛頓會議上：由中國政府提出的十項原則，主要部分正出自於顧維鈞的建議，特別是其中要求廢除不平等條約的束縛，更是他最關切的實質性建議。會間，顧維鈞負責山東問題、關稅問題及租借地、勢力範圍、廢除或修改不平等條約等問題，工作最多，難度最大。會上又由他代表中國政府提出各項議案，著眼於從列強難以反對的原則問題上闡明中方立場。會議儘管對中國而言所獲實際成果極為有限，但它既是世界列強就中國廢除不平等條約問題進行的第一次全面而具體的討論，也是中國政府首次沒有喪失反而爭回某些權益的外交活動。顧維鈞的外交主動，使中國朝著恢復主權的方向邁進一步。

一九二四年有關簽訂《中蘇協定》問題上：此前，中方代表王正廷在未獲政府訓令的情況下先與蘇聯特使賈拉罕（Leo M. Karak han）草簽了協定。但主持外交的顧維鈞看過草約後不禁疑竇叢生；一是有關涉及外蒙古的條約問題，草約雖規定廢除沙俄與中國簽署的以及和其他列強簽署的有關中國的一切條約，但蘇俄與外蒙古簽訂的條約卻隻字不提，等於默認。二是蘇俄從外蒙古撤軍問題，草約雖規定蘇俄將在雙方商定條件後撤軍，但這些條件顯然使中國處於完全聽任擺佈的境地；三是在華俄國教會的產業問題，草約聲稱俄國東正教會的所有地產都必須移交蘇俄，但其在華擁有多少財產無法確認。對此，顧維鈞認爲必須修改，中國絕不能輕易讓步。在隨後直接參與對蘇交涉過程中，雖然有人在他北京鐵獅子胡同的家裡放了一顆定時炸彈，引起爆炸事件，但絲毫未能改變顧維鈞的態度，幾經周折後簽署的《中蘇協定》，包括很多條款，其中最重要的是廢除帝俄與中國或第三國所訂一切有損中國主權及利益的條約，廢除帝俄在華的一切租借地、治外法權的領事裁判權。這是近代以來第一次有一個大國主動放棄在華特權，與中國簽署平等條約。

至於一九二六年宣佈終止中比舊約，更是顧維鈞旨在廢除不平等條約的一次挑戰性、開創性努力。

當年四月，鑒於一八六五年（清同治四年）中國與比利時簽訂的《中比通商條約》修約期滿，北京政府通知比方，決定終止舊約，以便在平等互惠基礎上舉行締結新約的談判。但比方堅持要求中方保證在新約生效前，舊約繼續有效。雙方難以調和。當年十月，擔任國務總理的顧維鈞，建議中比雙方在舊約期滿後先商定一臨時協定，但比方採取與其他列強同進同退的策略，要求繼續行使治外法權和領事裁判權，毫無談判誠意。在此情況下，顧維鈞以一紙宣言，宣佈廢止中比條約。顧維鈞認爲：中國有必要這樣做，不僅在於中國根據情況變遷原則在國際法面前有充分理由，而且在於有必要開創一個先例，證明自己決心行動起來，以結束近百年來不平等條約給中國人民帶來的災難。此舉被他視作中國外交史上的一個里程碑，因爲它開創了中國政府在面對另一締約國公開、正式反對的情況下，單方面廢除不平等條約的先例。

到一九二七年初，顧維鈞以攝政大總統職權名義，宣佈罷免英籍總稅務司安格聯（Francis Aglen），同樣打破了中國政府長期聽憑列強操縱海關要職的慣例。

中國海關設立總稅務司是在一八五八年（咸豐八年）。但在一八五九年英國以它對華貿易最多爲由，迫使清政府任命英人李泰國爲總稅務司之日起，中國海關管理權一直被外人所攫奪。一八六三年由英人赫德（Sir Robert Hart）繼任，至一九〇八年卸職，在長達四十八年任期內，控制中國財政收入，干涉中國內政外交，蠻橫倨傲，不可一世。

轉至風雨飄搖的北洋軍閥統治時期，北京政界流傳著這樣一句名言：「總統易位，總稅務司難搖。」時任總稅務司的安格聯，如當時報端評論：「既握海關全權，又負保管內外債之責，操縱金融，左右財政，歷來當局無不仰其鼻息，而安格聯之允諾，可以生死內閣，安格聯之言動，又可以高低公債。」其權勢之炙手可熱，儼然成了中國金融財政界呼風喚雨的太上皇。

北京政府一九二七年一月決定通過海關徵收華盛頓條約規定的附加稅，向來蔑視中國政府的安格聯當然一口回絕，無意從命。結果，顧維鈞主持的內閣斷然將他罷免。

今非昔比。力爭國權的顧維鈞豈能容忍他繼續霸道下去?!

如上不厭其煩的列述，概爲我們理解顧維鈞對「寧爲玉碎，不爲瓦全」的闡釋，提供了生動鮮活的注腳。

「道」與「勢」的糾葛

如所周知，民國史上有過兩次重大的國家政權更替：在先，南京國民政府取代北京政府；在後，中華人民共和國政府取代南京國民政府。

顧維鈞在國共兩黨各自導演的兩次國家政權更迭中，他曾兩次與失敗者爲伍，兩次遭勝利者通緝，最後又兩次被勝利者寬容。

一九二六年十月初，當南京國民政府誓師北伐即將攻克武昌之際，顧維鈞出任北京政府代總理一職，因身處北伐戰爭的對立面，一九二八年七月被南京政府明令通緝，但至一九三〇年二月，經張學良疏通，國民政府取消對他的通緝令；更在「九・一八」事變後委以重任，發揮他在外交事務中的作用。

事隔多年後，當國共兩軍展開戰略決戰之際，顧維鈞以駐美大使的身份，竭力爲國民黨發動內戰爭取美援而奔走呼籲，由此走向了共產黨的對立面，一九四八年十二月，在中共以戰爭罪下令通緝的四十三名戰犯名單中，顧維鈞作爲唯一的駐外使節，再度榜上有名。但至一九七二年九月，毛澤東委託赴紐約參加聯合國大會的章含之看望顧維鈞，致以問候並邀他適當的時候訪問大陸。到一九八五年十一月顧維鈞與世長辭，中華人民共和國政協主席鄧穎超委託中國駐聯合國大使李鹿野，轉達了對他的哀悼。民國政壇上，力圖不介入黨派的顧維鈞竟兩次捲入了國內複雜的政治漩渦，並遭此耐人尋味的人生際遇。

顧維鈞在回憶錄裡，曾經這樣表示：

我自擔任公職以來的一貫方針是在接受任何指示或建議採取這種或那種步驟時，先問問自己，這樣做是否在為中國服務並對國家有好處。同時，我一向對黨派政治不大感興趣，而是從中國政府的立場來考慮問題，因為我經常認為，一個國家要能立足於世界各國之林，就必須有一個有組織的政府。簡言之，我是不參與政治的，並努力置身於政治和權力鬥爭之外。我把中國看作一個整體。我認為這才是唯一的善為中國服務之道。

他認爲，辦理外交時，唯一應當考慮的是民族利益，而不是黨派和政治利益，更不能考慮個人政治上的得失。否則，要麼犧牲民族利益實現政治野心，要麼使談判完全破裂。

也就是說，將民族利益和政治利益區別，將外交與黨派區別，以一種超黨派的中性立場爲國家服務，成了顧維鈞的立身之道，立業之本。

每個人的行爲方式背後，自有其內在的價值取向。

就顧維鈞而論，從早年入上海教會學校讀書，到隨後出國深造，青少年時代的他很大程度上深受西方文明薰陶。爲這段特殊的成長道路所規範，所以連他本人也承認，自己對問題的看法，往往不像一般的中國人，反而更接近西方人。從赴美留學到兩次擔任駐美使節，顧維鈞在此生活了四分之一個世紀多的時間。由此，對美國政治、文化、價值觀所產生的認同和親和感，基本上主導了他的政治傾向。在他看來，美國的兩大政黨都沒有明確的思想體系，這使兩黨之間可以相互融通。與此相較，中國政黨過分重視學說與主義的學術重要性，而不是以支援全國工人、農民、商業集團等各方面的實際利益爲堅實基礎，因此，基於西方政治學的一般法理原則，顧維鈞相信，沒有哪一家的政治思想是絕對正確而超越一切的；從民族的觀點來看，政黨之間的分歧，不值得讚許，這種分歧，只是一些狹隘黨派間的分歧或個人領導地位的分歧，而不是如何領導全國的大問題。

按照這種政治理念，顧維鈞努力以超黨派的姿態，塑造自己的政治品格並付諸實踐。

就說巴黎和會前夕，因國內存在南京政府和北京政府兩大政權對立，圍繞南北代表問題，彼此當然少不了一番激烈爭執，但顧維鈞主張內部的政見分歧最好限於國內，才能保持政府在國外的威信。所以，當時他就說了：「我是中華民國的外交代表，共和國憲法明確規定了中華民族的領土和管轄範圍，我從不認為我代表的是幾個南方省份除外的中華民國。」

轉至二〇年代初顧維鈞回到北京，正當民初政壇處於政派林立、軍閥混戰的非常時期。各種派系在列強操縱唆使下紛爭不休，傾軋不止，國內局勢處於分崩離析的狀態。以顧維鈞這樣一位享有國際聲譽的無黨派外交官，自然成了各派軍閥爭相拉攏、延攬的人物。

於是，自一九二二年八月至一九二六年六月，顧維鈞先後出任王寵惠、張紹曾、高凌霨、孫寶琦、顏惠慶各屆內閣的外交總長。一九二四年七月一度兼任代國務總理；一九二六年六月任杜錫珪內閣的財政總長，十月代理內閣總理兼外交總長；一九二七年一月署理內閣總理兼外交總長。在此萬花筒般、走馬燈式的政府內閣更迭中，一頂頂桂冠戴到了他的頭上。

處此紛亂政局，屢居內閣要職，局內人可作局外觀嗎？

在人們的心目中，顧維鈞確實被認為是努力保持著自身的獨立地位，既未直接捲入政治鬥爭，更沒有參與旨在統治國家的軍事鬥爭。按他的話說：「我和我的親密內閣同事們都抱定這樣的宗旨：即把這類事情留給政客們去做，我們絕不插手，以免被外界誤解為我們屬於任何軍事集團或政治派系。」他稱自己出任內閣總理只是在全世界面前維持一個政府；出任外交總長，只是致力於處理國際關係事務。他不想介入國內的行政事務，不願和各個政治派系打交道。為此，當國內有人批評中國的外交家沒有政治頭腦時，顧維鈞樂於接受這種意見，在他以為，如果一個外交家有了政治考慮，那他的外交就很危險了。沒有份外之想的顧維鈞，堅持以國家利益和民族尊嚴作為處理對外事務的原則。有意思的是，正是由於此間中央政府政令無法統一，軍閥的注意力集中於國內紛爭，反而給對外事務的處理留有不小的活動空間，使顧維鈞這樣的職業外交官在外交活動和決策中，得以發揮相當大的影響。「賄選」總統曹錕不就這樣說過：「外交，咱不懂，問少川好了。」

但隨北京政府時代轉到國民黨的一黨訓政時代。面對不斷變換的政局，特別是日益發展中的國共兩黨展開的鬥爭，顧維鈞能游離其外嗎？

其實，他和國民黨並無多少淵源。

顧維鈞和蔣介石本不相識，也毫無交誼。當初與他共事相交甚密的王寵惠、伍廷芳、王正廷等人，因不滿於北京政府的腐敗和軍人獨裁統治紛紛南下或遙領南職，參加孫中山在廣州建立的國民革命政府或後來的武漢國民政府及南京國民政府，顧維鈞仍繼續留任北京政府。待到「九・一八」事變後，蔣透過張學良請他到南京去，並派專機迎接。從那時起，顧維鈞才與國民政府有了關係。蔣對顧維鈞禮遇有加。據說一九四二年底他從英國回到重慶，應蔣介石之約，同赴黃山住了一夜，蔣先陪他散步一個半小時，邊走邊談。當夜送他就寢時，還親自陪到房中檢查床褥；出門時又吩咐隨從幫他穿大衣備汽車。他有什麼意見講了，蔣必從抽屜裡拿出紙來記下。在蔣勸說下，顧維鈞於一九四二年加入國民黨，且在抗戰勝利前夕召開的國民黨六大全會上被選爲中央執行委員。但如他所說的，「黨的關係對我來說無關重要。」名義上是個國民黨人，但他一直自認爲不是積極份子，黨籍時有時無，關係若即若離。可見在思想上和組織上，顧維鈞始終與國民黨保持一段距離。

再說顧維鈞與共產黨的關係，也同樣沒有淵源，彼此幾乎沒有發生過眞正意義上的政治交往。

在他的回憶錄裡，屈指可數的接觸只有五次：一是一九二四年中蘇談判中與李大釗關於外蒙古獨立問題的辯論；二是任駐法公使期間在巴黎與董必武曾有一面之緣，彼此討論過國際關係問題；三是一九四五年在出席舊金山會議的中國代表團組團問題上力主董必武作爲中共代表加入，會間有過融洽的合作；四是一九四五年駐英任上，在倫敦會見參加世界工會大會的中共代表鄧發，鄧發轉達毛澤東的問候並帶去周恩來的介紹信，兩人就國共問題進行討論；五是一九四六年在北平訪問軍事調處執行部的中共代表葉劍英，雙方就東北問題、國民政府改組以及國際形勢等問題廣泛交換意見。

雖是如此，顧維鈞仍試圖以固有的超黨派姿態立身處世。

以他擔任駐法公使期間的用人之策爲例。當時手下十二位工作人員來自十一個省，他從來不問哪個人來自哪一個省，他所想的只是把他認爲合適的人安排在合適的崗位上。從當時中國舊官場盛行任人唯親的角度看，顧維鈞所推薦的名單令人驚訝，既無親戚又無同鄉，大多數是國內或國外的大學畢業生。有人說他傻，也有人勸他應該有一些心腹或至友，以便一旦有人搞陰謀活動時能有所依賴，顧維鈞對此從無所懼。他從不考慮什麼政治派系或裙帶關係，難怪他說：「我在國內從來沒有親信」。

據他秘書回憶，駐法任上的顧維鈞不僅辦外交，也十分重視「內交」，對國內去的任何人，他都以禮相待，使每個人都對他有好的印象。茲舉一例，一九三六年下半年，陳銘樞、方振武等在國內政治上失敗後去了巴黎，繼續進行反蔣活動。他們想見顧維鈞，也想得到他的幫助。秘書向他提及此事，顧維鈞非但沒有拒絕接見他們，並請他們吃飯，還邀陳友仁夫婦作陪，但事後又囑其秘書，陳、方活動情況複雜，交往要愼重。

抗戰初在巴黎任職期間，作爲一名無黨派人士，人人盡知顧維鈞無所依附，對國民黨也不熱心。因此，各黨派的人都願意和他交談，報以信任，暢所欲言，把他視作可以理解不同觀點的人。

在一九四五年爲中國參加聯合國舊金山會議的代表團組成問題上，顧維鈞所持態度更能說明這一點。

當時海外輿論普遍認爲，中國國內政治的不統一，主要根源在於國共兩黨間存在著嚴重爭端。有鑒於此，顧維鈞認爲，代表團應有廣泛的基礎，應包括各種不同政治主張的代表，以一個團結統一的眞正全國性代表團出席會議。爲此，他不顧蔣介石和國民黨內強烈的反對意見，極力主張接納中共代表進入代表團，並提議由通曉國際事務的董必武作爲代表。在他看來，之所以要這樣做，唯一的願望就是要使中國在大會上得到好評，並取得最大的收穫。事實也是，包括中共代表董必武在內的各黨各派組成的中國代表團陣容出現於國際政壇，確實在當時給世人留下良好的印象，爲中國贏得良好的國際聲譽。與會間，顧維鈞和各派人士達成如下協定：代表團是代表整個中國的，因此只能討論有關整個中國的問題。那些日子裡，大家遇事相互協商，合作共事，顧維鈞無形中成了非國民黨人士的聯絡官、中間人。

此事當然不能說明顧維鈞對中共的政治傾向，但恰恰表明了他考慮問題的方式是以外交的要求爲依據，以外交的需要爲最高利益。

那麼，在此期間，他如何看待國共之爭呢？

一九四五年十月，在爲出席世界青年大會的中國代表舉行的招待會上，顧維鈞強調，代表團內應始終堅持結成統一戰線。在他看來，各政黨之間的不和實無必要；至於主要的問題，各政黨的看法並沒有大的區別，都希望中國強大，只有強大，中國才能取得國際大家庭中應有的地位。此後，在與鄧發的多次交談中，顧維鈞坦率地表示：

我看不出兩黨政策之間有什麼大的區別。任何國家只有統一才能強大。在戰後世界強權政治的考驗中，沒有一個統一的政府和軍隊，中國就起不了自己應有的作用。三十年來，我一直為此而努力工作，現在日本的危險終於消除，所有的中國人應該齊心協力，建設一個新國家。一個政黨的權力和成功，與整個國家的更高利益相比是微不足道的。

如果說抗戰時期顧維鈞還能堅持置身於黨派之外的立場，專心於戰時外交活動。那麼，此後的他就越來越沒有迴旋餘地了。

當飽受苦難的中國人民歡慶抗戰勝利、憧憬和平前景之時，一場內戰已再度無法避免，蔣介石爲消滅共產黨而重建統治權的決心正越來越大，中國面臨了兩種命運、兩種前途的抉擇。

爭取美援打內戰，此刻的南京國民政府比任何時候都需要美國的支援。所以，當美國特使馬歇爾介於國共之間的調停失敗，內戰全面爆發後的一九四六年六月底，顧維鈞被蔣介石委派，再度出任駐美大使，以學識和威望論，以和美國各界的關係論，以外交才能和經驗論，顧維鈞可謂最佳人選，蔣介石可謂知人善任。

然而，正是在此十年駐美大使任上，也是他外交生涯的最後一段時期，顧維鈞最終未能再度超越。

其實，當年三月回國述職的顧維鈞，對於日趨激化的國共衝突，還是與國民黨最高決策層有過不同的看法。五月的一天，在與外交部長王世傑商討時，王世傑認爲，解決共產黨問題有三種選擇，一是把共產黨排除在政府之外，讓他們在自己的轄區內自行其是；二是對共產黨作出讓步，讓他們參加進來組成一個聯合政府；三是武力解決。顧維鈞對此表示，訴諸武力，無論海內外民衆都不會理解和支援，結果對國民黨來說等於自殺；因爲中國最需要的是有一個進行重建的穩定時期，如果採取第一種選擇，緊張和不安定的局面將會繼續阻礙重建工作的開展；而從國內外形勢要求，只有作第二種選擇，因爲它至少可以緩和緊張局面並給中共提供合作的機會。而從隨後在與蔣介石的私人交談中，顧維鈞勸蔣在擴大了的政府裡，堅定不移地與中共合作，而不是憑藉武力解決問題；如果讓局勢停留在當下狀態，不僅不可能從國外獲得有效援助，中國的國際地位也會進一步下降。

但時隔僅僅半個多月，顧維鈞的態度卻從主張國民黨容納共產黨，轉變爲贊成以武力解決共產黨問題。

分析箇中原因，誠如研究者揭示，一是與他對當時東北形勢的認識有關，此間顧維鈞曾赴東北考察，面對國共在東北激烈的軍事對抗，他敏感地認識到國共問題並非他原以爲的國內問題，還與蘇聯的干預有關。二是此間在與國民黨高層人士的接觸中，他們對國共和解前景均持悲觀態度，國民黨將領更大多主張武力解決，這對顧維鈞影響很大。三是既然代表國民黨政府，出任駐美大使，當此國共矛盾不斷升級，國內問題也就無法迴避了。

此後，爲國民黨發動內戰而爭取美國的軍事和經濟援助，成了重返華盛頓的顧維鈞對美外交的主要任務。爲此，他遊說美國朝野，包括政府官員、國會議員、社會名流；主動向新聞界發表談話，到美國各地，向各團體、大學、俱樂部等發表演說，以爭取美國公衆輿論，以影響美國對華決策。綜其當時的宣傳要點：⑴強調中國統一的重要性；⑵強調中國問題是世界問題的一部分，而反蘇與反共是一致的；⑶強調中國人的天性具有民主氣質，不能以美國的標準來衡量；⑷強調美國用中共的口號來判斷中國事務是危險的。其中，又特別強調中國必須統一，以此爲蔣介石發動的全面內戰辯護，活動之頻繁，可謂不遺餘力。

等到國共兩軍的戰略態勢發生重大轉折之際，顧維鈞終於投向國民黨而排斥共產黨。

選擇是主動的，也是無奈的。

說是主動、無奈，因爲，此刻顧維鈞是懷抱著對國民黨的不滿情緒而倒向國民黨。請看他一九四九年三月十九日的一則日記：

局勢是可悲的。它說明過去多年我們在政治、軍事和經濟上有某些錯誤。忽略了在治理國家中應當注意人民意願的原則，以致損害了中國。中國古訓「民為邦本」，意義至深，按現代的意義來說，人民是國家的股東，政府不過是董事會。董事會不可能一直違反股東的利益進行經營而不遭到股東的懷疑，失去他們的支援，以致引起抗議和反對。

言猶未盡的顧維鈞，第二天又添了這麼幾句：

回顧中國的苦難局勢，目前較之過去更為明確，即人治政府不論其心地如何善良，永遠不如法治政府理想。法治是建立國家的鞏固基礎。人治不可能擺脫七情，即喜、怒、哀、懼、愛、惡、欲的影響。

字裡行間流露出對國民黨獨裁政府違反民意的不滿。

但是，此刻已到國共兩軍勢不兩立的最後決戰。戰局的急劇變化，把他逼到別無選擇的境地。

就當時中國的實際政治情形而言，國共之間，非此即彼，別無他途。

如前述，與共產黨的關係，顧維鈞本來就沒有什麼淵源。如果說模糊中性的超黨派姿態，加之長期駐節海外的生活，寥寥無幾的有限交往，使他對這一新興的國內政治力量缺乏必要的瞭解和認識；或說因深受西方社會影響而形成的自由主義政治理念，使他對共產黨產生一種本能的恐懼；那麼還要注意到，其實不少自由主義者也一度認爲可和共產黨共事，甚至到了一九四八年還是這樣想，因爲對國民黨政府產生厭惡和不滿，使他們迫切要求實現變革。然而，中共領導的社會革命，最終在自由主義者看來體現爲與傳統決裂的做法，超出了他們所能承受的限度。

且看隨著共產黨在全國勝利進軍並將其各項政策付諸實施的時候，顧維鈞作何反應：

> 我總以為他們接受共產主義意識形態，是為了他們的政治目的；即取得莫斯科的支援，以保證政治鬥爭的最後勝利。我沒有想到他們竟會走極端，他們的行事竟完全違反我國的傳統和我國的政治哲學。

在他眼裡，共產黨的所作所爲完全背離了中國人的傳統觀念。

於是，在戰後美國「扶蔣反共」的對華政策影響下，在中共因他竭力爲國民黨爭取美援而列入戰犯名單之後，顧維鈞只能身不由己地倒向國民黨。

一代外交家的政治品格，至此完全傾斜和扭曲。

再回到本章所揭標題。

「道」者，此指個人立身處世之道；「勢」者，此謂社會現實之勢。在急劇嬗變的時勢面前，顧維鈞嚴格區分、絕對割裂民族利益與政治利益或黨派利益的經世救國之道，顯然只是法理意義上的西方政治學原則，與現實政治難以契合，其中間派的政治品格已難以維持其平衡局面，終究擺脫不了被擠壓的困境。

發生在顧維鈞身上的「道」與「勢」之糾葛，正反映了當時中國自由主義者的矛盾困境。那樣的時代，他們的命運必然帶著悲劇的色彩。

窘境

時勢之於個人，自有它不可預料又難以抗拒的發展潮流。如此，擺在個人面前的歷史選擇，是適時順勢，還是背時逆勢，最終都直接關係到個人的人生事業與前途命運。但處錯綜複雜、曲折回環的社會現實中，如何能把歷史的發展看得眞眞切切、明明白白？個人的命運往往不可預知。

就說當此國內局勢發生重大轉折的關頭，顧維鈞幾乎別無選擇地一改往日固有的超黨派立場，最終倒向了國民黨。此後的時勢進展，一定是他始料未及。

於是，再度出任駐美大使的十年時間裡，顧維鈞陷入一種前所未有的窘境之中。如他晚年回憶時說：

這時實在是我最為困窘的日子。一切來自中國的消息都是那麼令人沮喪，而我仍要繼續工作，在美國政府頗不友善的態度下為國家盡心竭力。

實際上可以淸楚見得，此時顧維鈞所代表的國家，是退守踽居於臺灣的國民黨政權。任憑顧維鈞如何才高志遠，但爲風雨飄搖中的蔣介石統治集團而出其力、傾其心，想必已無能爲力。

無可奈何花落去，一江春水向東流。

此時此刻，顧維鈞越來越深感自己猶如一匹筋疲力竭的老馬，眞的覺得累了，想要退了。

老馬識途哉?!失途哉?!

說起來，最初萌生卸職的想法是在一九四八年的夏天。一次，在與時任比利時大使、密友金問泗的交談中，顧維鈞傾吐了個人的退休打算。

當時的原因，可能出自於他敏感察覺到的一個微妙情況。爲爭取美國對國民黨的援助，顧維鈞努力尋求各方支援。但在國會議員和政府官員中的遊說活動，顯然引起美國政府的注意。美國在中國全面內戰中向國民黨提供大量經濟、軍事援助，事後看到的卻是蔣介石一敗再敗的戰局，由此對國民黨政府產生的厭惡和不滿，勢必影響到對華政策上的策略調整。實際上，美國當局至此對蔣介石越來越失去信心。因此，對於顧維鈞在美的活動，特別是他經常不失機會地藉助和利用那些對政府持不同見解的內閣成員的同情態度，多少讓美國政府領導層留下干預其內政的印象。儘管顧維鈞謹言愼行，儘管他從未遇到過公開的敵意或不友好的表示，但人家心存不快的情緒是顯而易見的。在這之前，美國駐華大使司徒雷登（John Leighton Stuart）就向南京方面表示，中國駐美大使最適合的人選莫過於胡適。聽說此事，顧維鈞不以爲怪，他很清楚，一定是美國國務院因國會反對並批評政府對華政策感到煩惱而授意這麼做的，因爲對方早就懷疑他是國會的頭號煽動者了。

既然如此，顧維鈞覺得不如讓更適合的人來接替處理中美關係的外交使命。他說：

一九四八年，我感到個人從事國際關係工作，為維護國家切身利益，經歷過兩次世界大戰和幾度外交危機，而辛勤不懈地努力三十七年後，我的外交生涯日益艱難。我開始模糊地想到退休，從中國的政治漩渦和中美關係的迷宮中引退。

可是，說退就退，談何容易？

當此之際，美國政府的態度已明顯要從中國內戰中脫身，而為挽救頹敗戰局的蔣介石，當然仍想從美國那裡獲取盡可能多的援助。那麼，專事赴美的顧維鈞，對如此黯淡的中美關係，又怎能置身於事外？顧維鈞也知道，趕此當口提出辭職，豈不讓外人以為他是臨難苟免，以爲他是急於要離開被視爲「沈船」的國民黨政府？

在當時的許多人看來，蔣介石國民黨政府大勢將去，已形同一條下沈的「危舟」

了。

表現在軍事上：從一九四八年九月十二日開始，到一九四九年一月三十一日結束，中共領導的人民解放軍先後發動了遼沈、淮海、平津三大戰役，歷時一百四十二天，共殲滅國民黨軍一百七十三個師一百五十四萬餘人。至此，國民黨賴以發動內戰的精銳部隊幾乎喪失殆盡。

表現在經濟上：國統區的財政經濟同樣處於土崩瓦解的境地。當時法幣不斷貶值，物價飛速上升，通貨膨脹到了不可收拾的地步。雖然國民黨政府在一九四八年八月進行所謂的「幣制改革」和「限價政策」，即以發行金元券取代貶值的法幣，同時在主要城市實施一種價格管理制度，凡個人、銀行和機關持有的黃金和外幣必須交給中央銀行。但結果怎樣呢？由於國統區日益縮小，財政來源更加枯竭，財政赤字繼續增長，通貨膨脹更是一日千里。到一九四九年五月，上海金元券已貶值到發行之初的一千萬分之一，金元幣轉眼間變成廢紙。以期用發行金元券挽救國統區經濟危機的辦法，注定毫無起死回生的希望。

表現在政治上：國民黨內部的派系越來越多，蔣系和桂系的相互傾軋顯得更加突出。美國政府看到蔣介石政府倒臺已成定局，不願在軍事上和經濟上大量援蔣，以各種方式策劃讓蔣辭職，由李宗仁取而代之，然後出面與中共進行和談。一月二十一日，蔣介石以「因故不能視事」的名義宣佈引退，回到他浙江奉化溪口老家去，繼續背後操縱，代理總統職務的李宗仁只不過得了個並無實權的空頭銜。隨此，雖由李宗仁正式致電中共主席毛澤東，表示願以中共所提八項條件爲基礎進行談判，但在下野後的蔣介石隱而未退的實際遙控下，提出以「劃江而治」爲基調的方案，最終導致國共新一輪和談無果而終。

二月二十一日，國民黨元老之一、考試院院長戴季陶，和早些時候在南京的陳布雷一樣，因對時局深感失望而在廣州自殺。

緊接這一年的三、四月間，人民解放軍在占領京津後，一路凱歌南下，四月二十日子夜發起的渡江戰役，把國民黨視爲「固若金湯」的長江防線一舉摧毀，隨即攻克南京。到五月十二日進攻上海，儘管蔣介石親臨坐鎮，且以三十萬兵力防守，但僅僅半個月的時間，上海失守。至此，四分五裂的國民黨政權在大陸的統治徹底崩潰，蔣介石不得不退至孤島臺灣。

對身居海外的顧維鈞而言，所有這些來自國內的消息，總是那麼令人驚訝和沮喪。由於遠隔重洋，他對國內實際局勢的進展，無從眞實而全面地把握，以致還一度樂觀地認爲，當前的困難只是暫時的，但他知道自己想錯了。

何以會到今天這個地步？問題究竟出在哪裡？顧維鈞多有迷惑不解。

適此國內政局紛亂之際，國內朝野人士紛紛藉故訪美，以探退路。凡是來華盛頓的人，大多數都到大使館訪問，顧維鈞藉此機會，和各方來客交談，使自己從另外的角度透視中國的近況。

來客中，既有國民黨政府要員，也有工商金融界和文化宗教界知名人士，還有他的親戚。比如，剛從上海到美國匹茲堡一家公司任助理工程師的姪兒顧海昌，有一天來看望他，就證實了國民黨軍隊向上海富戶敲詐勒索的報導。據說當時上海商會花了一千根金條，才買動京滬杭警備總司令湯恩伯同意停止抵抗，撤離上海，以免給這個城市和人民造成更大的損害。比如，著名實業家吳蘊初的到訪。這位比顧維鈞小兩歲的嘉定老鄉，以先後創辦上海天廚味精廠、天原電化廠、天利氮氣廠和天盛陶器廠等天字型大小化工企業而知名，曾在國民黨政府擔任全國經濟委員會、資源委員會、經濟部計畫委員會的委員，擔任國民黨參政會參政員和全國工業協會理事長等職。原以為抗戰勝利後民族工業會得到發展，沒想到內戰烽火再起，企業處境艱難。當顧維鈞向他問起國民黨政府何以潰敗至此，吳蘊初不無怨憤地說，那是因為人心思變，士無鬥志，從上海來看，幣制改革的失敗帶來的惡果，使人民感到痛心，且覺得比任何時候都難以為生，這是人們對政府失望和不信任的最大原因。甚至有來訪者告訴他，老百姓對國民黨政府已經十分失望，認為只有共產黨才能給他們帶來變革。前任國民黨信託局局長也跟顧維鈞說，他深信國民黨政府要在大陸挽回敗局，已經毫無指望。對中國而言，只有在共產黨政權下經受一段時間的磨練和苦難之後，才有可能得到拯救。

雖然各方來客所談事例有所不同，但幾乎一致認爲國民黨遭此敗局的原因在於政治腐敗、軍官無能和經濟崩潰。對此解釋，顧維鈞仍不無困惑：

當我逐漸弄清楚這些情況後，儘管有內部消息，我自己仍不能回答的一個主要問題是：在我們如此成功地完成抗戰大業後，為什麼下坡路走得如此之快，以致已真正危及政府的繼續存在，和怎樣解釋共產黨如此之得人心。

面對如此變局，看來顧維鈞確實百思不得其解：爲什麼共產黨贏得人民的擁護，而國民黨似乎完全失去人心？連不少美國朋友都這麼問過他。

到了這個時候，顧維鈞的處境就更尷尬了。

從內而言，來自國民黨內部的派系鬥爭日趨嚴重。一段時間裡，蔣介石之於臺灣，李宗仁之於廣西，閻錫山之於重慶；而在美國，除蔣夫人宋美齡外，還有蔣介石的私人代表孔祥熙，也有李宗仁的私人代表甘介侯。在此情況下，身爲駐美大使的顧維鈞幾乎無所適從。中國古書上常以「一國三公」之說形容被分裂的國家，此刻在他看來，卻有了「一國何止三公」之歎。

從外而言，來自美國政府對蔣介石的厭煩情緒日趨明顯。國民黨在政治、軍事、經濟等各方面搖搖欲墜的敗局，已使美國政府在對華政策上更願持袖手旁觀的消極態度。

在顧維鈞的印象裡，一旦蔣介石決定下臺，美國人絕不會爲他留一滴眼淚，美國顯然不願再同蔣介石和國民黨打什麼交道了。

既然如此，還能贏得美國的同情、支援和物資援助嗎？

尷尬中的顧維鈞對此並未絕望。在冥思苦索之後，有一個夢想開始在他心裡醞釀。那就是策劃一個由歸國的留美學者組成的自由主義內閣。

於是，從一九四九年五月起的一段時間裡，顧維鈞和在美國的宋子文、胡適、蔣廷黻等友人，就此多有討論。討論中，顧維鈞認爲，拯救局勢的時間已十分有限，作爲唯一的拯救途徑，只有邀集一批開明賢能、正直清廉的自由派人士，在蔣介石和李宗仁的支援以及美國專家顧問的幫助下，組成一個新的政府，透過成功地合作二、三個月，使美國當局認識到國民黨眞誠自救的決心。在此建立新的內閣問題上，他們達成共識。

在顧維鈞所擬內閣人選中，由胡適任行政院長，蔣廷黻或王世傑任外交部長，孫立人任國防部長，陳光甫任財政部長，晏陽初任經濟、農業部長；至於其他次要職務，則留給各個地方派系，如西北馬家集團、國民黨、川系、桂系、粵系等。在顧維鈞的籌謀安排中，國民黨不過是其中的一個派系而已。甚至，他毫不掩飾地說，爲使這項計畫能付諸實施，必須說服蔣介石暫往後靠，國民黨也必須退居幕後，授予新內閣施政的全權。

至於施政的基調，按他的話，「我們必須按出錢的老闆定的調子演奏」，既然美國願意看到這樣一個由自由主義份子組成的新內閣，就得按美國的期望行事，保證取得美援；沒有美援，國民黨的處境會非常危險。

非常時期，非常處境，擬議中的內閣，從人選名單到施政基調，無不以美國的視線爲轉移。這一不惜以犧牲國家主權來換取美援的設想，被顧維鈞視作挽救時局的「最後一個機會和最後一張牌」。

在此國家政權行將崩潰的特殊階段，曾以恢復國家主權爲畢生職志的顧維鈞，此前此後已判若兩人，迷途中的他，豈能不迷失了自己？

那麼，此夢可成眞？

結果當然令顧維鈞失望，擬議中的內閣一開始便胎死腹中。原來，被他推爲羣龍之首，視爲「王牌」的胡適不肯貿然嘗試，堅持不就。胡適坦率地表示，他生性不願指揮別人，不願向任何人發號施令。何況他還認爲，讓自由主義者出來協助政府，以使美國相信國民黨自救的眞誠願望，那是無濟於事的。此項計畫雖然一度得到美國政府官員的稱賞和鼓勵，如參議員杜勒斯（John Foster Dulles）、駐華大使司徒雷登。但在實際上，整個國民黨已被美國國務院視作眼中釘，他們不相信蔣介石的軍事領導才能，又認爲李宗仁軟弱無力，美國人不願把援助投到眞空裡去。

至於和擬議自由內閣幾乎同時產生的組織自由黨的動議，自一九四九年六月胡適提出，蔣廷黻隨之草擬黨章，顧維鈞也極表贊成，認爲「在任何一個眞正民主的國家中，執政黨都應有一個合法而有效的反對黨」，並接受邀請，同意作爲發起人之一，表示一旦加入該黨，便放棄國民黨黨籍。但要謀求建立這樣一個合法而有效的反對黨，蔣介石會答應嗎？此事同樣沒有結果。

誠如論者分析，這是以一批曾經留美的頭面人物爲主體，在國民黨政權風雨飄搖之際，在美國指望以第三勢力取代蔣介石的背景下，以多元政治爲旗幟，試圖改變國民黨一黨訓政的局面而進行的一次微妙的政治試探，自始至終不過是少數人之間私下的動議。

套用此間宋子文的話，局勢迫使他們不得不行動，只能「死馬當作活馬醫」了。其實每個人心裡都很清楚，他們所要設法挽回的顯然是已告失敗的事業。

還是退吧！

逆境中的顧維鈞已深感心力交瘁。與當時在美的宋美齡、宋子文等人的談話中，他多次流露了退休之意。但是，不僅來自宋氏兄妹，更來自蔣介石勸言，要他放棄任何辭職的念頭。

那麼，隨之而來的是更不尋常的尷尬遭際了。

一九四九年十月一日，中華人民共和國在北京宣告成立。面對共產黨政府在中國崛起這一翻天覆地的歷史巨變，無疑給顧維鈞這個代表臺灣國民黨政權的駐華使節造成極爲嚴重的局面。此前，因他在華盛頓駐節多年，與各國的外交界同行多有廣泛聯繫。但此後，由於其中的不少國家已相繼承認北京新政權，而與國民黨政權斷絕關係，每當顧維鈞來到一個社交場合，他們就把頭扭過去，假裝沒看見他。在美留任的他，深感又是一番苦境難熬。

轉至兩年過後的一九五一年底，顧維鈞再次萌生退意。

一直盤算著辭職，卻又一直未敢提出。在他看來，現在該是時候了。因爲自韓戰爆發後，美臺關係已有所改善，特別是美國恢復了對臺灣當局的軍事援助。用他自己的話講，自己也該略事舒展身心，撥出一些時間來處理私人事務。

此話怎講呢？

還是看看他在五〇年代初就已經確定的一個未來計畫：

我一直在想，像我這樣的年齡——那時候我已六十好幾歲了——應該趕快退出外交界，享受幾年生活的樂趣，做我喜歡做而不是不得不做的事。同時也要為我的家庭經濟謀一點出路，因為共產黨奪取大陸後，我父親留給我的農田、出租房屋、中國公司的股票、銀行存款等全部私人財產完全喪失。我原來一直認為，這些繼承下來的財產雖然為數不多，但加上我一心努力工作，我和我的家庭是不會有凍餒之虞的。但是，中國大陸出人意料地易手，繼以我在老家的財產喪失之後，我就不得不為一個差堪溫飽的條件而操心了。

如此看來，從四〇年代末到五〇年代初，顧維鈞一次次地萌生退意，除了道不盡的外交困境，還有一份說不出的個人窘境。他知道，由於大陸政權更迭，自己又遭通緝，對於留在大陸的家產，只能望洋興歎了。接下來，當然得爲自己今後的生計考慮了。

這中間，該浸染了多少歷史與人生的滄桑韻味！

終於等到一九五六年，顧維鈞收到蔣介石要他赴臺議事的電報，回想起兩年前國民黨在紐約辦的一份中文報紙所言「顧維鈞老矣」的話題，回想起一年半前奉召回臺時蔣介石曾徵詢他是否願意擔任考試院院長一事，顧維鈞知道，實現辭職的願望爲期不遠了。

果然，這一年的春天，顧望變成了事實。從此，顧維鈞告別華盛頓雙橡園，告別十年駐美使命，也告別了他在中國外交界幾近半個世紀的服務生涯。

是年，顧維鈞已年近古稀。

千古夕陽紅

死生契闊，與子成説。
執子之手，與子偕老。

這是一首出自於中國古代第一部詩歌總集《詩經》裡的著名詩句。作爲〈邶風・擊鼓〉篇的這一詩作，描繪了春秋時期一名衛國的征夫，在與愛妻執手話別後因久戎不歸而抒發的思念之情。

問世間情爲何物?直教人生死相許。

千百年來，多少有情者歌之詠之，感之歎之，無不爲此經久不磨的永恆愛情所動容所動心。「執子之手，與子偕老」，那是何等感天動地的生命意境。

現在，已是七十二歲的顧維鈞，在歷經了人生那麼多的風風雨雨之後，終於與嚴幼韻結爲百年之好，從而爲他自己晚年的情感生活譜寫了一曲格外馨香動人的樂章。

這是一段相濡以沫、攜手到老的黃昏之戀。

說起顧維鈞的第四位夫人嚴幼韻，祖籍浙江寧波，早年出身在一個上海富商的家庭，是滬上著名的綢緞莊「老九章」的後裔。

年幼時，嚴幼韻曾在天津中西女學校畢業，因此說得一口流利的國語；後來轉入上海復旦大學讀書。據說，因爲她自己駕駛的汽車牌號爲「84」，英文 Eight-Four，由此得了中文「愛的花」的美名。

改嫁顧維鈞之前，嚴幼韻是中國前駐菲律賓總領事楊光泩的遺孀。前夫楊光泩早年留學美國，曾獲普林斯頓大學的國際法博士。和顧維鈞一樣，留學期間，他也曾擔任過《中國學生月刊》的主編職務，不過，那是比顧維鈞晚了十多年的事。學成回國後，楊光泩一度任職清華大學教授，隨後步入外交界工作。大概因爲丈夫的關係，早在三〇年代，嚴幼韻就和顧維鈞相互認識。第二次世界大戰期間，楊光泩被中國政府派任馬尼拉領事。一九四一年，日軍偷襲美國海軍基地珍珠港，爆發太平洋戰爭。隨後，在不到半年的時間內，日軍侵占了東南亞許多國家和地方。就在一九四二年日軍占領馬尼拉時，楊光泩不幸遇害殉職。

丈夫去世後，嚴幼韻來到紐約。五〇年代，她在聯合國謀得一份事務性工作。與此同時，顧維鈞也正代表臺灣國民黨政府駐節華盛頓。

也許，一個在失去了丈夫的情感世界裡孤獨徘徊已久，一個在與妻子若即若離的生活天地裡憂鬱苦澀至深。無論是嚴幼韻，還是顧維鈞，內心深處何嘗不渴盼一份愛的撫慰，一份眞情歸宿？

於是，有了工作上的多次交往，相互之間便多了一份瞭解，多了一份同情，惺惺相惜，一切盡在不言中，兩人終於走到一起了。當然，那個時候雙方兩地相隔，何況顧維鈞還沒有與黃蕙蘭分手，多少有些名不正言不順，但顧維鈞似乎已顧不了那麼多了，華盛頓與紐約近在毗鄰，每個周末他都去紐約度假，與嚴幼韻相會。

從相識、相知到相愛，兩個人的命運已緊緊相連。

在嚴幼韻與顧維鈞心手相連之際，正當這位享有盛名的外交家結束他數十年外交生涯之時。

一九五六年四月，顧維鈞辭去駐美大使一職，第一次開始他的退休生活。隨後不久，顧維鈞離開華盛頓來到紐約，在市郊的佩勒姆莊園租了一間房子。

幾十年來的公務壓力，已使顧維鈞身心俱憊。而今從大使位上退了下來，又幾乎同時跟黃蕙蘭離婚，從此可以和嚴幼韻名正言順地一同生活。所有這一切，讓他感到難得的寧靜和舒適，輕鬆和愉快。顧維鈞不僅有時間在家裡閱讀喜歡的書籍；而且，嚴幼韻每天和他一起，或去附近的樹林，或沿著綠蔭夾道，一邊漫步一邊遐想，偶爾，他倆也去市內參加一些宴會或看望一些老朋友。

不過，如此平靜安適的日子過沒多久，顧維鈞就接到來自臺北的電報，希望他同意競選聯合國的國際法院法官，以遞補由於六月底中國籍法官徐謨在荷蘭去世所遺留的空缺。這是個讓顧維鈞悲喜交集的消息，一則他爲英年早逝的友人感到悲痛，一則又爲自己早年立志成爲國際法官的願望有可能實現而欣喜。對此要求，他是樂於從命的。隨後的一九五七年一月，經聯合國大會和安理會投票選舉，顧維鈞當選國際法院法官，並在該年春天趕赴海牙就職。

此時，大概考慮到與顧維鈞還沒有正式結婚，嚴幼韻自然不便隨同前往，但把顧維鈞一路送上船，兩人執手話別，依依之情自是難免。

到了海牙，顧維鈞由於經常要參與法院對各類案件的研究、審理和判決，而且他一次都不想缺席，即使法院休庭後也要留在那裡，以便提前爲下一個案件作好充分準備。雖然一年內總有一段時間要回紐約和嚴幼韻團聚，但機會畢竟少了。最初三年，顧維鈞租住在海牙維特布拉格旅館，雖然那裡生活舒適，伙食很好，但他總覺得不如家庭生活來得溫馨可人。所以，在一九五九年秋天與嚴幼韻結婚後，顧維鈞當即決定在海牙租房安家，把新婚的妻子接來同住。

時隔一年，經過一番選擇，顧維鈞終於爲自己和妻子租下一幢舒適的住宅。這是離法院僅一箭之遙的二層樓住房。住處兩側被花園綠樹簇擁包圍著，樓下是一間客廳、一間餐廳和一個書房；樓上有兩間臥室、兩間浴室，地下室則是僕人住房和廚房。等房子租定後一個月，顧維鈞便高興地去機場迎候女主人的到來。

按顧維鈞的話說：「當然的女主人，我的太太，很高興能和我在一起並主持一切。」在他的眼裡，嚴幼韻善於理家，是個管理家務和款待賓客的能手。隻身在外的顧維鈞知道，他離不開嚴幼韻。當然，嚴幼韻也同樣離不開他。

搬入新居後，既有賢妻的體貼，又有跟隨妻子二十多年烹飪技藝精湛的中國廚師，顧維鈞得以在此從容款待他的法院同事和不斷到訪的中外朋友。此後的七年任期裡，顧維鈞一方面從事自己喜愛的國際法事業，一方面與妻子享受著比過去在華盛頓和紐約的歲月更為安靜怡然的生活。

在此期間，夫婦倆接待了不少來自美國、香港和臺灣的中國友人。比如，一九六六年世界船王董浩雲一行的到來。顧維鈞和他早在抗戰時期就已熟識，彼此結下深厚的友誼。此次來訪，可謂老友重逢。顧維鈞夫婦在家裡熱情地接待了他，賓主雙方自然少不了一番敘舊話新的親切交談。到後來顧維鈞九十大壽時，董浩雲和妻子顧麗眞還特意送來了一幅《百壽全圖》，並在壽圖一側寫有「少川先生暨德配夫人九秩雙慶」字樣，以示慶賀，可見他們私交之彌篤，情誼之深長。

除此之外，兒女孫輩的到來，無疑使顧維鈞夫婦的生活增添了更多的情趣和歡樂。這裡既有嚴幼韻與前夫楊光泩所生的幾個女兒，也有顧維鈞前妻唐寶玥、黃蕙蘭先後生下的幾個子女。對顧維鈞和嚴幼韻來說，無論是作為繼父還是繼母，孩子們遠道而來，他倆總是十分高興，彼此相處甚歡，其樂融融。海牙作為荷蘭首都，雖然不像倫敦、巴黎那樣大，但自有它獨特的魅力，具有一個大城市應有的一切設施，如圖書館、博物館、藝術廳和歌劇影劇院，還有斯赫維寧根（Scheveningen）的海濱勝地。所以，每次兒孫們來海牙，夫婦倆都要帶他們去參觀遊玩當地的一些名勝古蹟；此外還舉辦一些雞尾酒會，讓子女有機會結識國際法院、荷蘭社交界，以及當地外交使團的一些朋友，以助他們各自的事業發展。

老來相伴，如夕陽餘暉的靜照，生命走向了晶瑩的澄明之境。

從嚴幼韻和顧維鈞再婚那年算起，一個年過半百，一個年逾古稀。到了這把年紀，夫婦倆的情感生活已不再有年輕人那般卿卿我我、纏纏綿綿，而是由絢爛歸於平淡，由熱烈歸於平和，浸透出的是一份飽經滄桑之後不可言說的美感。

曾有人問起晚年的顧維鈞，在他一生所經歷的四次婚姻中，最喜歡的是哪位夫人？九十多高齡的顧維鈞回答是嚴韻幼，照他的話說，那是因爲「她很瞭解我、照顧我。」的確，在顧維鈞的晚年生活中，嚴幼韻對丈夫噓寒問暖，體貼入微，稱得上是一位好管家、好護士、好秘書。

就拿一些生活中的細節來說吧。

一九六七年春天，顧維鈞自國際法院離職退休，夫婦倆便從海牙回紐約定居。此時的顧維鈞已是七十九歲的老翁了。比丈夫小二十歲的嚴幼韻，最大的任務就是在家調理好他的飲食，安排好他的生活，在妻子的悉心照料下，顧維鈞的退休生活過得安逸自在，有滋有味。

按顧維鈞多年來養成的習慣，他幾乎一直晚睡又晚起，一般每晚十一時許入睡，翌日上午十時左右起身，考慮到丈夫的這一生活規律，嚴幼韻唯恐他從晚餐後到第二天早餐之間的十多個小時內不吃東西，對健康不利，因此規定他每天清晨五時醒來後，要喝一杯牛奶和吃點心，再繼續睡覺。夫婦倆習慣各居隔牆的一個臥室。爲此，細心的妻子每日凌晨三時許必先起床，把熱好的牛奶放在保溫瓶裡，然後連同一張「不要忘了喝牛奶」的字條，擱在顧維鈞的床頭。等翌日起身，再去他房間看看是否把牛奶喝了。顧維鈞的早餐時間相當長，往往超過一小時。每次總是一邊飲食，一邊閱讀放在餐桌旁的幾份中英文報刊，如臺灣的《中央日報》、美國的《紐約時報》和《世界日報》等，嚴幼韻每次總要耐心地陪著他，邊吃邊看邊聊。晚年，顧維鈞最平常的消遣是搓搓小麻將，嚴幼韻每周末必爲他安排一桌麻將，有時在家裡，有時去朋友處，儘管顧維鈞十九必輸，但定率低而出入微，排遣寂寞，以求輕鬆娛樂而已。看著丈夫每次玩得高興，嚴幼韻也樂在其中。每天下午，顧維鈞喜歡一個人拄著枴杖，去住處附近鬧中取靜的中央公園散步一、二個小時，但在遭歹徒幾次搶劫後，出於安全起見，嚴幼韻就不讓他獨自去了，或者由她陪著，或者哪天孫兒孫女來此，就讓他們一同外出陪伴，並且改在公園大街的人行道上走走。平日家中總是大宴小宴，親友不斷，每次都由嚴幼韻操持，顧維鈞招待。看上去和顏悅色的嚴幼韻，無疑是一位難能可貴的賢內助。

難怪，顧維鈞在與友人說起自己的健康三要素時特別提到，除了散步、少吃零食外，妻子的小心伺候也是他的長壽秘訣之一。難怪，在老人家去世時，就連大兒子顧德昌也在衆人面前說，如果沒有嚴幼韻，父親的壽命恐怕要縮短二十年。由此可見，顧維鈞壽至期頤，主要還是與嚴幼韻二十多年的精心照顧分不開。至於顧維鈞在九十六歲高齡時完成的個人回憶錄，當然也不乏她的大力協助。

據嚴幼韻的外甥女徐景燦回憶和姨父顧維鈞在美國相處的一段日子，撰文介紹說：

他曾潛心作了一幅牡丹圖贈給姨母，上題「春常在，贈愛妻幼韻」，落款是「顧少川贈」。這幅畫掛在姨母的床頭，那豔麗的色澤、細膩的筆觸、流暢的線條，將牡丹雍容華貴的神韻表現得淋漓盡致，既體現他高超的藝術造詣，也寄寓了他對姨母深深的愛情。

這幅名爲《春常在》的工筆牡丹畫，正是嚴幼韻和顧維鈞晚年生活琴瑟和諧的生動寫照。

誰說青春只是一個人的某段年齡界限呢？確切地說，它更蘊含了一種心情，一種流淌於生命中的精神狀態。表面上看去，已是老態龍鍾的顧維鈞夫婦，正以他們的黃昏之戀，爲青春作了最好的詮釋。

在顧維鈞生命中的最後二十多年裡，有賢慧愛妻嚴幼韻的相依相伴，他是可以圓滿自足了。

一九八五年深秋，一個平靜的深夜，顧維鈞匆匆地離愛妻而去，永遠地走了。在此之前，嚴幼韻已託大陸親戚給丈夫訂製一套中式壽衣。外罩大禮服、內襯中式壽衣的顧維鈞，走得安詳，走得無怨無悔。

幾年過後，嚴幼韻將她收藏多年的顧維鈞遺物一百五十五件，全部捐贈給上海嘉定博物館，並捐款十萬美元，以助顧維鈞生平陳列室順利建立。嚴幼韻深知，丈夫晚年思鄉心切，心裡夢裡總繫著故鄉的背影。讓九泉下的顧維鈞魂泊故里，是妻子爲丈夫所盡的最後一份心意。

如今，同樣步入九旬高齡的嚴幼韻，正在紐約貽養天年。

家產知幾何

瞭解顧維鈞家族，這是必須涉及到的一個層面。

在外界很多人看來，作爲資深望重的外交家，顧維鈞無疑是大家公認的富翁，但出諸他本人一九四八年十二月三十一日的日記裡，卻有這樣一段頗堪玩味的文字：

至於說我的財產總額，過去三十年來，在歐洲、美國和中國都認為我是個富翁。不過假如我把實情告訴他們，他們定然感到吃驚和失望，因此我不想破滅他們的幻想。

在此，顧維鈞顯然有些難以啓齒的苦澀。

事實到底怎樣呢？

說到顧維鈞的家族產業，當從乃父顧溶的經商發家說起。

人們知道，打從十九世紀六〇年代的那場戰爭劫難，作爲嘉定城裡的仕宦首戶，顧家已然風光不再。家道離亂中，孤兒寡母避居上海灘，從此可謂田無一壟，房無一間，一切還得重新開始。

對顧氏家族來說，真正開始置辦一些家產，大概是在顧溶去輪船招商局下的一艘船上擔任幫帳以後。正如我們前面已經介紹過的，雖說迫於生計，少小時候的顧溶並沒有受過什麼正規教育，但有早年繼母鄒太夫人「守節撫孤，教養周至」的努力，經風沐雨的艱難生活中多有鍾煉，使他走上一條經商治生、勤儉治家的創業之路。就在顧溶升任上海兵備道的財政主管期間，顧家產業已初具規模。從當初顧溶主動承擔起兒子顧維鈞的全部留學費用而放棄官費公派之舉，到為兒子捐官以備日後投身政界，再為兒子的婚事操辦頗顯體面的排場，其家境之小康，家業之殷實，已非滬上尋常人家所能及。特別是一九〇九年顧溶在出生地嘉定開設承裕義莊，樂善好施，用以贍貧、養老、恤病、助婚、送葬、勸學等慈善救濟活動，以數千畝的捐田規模，顧家之發財致富於焉可見一斑。老人過世前，還一度是大清交通銀行的總經理，顧家的經濟地位已相當可觀。

據顧維鈞後來追憶，乃父死的時候，把遺產分成了五份。其中，三個兒子各得一份。另外的二份，一份用作維修顧家宗祠和祖墳的基金，一份則由他的髮妻蔣福安和一個帶著養子的姨太太各得其半。所以，顧維鈞曾說過：

我並不是富翁，但我的家庭倒還富裕；由於我父親事業上的成就和他的儉樸，他積攢了一筆不算很大的財產，從而使他的兒子們不必為家庭生計操心。看來，作爲一名相當成功的商人和銀行家，顧溶生前確實爲子孫後代創下了一份較爲豐厚的家產。

現在該是顧維鈞一代創辦家業了。

前人種樹，後人乘涼，但父親的遺產終究有限，顧維鈞當然不會坐享其成。成家立業後的他有著自己未雨綢繆的投資謀略。

說起來，那是一九三〇年的事了。

還在北京政府任職期間，一位與顧家有些親緣關係的外交部同事，因爲手頭急需用錢，有意把在黑龍江齊齊哈爾附近一塊二平方英里處女地的所有權轉讓給顧維鈞，據說他家在黑龍江擁有比這多得多的土地，準備開墾。顧維鈞便以二萬五千元的代價將它買了下來，但在當時，爲政事紛擾的他，對此一直無暇顧及。

到一九三〇年，顧維鈞退出政界，以在野之身寓居東北，於是對經營開墾事業產生興趣。此事當然瞞不過少帥張學良。聽說好友想做點開墾工作，少帥主動提出盡一份地主之誼，想送上同樣數目的土地供他開發，和一棟房子讓他住。少帥這麼做，主要是想讓顧維鈞長住東北，以便就近經常保持聯繫。但所有這些隆情厚誼，顧維鈞都辭退了。

按他的說法，自己對東北和東北人民並沒有做過什麼事，倒是數以千計的老軍人和退休的行政人員更有資格加以考慮。無功不受祿，顧維鈞因此婉言謝絕了。

這年二月，少帥又派時任黑龍江西北部地區屯墾督辦的鄒作華來看望他，表示可以由他隨意領取這個地區最肥沃的土地。按照該管轄區內申請土地的有關章程，土地分爲甲、乙、丙三種，甲等四元、乙等三元、丙等二元，此係指每垧土地的價格。若按長江流域的標準，每垧相當於十二畝。但由於向該地區申請土地的人太多，這個比數自一九三〇年初起已經提高一倍，亦即甲等每垧八元。當然，有少帥特別關照，顧維鈞仍可按原價申請。但顧維鈞認爲，此事純屬私人性質，他要把開墾土地作爲一個企業，絕不摻雜官方或政治的意圖。因此，他不願利用少帥特權而破例，只想照章辦事。隨後，他按現行規定，以實價購得七千垧的一大塊地，並制定相應計畫，還聘用了一位從康乃爾大學農學系畢業的中國留學生負責此事。

值得注意的是，據有關研究資料顯示，自民國初年後，中國新式農墾企業跨入了一個新的發展時期。一九一二年，江蘇、安徽、浙江、山東、河南、山西、吉林、察哈爾八省，共有新式農墾企業五十九家，到一九一九年增至一百家，資本總額從一九一二年的二百八十六萬元增至一千二百四十五萬元，這一發展趨勢，當然與北洋軍閥統治密切相關。辛亥革命後不久，把持中央政權的軍閥，利用他們手中的權力，霸占或賤價強買各地大片土地，如袁世凱就在河南彰德、汲縣和輝縣等地擁有土地多達四萬畝，徐世昌也在輝縣占田五千多畝。其中，有些軍閥仿效他人，搞起了新式農墾企業，在一九一二至一九二六年間設立已知創辦者身份的三十一家農墾企業中，由軍閥、官僚開辦的有十八家之多，約占總數的百分之六十，其餘的十三家則分屬於紳商、地主、買辦等。一些軍閥、官僚躋身新式農墾企業，不僅使這些企業的數目和資本額明顯增長，還爲農墾企業的經營活動帶來濃厚的封建色彩。他們之中，或借假企業名義招佃墾殖，收取地租；或打著公司旗號，賤買貴賣，從事土地投機等活動。

但與這些軍閥中飽私囊、唯利是圖的投資行爲適成對比，顧維鈞雖亦在此期間涉足農墾事業，但他辭受取與之際，潔身自好，清廉自律，其品行和操守，與同流合污者絕不可相提並論。

話說回頭。不久之後「九·一八」事變爆發，顧維鈞再度出征中國外交舞臺，原來準備大力籌辦墾殖事業的他已無心從事，只得就此作罷。多年之後，屬於他在東北的很大一塊地產，被日軍沒收。這實在是一筆不小的財產損失。

幾乎與顧維鈞在東北經營農墾同時，他還一度與人合資，擬在甘肅玉門地區興辦一項從事石油開採的企業。

早先，他聽一位去過玉門的俄國人說，那裡有一條淌著黑水的河，當地居民用河水點燈。所以，當顧維鈞身爲平民的時候，由他和交通銀行、金城銀行組成中國投資集團，與美孚石油公司共同組成企業，著手在此勘測和開發石油資源，所謂合作，也就是中方提供全部的當地費用，對方則提供外國專家和技術設備，此事當然得到國民政府的核實批准。廣泛勘測的結果證明，玉門地區的石油能源確有開發價值。爲此，將近一九三一年底，著手打試驗井。但就在這時，因日本入侵東北並向華北、西北進犯，戰事迅速擴大的情形下，計畫只得延期。當此之際，顧維鈞恰被任命爲李頓調查團的中國代表，隨團前往東北，後來幾乎又馬不停蹄地遠赴日內瓦國聯大會，爲中國辯護，繼而作爲大使赴法任職。這麼一來，玉門油礦的開發事業暫時擱置。

到一九四三年時，顧維鈞人在巴黎。來自國內經濟部的電報通知他說，勘探玉門油礦的執照業已期滿，政府將終止合同，收歸國有，並由政府出面開發，以應戰事之需。按當初合同中有關政府給予補償的規定，若各方不能達到共識，可以透過仲裁解決。等顧維鈞回國，雖然曾就此事與有關各方官員磋商，但財政部的最後回話是，比起政府爲開發玉門油田所需費用，顧維鈞他們的投資顯得微不足道。言下之意，不必再予追討。不消說，此事當然不了了之。

照當時每方約二十萬元的投資，顧維鈞投入的肯定不是一個小數目。據夫人黃蕙蘭回憶，無論是當時東北的土地墾殖，還是西北的石油勘探，顧維鈞都是用她的錢投資的。但這些投資最終都等於石沈大海了。

要說除了以上兩次試圖置辦產業的投資經營均未告成外，顧維鈞在國內其實還有一些房產，其中包括夫人黃蕙蘭早年用父親黃仲涵的鉅款購置的北京鐵獅子胡同的豪華公館、顧維鈞在上海買下的六所住宅，以及天津的一所房子。而在父親留給他的遺產中，除一部分田產外，也有一些房產。

但讓顧維鈞所見未及的是，這一切家產最後竟全部化爲烏有。

先是抗日戰爭期間，上海的一些房子毀於日本侵略者的炮火轟炸中；顧維鈞在江灣投資的一塊土地，也被日本人劃入江灣軍用機場，戰後國民政府接收時也未給任何補償。甚至存放在天津花旗銀行保險櫃內的一些貴重物品，如前妻唐寶玥的珠寶，還有外鈔和金幣等物，日本人也不放過，所有能在國際市場上變價的東西，都被劫掠去了。

隨後是在國共內戰態勢發生重大轉折之際，顧維鈞在政治上倒向國民黨，以致名列中共宣佈的戰犯名單之中。一俟國民黨難挽敗局，共產黨奪取政權，所有屬於他在國內的動產和不動產，均被當作不法資產階級的財產予以沒收。至於留在上海的房地產和存款，即從父母那裡繼承下來屬於顧維鈞的那份家產，原先由大哥掌管；大哥死後，由姪子接管。但在共產黨進占上海後，顧家的房契和地契全都被抄走了，甚至有消息說還要清查他們顧家的老帳。至此，顧維鈞在上海的最後一份財產也完全失去了。

事實上，如果顧維鈞早作安排，情況可能不至於此。

回想起來，顧維鈞連自己也感到不知怎麼回事，他從來不像一般人那樣關心自己的利益。別人借公肥私，過猶不及，顧維鈞不求私利，反倒以私濟公。

就說自己名下的那份顧家遺產。早在國民政府以前的時代，顧維鈞就多次向大哥催要，以此貼補他所負責的外交使團的公費開支。不論是在華盛頓，或在其他地方，都是如此，如在袁世凱竊國稱帝的末期，在張勳擁戴溥儀復辟的時期，這種時刻，爲了讓使館人員繼續工作，顧維鈞都得以個人財產稍事貼補。甚至在四〇年代後期，當有人指責駐美使館不顧國內財政危機，大辦宴會，大事鋪張，不知情者哪裡曉得，那時候顧維鈞一樣以個人錢款添補著入不敷出的招待費。

再說抗戰勝利後，顧維鈞回國去北京和天津逗留一些天，雖然女兒曾特地建議父親去看一下放在銀行保險箱裡的物品，但他總忙著和闊別多年的朋友見面會晤，也未顧得上去探詢。一九四八年國內戰局劇變，當許多和他共事的友人，以及國民黨政府中的一些豪門名流，忙著處理和轉移他們在大陸的私有財產時，顧維鈞仍沒有考慮到這種事，那時他一心忙於處理工作中的重大問題，根本就沒有想到過，更無暇去辦理，也未採取任何措施加以保護。

事到如今，一切都出乎顧維鈞的意料之外。

至於顧維鈞的個人薪金，想來也沒有多少積蓄可言。多少年來，中國外交人員的薪金是根據國家規定的薪俸待遇按級別支付的，雖然顧維鈞所得薪金要比一般人高些，作爲大使，他的每月薪金實際爲五百二十八美元，包括應扣除的百分之十二・五所得稅，政府多次發行國內公債，薪金中也不時會扣除一定數額的債券攤派。況且國外生活費用高，開支大，最後往往所剩無幾。

到得此時，確也無怪其然了。在謀生這一極爲現實的課題上，顧維鈞難免感慨：

我的祖傳田地房產已蕩然無存；隨著通貨膨脹，法幣貶值，三十多年來積聚的房地租收入已化為烏有；有鑒於此，我不能不考慮何以終養餘年的問題。家業如此，我退休後只得自食其力，要自食其力，就得有力可食。如果退休過晚，體衰力竭，就無法謀生了。

謀生問題上的尷尬，已逼迫顧維鈞不得不爲退休後的生活操心了。

差慰人意的是，兒女們自立門戶，自謀職業，他們從未因此怪罪過父親，從未因此表示過任何不滿。雖然，他們有理由埋怨，但兒女們更明白，父親留給他們的是一筆彌足珍貴的精神遺產，當然，那不僅僅是屬於他們的家族，更屬於國家和民族。

口述百年滄桑

擺在面前的一大疊《顧維鈞回憶錄》，總十三分册，是北京中華書局自一九八三年起至一九九四年止陸續出版發行的中文譯本。這部六百多萬字的長篇巨著，以主角歷經大半個世紀的履歷，爲讀者呈現一個特定時代的輪廓，凸顯了一段獨特人生在時代襯托下的眞實意義。可以這樣說，它幾乎濃縮了一部中國近現代史，更別裁了一部百年中國外交史。

這裡，姑且不論這部卷帙浩繁的回憶錄所承載的豐富歷史內容，僅就該書之成稿及其中文版的緣由稍加留意，就不難體會到，一個垂暮之年的老人是如何傾注於生命中的最後一筆激情。

顯然，這是一次負載了高度歷史責任感和生命意志力的考驗。

始自一九六〇年起，應母校哥倫比亞大學東亞研究所中國口述歷史學部的邀請，退休後的顧維鈞在該部指派的助手協助下，利用保存多年的日記、會務紀要、電報檔案等及信函、文件，開始了他的口述回憶錄。

「口述歷史」是一種由傳主口授學者整理的研究方法，它由哥大歷史系教授納文斯（Nevins A.）在第二次世界大戰後首創。這項計畫由哥大出面組織，各項經費向福特基金會、美國聯邦政府以及其他方面籌募；對象首先是歐美知名人士。五〇年代初，大批國民黨要人紛紛移居美國，其中包括胡適、李宗仁、孔祥熙、陳立夫等等。於是，一九五七年由哥大東亞研究所中國近代史專家韋慕庭博士發起，成立了一個「中國口述歷史」學部，並組建了研究室展開工作。

實際上，早在一九五二年，已有兩家美國出版商向顧維鈞邀稿，請他寫回憶錄，一旦接受，即可簽訂合約。一九五六年，正在考慮開辦國際法律事務所的顧維鈞，又分別收到了哥倫比亞大學出版社、麥克米倫出版公司（Macmillan, Inc.）和道布林戴出版社的邀請，並許諾了優厚的稿酬。但顧維鈞斟酌再三，最後還是一個都沒有接受。他的考慮是，自傳遲早是要寫的，但如果要使它能長遠地為人所利用，就必須避開私人情誼而如實寫出。但他自認為這樣的時機尚未成熟，因為有些當事人至今健在，秉筆直書，是非功過難免引起糾葛。當然這並不妨礙他盡早開始寫一些東西，以記錄自己在擔任中國公職半個多世紀的外交生涯中目睹和經歷的事情。

以顧維鈞一生的事業成就，以他作為哥大畢業的傑出校友，哥大何能放過？到了一九五八年，該校校長柯克（Dr. Grayson Kirk）和口述歷史計畫主任韋慕庭建議他口述回憶錄，作為「中國口述歷史計畫」的一部。這一次，顧維鈞答應了下來。

回想自己早年從事外交事業起，顧維鈞就一直對為後人保存重要的外交通訊和記錄以及官方會見和討論紀要深感興趣。每逢與國外政要談話，返回使館後，他一定馬上追憶，口述要點，要秘書列印成稿以存檔，重要的外交文書他都保留副本。更加不可多得的就是從三〇年代早期養成寫日記的良好習慣，此後不僅終年如一日，而且終生如一日。因此，長達四十多年的外交官生涯，顧維鈞積累了大量珍貴的第一手資料。

在哥倫比亞大學特設的一個房間裡，存放著顧維鈞的三十七個文件箱，內有給政府的報告及其訓令，與英法美等國政要及商界鉅子的談話，對報界的發言及演講，以及秘密卷宗、剪報和日記等等。資料之豐富之完整，到了匪夷所思的程度。這中間，還不包括散佚在天津故居的一九三〇年以前的文稿，其中有一九〇五至一九一二年在哥大上學時期的、一九一五至一九二〇年初他出使華府時期的、一九一二至一九一四年與一九二二至一九二八年在北京政府任職時期的，以及大量剪報和論文等資料。

怪不得，曾親身參與其事的唐德剛為此感歎不已，因為比起當時其他名人，如李宗仁的片紙毫無，如胡適文件的雜亂無序，顧維鈞所有的個人文件，保存條理分明，把它們分類儲藏，稍加整理，便可隨心所欲，探囊可得。

也正由於此，協助顧維鈞口述回憶錄，成了一項巨大的工程。

最初，由唐德剛博士和夏連蔭女士二人負責，利用顧維鈞每年回紐約度假的三個月進行訪談。夏連蔭開了頭，在即將完成顧維鈞的兒童時代之後，面對浩大的工作量，不得不改派唐德剛接手。那時，雖然唐德剛一樣忙於其他口述計畫，但「顧維鈞」的名字對他的誘惑太大了；有志於中國近代史研究的他，豈能與其失之交臂？而顧維鈞也對這位熟悉稗官野史的晚輩頗爲欣賞，從此，二人如響斯應，嚴謹而有序地愉快合作了。

據唐德剛稱，顧維鈞是他所做訪問工作中最容易做的一位前輩，除了他豐富完整的私檔外，又講得一口極標準、極清晰、極有條理的美國英語和英國英語；加上他是個最細心的外交家，不說沒有認眞準備過的談話。所以，他的語言一經錄下，簡直是高山流水，清響怡人。在唐看來，這是個包括先天稟賦、後天訓練和職業經驗，曠世難逢的三結合，非一般人所可效颦。

撰寫回憶錄的整個方式，是在顧維鈞和助手的密切配合中展開的。通常，先由助手確定年代和題目。雙方會談前，由顧維鈞循此查閱有關部分的文卷和日記，隨後談話錄音，對題目作一般性的緒論，並從日記及文卷中指出可用的材料，或稍予修正，或引錄全文；然後由助手根據錄音打成英文初稿正副兩本，副本歸卷，正本送本人審核。隨後在新的研究和探討基礎上加以增刪，甚至剪裁重新編排，幾經反覆，最後修改定稿。

有人認爲，這部自傳足以顯示顧維鈞的性格：有耐心、仔細、有恆、堅定、沈著、冷靜、勤謹、明晰。

是的，在此期間，顧維鈞雖年事日高，且純盡義務，分文不取，但他樂此不疲。至一九六七年退休後，時間寬裕多了，顧維鈞堅持每周錄音三次，每次長達三小時，從上午十時起至午後一時結束。不過，此間的編撰工作，大都已由舍德曼夫人（Mrs. Crystal Seidman）協助。截至一九七六年完成，前後總計口述時間五百小時，歷時十七年之久，耗資二十五萬美元，有四位博士和五位打字員、二位庶務員協助，最終整理成五十六卷，英文稿達一萬一千頁。

在顧維鈞看來，今天的歷史來源於昨天，這類檔案不僅能爲人們提供一面反映過去的鏡子，還能幫助人們更好地理解當今世界上發生的巨大變化。由於這些第一手資料齊備，寫作時隨手查證運用，使得回憶錄言必有物，信而有證。據說有一次，顧維鈞把「金佛郎案」（筆者按：北洋軍閥政府時期，法國政府要求中國自一九二二年起以法郎償還庚子賠款的事件）中的一段故事張冠李戴。唐德剛更正了錯誤，但他說「事如昨日」，唐就取出他當年自己簽署的文件再次反證，顧維鈞這才寬慰地說：「唐博士，這一章是錯了。下禮拜，我倆重新寫過。」所以，他對友人說過，他的回憶錄「完全根據事實，絕不虛構捏造，更不誹謗他人。完全是歷史性的客觀忠實敘述。甚至一語一字及標點都曾經思考再三，才開口或下筆。一切只求保全其眞實性。」

由此，作爲親歷了大半個世紀的歷史見證人，顧維鈞不僅眞實記錄了自童年時代起，至二十世紀六〇年代從海牙國際法庭退休這段跌宕有致的漫長人生歷程；更記述了民初以來他所置身的時代風雲，包括北洋政府與國民黨政府時期對外交涉的歷史實錄，內容涉及中國近百年的外交、政治、軍事、經濟、文化和社會風貌等各個方面，從而為後人研究中國近現代史，尤其是中外關係史的變化提供了一份可資借鑑的珍貴資料。

當回憶錄完成後，美國不少出版商對這部巨著頗感興趣。紐約海洋出版公司曾有意將原稿縮印成書，分裝二十冊，分期出版，每年印四冊，五年出齊，並草擬出版契約。最後因投資過大，且顧慮銷路問題，不免望而卻步，終於未能實現。

鑒此，年屆九旬的顧維鈞決定將原稿、個人留存信函電文稿，以及長達三十五年的完整日記和私人書籍，悉數捐贈母校；並由哥大和《紐約時報》所屬美國照相微捲公司製成縮微膠捲，供中外學者和學術機關使用。捐贈儀式上，哥大校長麥基（Dr. William J. Mcgill）稱：「顧維鈞博士回憶錄的重要不只在於其有極詳細的記述與評論，且具有極高的文獻價值，因其人在政治外交和國際公法享有崇高的地位，他是哥大的傑出老同學。」韋慕庭也說：「我對顧維鈞博士在學術、政治及國際公法上的成就，表示由衷的敬佩。並相信他的回憶錄極富有歷史價值，而對其研究實為一大貢獻。」

顧維鈞的演講辭則不無詼諧，又不無自豪。他說：

> 我唯一的遺憾是嫌我的自傳太長——約一萬一千頁！但是我有一個藉口，如果這藉口有點合理的話，就是服務公職太早，超過了半個世紀，由一九一二年

至一九六六年。我之所以能回想起往事及在自傳中能廣泛記錄，是因為我幾乎保全了全部文卷和演講，尤其是中外名人的談話。因此，我只得尊重空間，而犧牲簡略。我希望將來學者參考這抄本時，會原諒我的苦衷。

無怪乎作爲史家的唐德剛，事隔多年後，撰文披露箇中內情時憶起，當時他曾向顧維鈞建議，不但就他本人的外交工作要寫得巨細無遺，連他未曾親歷的外交事件（如二戰後的中蘇交涉等等），也可以照寫不誤。顧維鈞起初難免有點猶豫，最後採納了這一建議，要唐德剛盡量提出問題，由他盡其所知回答，他如果回答不了，再去詢問那些當事人或請有關人士說明眞相。唐說把它記錄下來，可以做個「By-product」（副產品），顧維鈞笑說可以做個「Research Assistant」（研究助理）。按唐的構想，先累積這些口述史料，然後把這個「副產品」繼續加工，在回憶錄完稿後，再出一本顧唐合著的《民國外交史精義》（*A Concise Diplomatic History of Republican China*）之類的史書。但沒想到，由於當時經費有限，爲縮短聽音、編撰、打字的要求，就把顧維鈞和他所錄製極有史料價值的「副產品」，全部從錄音帶上洗掉了。編輯的結果，是把一部更長的史料書，縮短成了較小一點的史料書。而被洗掉的那部分，在唐看來，正是「歷史學家的心頭肉，掌上珠也」。它是顧維鈞在近代中國權力核心之中，翻滾數十年的口述內幕史料的精華所在。想出一本回憶錄之外的史料書，也成了泡影。

面對篇幅浩繁的個人回憶錄，顧維鈞誠懇地表示過：

由於我畢生致力於中國的對外關係，如果我的回憶錄能夠譯成中文，我將不勝欣慰和感激。這項翻譯工作的確是一項艱巨的任務，但是我希望這對研究那些動亂年代的外交史的中國學人是有所補益的。

字裡行間寄託著老人殷切的囑望。

當時，顧維鈞曾要求哥大將回憶錄原稿複製一套，送給臺北中央研究院近代史研究所。一九七七年，臺灣《傳記文學》考慮將回憶錄逐段翻譯，逐期發表，然後分冊出版，為此致函顧維鈞請求允諾。但他對該社能否擔此重任心有疑慮，不免在來信上打了個問號。後來也正像顧維鈞意料的那樣，該社人力、財力有限，非集體力量難以為之。最終，還是來自大陸的真誠和熱情，給了顧維鈞滿意的答覆，了卻他的這樁心事。

眾所周知，由於歷史原因所造成的睽隔狀態，對於這部具有珍貴歷史價值的回憶錄，大陸學界雖早有所聞，可惜未得一見。

一九八〇年，中國社會科學院近代史研究所在中國駐聯合國外交官陳魯直的努力下，從美國購得回憶錄的縮微膠捲。同年十月，回上海探親的顧菊珍應近代史所所長劉大年之請，專程去北京就翻譯和出版方面的具體問題進行磋商。顧菊珍表示，大陸翻譯出版，她父親很是欣慰。一九八一年，顧維鈞接待了專事來訪的北京客人，對大陸準備出版他的回憶錄再次表示高興。

隨後，天津市政協編譯委員會（天津編譯中心）受近代史所和中華書局委託，成立翻譯組，自一九八二年七月開始，以集體力量著手翻譯工作，參加工作者先後達六十多人，大多是高等院校的學者與精通外交的社會各界知名人士，至一九八三年五月，中譯本的第一分册正式面世。

值得注意的一件事是，一九八四年元月，《傳記文學》社長劉紹唐因此前見得此書，便寄函顧維鈞，追問爲何欣然同意回憶錄由大陸翻譯？於是，在顧維鈞的授意下，女兒顧菊珍給予了答覆。她在信中說：

> 家父自完成其作為哥倫比亞大學「口述歷史計畫」一部分之回憶錄後，即一直希望能將其著作譯成中文，蓋其回憶錄大部分對於所有中國人具有歷史意義。若干年前，當渠將其文件送交哥倫比亞大學保存時，曾附以短簡，說明其回憶錄何以用英文撰寫，並言倘若其長篇回憶錄日後能譯成中文，俾後代中國人得以閱讀他的時代之中國外交史，渠將極為銘感。
>
> 臺端在大函中曾詢及家父在第一卷中，曾謂「欣然同意」北京近代史研究所從

事此項翻譯工作，係何所指。我深信，那便是家父前附短簡之含義。該短簡在第一卷中亦以「附言」印出。那可瞭解為他的欣喜與同意的表示。家父回憶錄長達一萬一千多頁，全部加以翻譯，允為一項艱巨工作，縱有相當多之翻譯及編輯人員，亦需數年之久，凡足以改善中文譯文正確性之任何努力，自極歡迎。

細心推究，這一看似尋常的回音，烘托了不同尋常的生動歷史情景。試想，無論大陸還是臺灣，同祖同宗，華文是共同的母語。顧維鈞此舉分明透露他一份意味深長的心願，確切地說，它既蘊含了顧維鈞積時已久的情感依歸，那是遠隔重洋的炎黃子孫對於孕育和滋養他的中華歷史和文化的一種深切認同；也反映了中華民族強大的感召力和凝聚力，始終牽繫著海外華人的血緣親情。

由此，我們對老人更多了一份體悟，多了一份尊敬。

雖然，顧維鈞最終未及親見回憶錄全部出版發行，但由女兒與大陸方面的共同努力，他也一樣可以含笑於九泉。

顧維鈞身後雖未能爲子孫後代留下什麼有形資產，但他的長篇回憶錄卻是一筆澤被後世的珍貴歷史遺產。

子不承父業

三代承風，方爲世家。

底下，我們該把焦點移到顧維鈞的兒女輩了。可惜的是，由於筆者掌握的有關資料微乎其微，這裡只能說是勾勒一個大概。

顧維鈞一共有三子一女。他們是，顧維鈞與唐寶玥所生的長子顧德昌、女兒顧菊珍；與黃蕙蘭所生的兒子顧裕昌和顧福昌。

先來看看同父異母的三兄弟情況。

顧德昌，一九一五年出生於華盛頓，當時正值父親赴駐美公使任上後不久。三歲時母親唐寶玥因流行性感冒不幸去世，父親又急於去巴黎參加和會談判，一度和妹妹顧菊珍留在華府，由公使館人員代爲照料。五歲那年，因父親娶了繼母黃蕙蘭，又調任駐英公使，從此得以在父母身邊生活。長大後曾在上海聖約翰大學讀書。二戰期間擔任過中國駐美使館空軍武官。從空軍部隊退役後開始經商，常住臺北，晚年定居美國，現已去世。

顧裕昌，作爲顧維鈞和黃蕙蘭的長子，出生在一九二二年華盛頓會議期間。當時父親給他起了個乳名「開元」，據說是爲了紀念中國在會議上收復山東主權之事。此外有 Junior 的英文名字。早年的顧裕昌曾在聖約翰附中讀書，十五、六歲時隨父母去巴黎上學，後來考入美國哥倫比亞大學，攻讀國際法和外交學專業，取得了學士、碩士和博士學位。不久，在寫了一本有關安理會表決程式的書後，參加聯合國秘書處法律組的工作，但因對這一國際組織升遷太慢現象深感不滿而辭職經商，去菲律賓尋求發展，並在那裡與一位參議員之女 Edith 結婚，一九七五年因心臟病突發去世。

顧福昌，是顧維鈞和黃蕙蘭一九二三年在北京生活時出生的。年少時和胞兄裕昌一起在聖約翰附中讀書，三〇年代後期在巴黎上學，後來進入美國哈佛大學，再由哈佛大學轉到哥倫比亞大學完成學業。此後一直在盧森堡經營公司，病逝於七〇年代。

說來有意思的是，其實早在一九二五年十一月二十三日的上海《申報》上，就已有撰文提到了顧維鈞的三位小公子，稱他們是「俱幼岐嶷，周旋應對，有小外交家風」。不過，此話未免有些溢美。因爲那個時候，兄弟三人年齡還小，長子顧德昌只有十一歲，至於次子裕昌、三子福昌，更不過是三、四歲的小孩童呢。

也許，照外人看來，以顧維鈞在國際外交界的聲望和地位，出身於這樣一位外交官的家庭裡，孩子們耳濡目染，受父輩影響和家庭薰陶，子承父業，踵隨其風，當是自然而然的人生選擇。

但由上述三兄弟的簡歷來看，他們顯然沒有像父親那樣，以服務於中國外交事業作爲自己畢業後的追求，最終都以經商爲己業。

願望與結果似乎從來就不是一回事。

顧維鈞最初肯定抱有培養兒子從事外交工作的用心。特別是裕昌和福昌兩個孩子，按他的要求，次子裕昌進了哥倫比亞大學。和父親早年一樣，裕昌所學專業也是國際法和外交學，所獲學位也是學士、碩士和博士。父子如此同出一轍，正宗科班，自然不是什麼巧合，顧維鈞一定把他作爲重點培養。所以，作爲哥倫比亞的高材生，顧裕昌確曾一度懷抱有志於外交界的宏願。

然而爲時未久，兒子還是反其道而行了。這多少使人感到意外，原因何在呢？

據顧維鈞回憶，一九五一年顧裕昌夫婦隨父母去維吉尼亞州參加一次宴會，前任美國農業部長的夫人曾與兒子裕昌有過一番簡短對話。

她問他為什麼不在中國外交界步我後塵。他從容地回答說，他認為在外交界沒有發展前途，而且他想賺些錢，以便能在經濟上自立。他說，我本人在外交界服務近四十年，仍然不得不考慮退休後的生活來源；而他現在只有我一半年紀，日薪卻已兩倍於我。於是平肖夫人（Mrs. Gifford Pinchot）問我這是否屬實。我回答說：「不幸得很，情況屬實。」當然，我這樣說是很勉強的。

據說當顧裕昌堅決辭去他在聯合國秘書處法律組的工作時，法律組組長為此找到顧維鈞，要求他作為父親運用自己的影響力加以勸阻，顧維鈞確曾試圖說服兒子，但不起作用。

在顧維鈞看去，像他兒子這樣的年輕人，本來可以成為使館工作的良好後備人員，但他們拒絕參加外交界工作。裕昌隨後經商去了，做父親的只能聽其自然，尊重他本人的意見。

那麼，三子福昌呢？據他母親黃蕙蘭回憶，當初丈夫和她都希望兩個兒子中有一位繼承父業，福昌是他們夫婦倆有意培養的目標。據稱，顧維鈞為此還應允以三萬元作兒子的求學費用，但從哈佛轉入哥大完成學業的顧福昌，一開始就踏上了從商之途，他同樣無意投身外交界，用兒子自己的話說，國家如此多事，服務外交界有何用場？

兒子們到頭來沒有一個承襲父親之衣缽，這讓顧維鈞多少有些傷神。但想想兒子的話也不是沒有道理，以他大半輩子為弱國爭外交，資望之高，到了晚年，還不是得為今後的退休生活籌謀多慮嗎？何況子不承父業，絕不意味著兒子不成器，在他們各自的從商領域裡，不也多有奮發進取?!

現在，同樣是父子兩代間，但比起父親顧溶早年的做法，顧維鈞對待自己晚輩的態度顯然要民主得多、開明得多，兒子自有兒子的事業和人生天地。

如果說兒子未能繼承父業，那麼女兒顧菊珍倒是意外地成全了顧維鈞的心願。說起幼年的顧菊珍，還眞要讓人掬一把淚。在她一九一八年剛出世不久，母親就撒手而逝。自幼失去母愛的顧菊珍，好在得了繼母黃蕙蘭的疼愛，彼此建立一份勝似血緣的母女之情，當然這是後話，且留他章再敘。

一九四○年顧菊珍在英國完成學業後，參加國內的抗戰工作。一九四七年開始在聯合國託管及非自治領土部任研究人員，因爲業績突出，後來升任聯合國秘書處政治託管非殖民部非洲司司長，前後達三十二年之久，負責研究和報告有關仍處於殖民地狀態下的葡屬地區，包括安哥拉、莫桑比克、南羅德西亞、納米比亞等地的政治情形。一九七一年中華人民共和國恢復在聯合國席位後，一直被當時任聯合國秘書長的唐明照倚爲左右手，得到過她不小的幫助。此外，她還兼管過聯合國退休基金委員會。

不過，顧菊珍進入聯合國工作，卻不是仰仗父親之助力。本來，以顧維鈞的聲望，介紹女兒到聯合國任一官半職，可說易如反掌，但正如顧菊珍說過，父親素來不肯藉自己關係爲子女介紹工作。她能去聯合國謀事，還是在一位英國朋友的推動下，由當時聯合國秘書處負責託管部的助理秘書長胡世澤推薦而成。不過，要說沒有一點父親的影響倒也未必，因爲胡世澤的父親胡惟德是顧維鈞在外交界的同行和老友，胡本人又跟隨顧維鈞多年。有了這層關係，胡世澤當然樂而爲之。

此後，不是學外交和政治學出身的女兒，卻憑自己的才幹，在國際外交界占有一席之地。顧菊珍由此成了一位難得的女中豪傑，成了顧家後輩中的佼佼者。

這一定不是顧維鈞最初所能意料到的，但也一定是他晚年感到格外欣慰的事。或許，這就是所謂的「有心栽花花不開，無意插柳柳成蔭」吧。

顧菊珍的丈夫錢家其，是美國著名的放射物理學家，曾在聯合國設在維也納的附屬機構國際原子能總署工作。夫婦倆一九四一年在重慶結婚，數十年感情彌篤，膝下有子錢澄清，女錢英英。目前兩人年事已高，正僑居紐約，含飴弄孫，安度晚年。

當然，顧維鈞的繼女，也就是嚴幼韻三個女兒同樣值得一提。

長女楊蕎孟擔任過美國哈珀—羅出版社（Harper and Row Publishers, Inc.）的編輯，在紐約出版界享有相當威望，後來受聘於美國利平科特出版社（Lippincott, Joshua Ballinger）任職，據稱，包括美國前國務卿季辛吉在內不少有影響的名人著作就是由她編輯的。次女楊雪蘭擔任美國通用汽車公司副總裁。最小的三女兒楊茜恩勤儉治家，也曾投資房地產事業，其夫君唐騮千在紐約曼哈頓泛美大廈與人合辦一間投資公司，營業興盛。可見，她們都是事業有成的女中英才。

此外，在顧維鈞的姪子輩中，也有可稱道者，如顧應昌曾是哈佛大學經濟學博士，擔任過遠東委員會技術顧問，並兼任美國密西根州大學經濟學教授。其孫輩也有哈佛大學的博士，也有任加州大學的教授。

兒女心

人生天地間，最能體現家庭生活氛圍和情感底色的，除了夫妻關係外，莫過於子女和父母彼此牽繫的舐犢親情。

打從子女出生之日起，父母雙親總是他們牙牙學語的最初啓蒙老師；而且，隨著孩子的學步人生，一路成長，來自父母的愛心呵護，往往對於子女性格的造就、品行的培養和思想的教化有著重要影響。

不過，不同的時代、不同的家庭，其實又各各不同。

以顧維鈞來說，也許是他特殊的婚戀經歷，特殊的外交官職業和身份，生活在這樣一個家庭中的子女，也自有另一種境遇、感受和體驗。

由此，接續上一章節的話題，我們不妨再嘗試走近這位外交官家庭生活的另一個面向，也就是由子女和父母共同營造的情感世界。

在兒女的心目中，顧維鈞會是怎樣一個父親呢？換言之，他是如何對待自己子女的呢？

據說，當一九九九年一月二十九日顧維鈞一百一十一歲誕辰之際，八十多歲的女兒顧菊珍前往上海嘉定參加父親生平陳列室的開館儀式，就曾有人這樣問過她。沈吟片刻後，顧菊珍的回答令人玩味，她說這個話題沒有結果，她用強調的語句告訴來訪者，父親是一個中國背景的外交官，所以他的目標就是事業。說話間，神情裡充滿了理解和欽佩。

意猶不盡，往事如昨。

其實顧菊珍對父親的認識，實際上有一個從陌生到熟悉、從敬畏到親近的心理轉變過程。

顧菊珍剛出生後不久，母親唐寶玥就因病去世，永遠地離開了她和年長兩歲的哥哥德昌，那份失去母親、失去母愛的人生苦痛，自是她當時渾然不能領悟的遺憾；隨後父親又去了法國巴黎，把他們兄妹倆留在華盛頓使館託人照料。童貞的目光一定注視過父親匆匆遠去，也一樣不明白父親此行的使命。直到近二年後，父親才重返華盛頓，還給兄妹倆帶來一位年輕漂亮的繼母。那一刻，當久違的目光相互對視，六歲的哥哥也許還能依稀辨認出眼前的父親，只有四歲的顧菊珍愣了一陣，但在保姆的誘導下，隨聲應和地喊出了「爸爸」，然後在父親張開雙臂的一瞬間，搖搖晃晃地撲進了父親的懷抱。

從此，應該能和父親天天在一起了吧。

殊不知，父親回到了孩子們的身邊，但此後的日子裡，女兒卻一直很少能見上父親一面。偶爾，父親也會親熱地抱一抱她、逗一逗她，但在更多的時候，總難得看到父親的身影，等忙碌的顧維鈞回到家裡，孩子們已然進入夢鄉；有時，明知道父親回來了，但他逕直去了書房，於是，乖巧的女兒會躡手躡腳地來到書房門外，一個人怯生生地望著父親的背影，但見他端坐書案前，連頭都不抬一下，女兒望著望著，就沒趣地靜靜走開了。在她稚嫩的心頭，父親一定有做不完的事情、寫不完的東西，要不怎麼總是回來得那麼晚，又總是在書房裡埋頭寫字?!這麼一想，日子長了，女兒也就不再去吵父親。雖然，她是多麼地希望能和父親多待一會兒，或者坐在他的膝上聽聽故事，或者在他的懷裡嬉鬧玩耍，甚至還能讓父親帶她和哥哥、弟弟，一起去逛逛動物園。但這正是父親不能做到的地方。

此番細節描摹，當然不是出自顧菊珍的眞實回憶，但筆者如此寫來，也絕非毫無根據的想像和推測。在顧維鈞夫人黃蕙蘭的回憶錄裡，不就抱怨過丈夫，說他因爲自己心裡裝著重要的事，對小兒小女就是不感興趣，說小兒小女讓他心神不安。就拿兒子裕昌、福昌小的時候來說，每天早上，小傢伙們要到父親書房裡去行禮，但顧維鈞從來不會像她那樣，請安過後，抱起孩子們親一親。甚至有一次，丈夫從外面回來，正遇上迎面走來的裕昌和他的家庭女教師，居然連一句招呼都沒有，以致裕昌跟母親說：「媽媽，我想他准沒認出我是誰。」

如此看來，顧維鈞是不是眞的對孩子漠不關心？

事實當然不完全是那麼一回事。

從巴黎和會到華盛頓會議，從北京政府的外交總長到南京國民政府的外交部長，從擔任李頓調查團中方顧問到受命赴日內瓦爲中國辯護，顧維鈞所到之處、所在任上，始終以謀求改變中國在國際上的屈辱地位爲己任，殫思竭慮，不辱使命。每逢國際會議，他都親自準備講稿，經常忙到深更半夜，凡關涉外交工作的每一件事，他都考慮又考慮，每一件公文推敲又推敲，加上各種應接不暇的社交活動，顧維鈞不僅冷落了妻子，也在無意中冷落了孩子。憑實而論，對於中國外交事業的滿腔熱誠，使他把更多的精力放在爲國家利益和民族利益著想，以致總是難以騰出時間與孩子們共處，給予他們的父愛也就相對地少了、淡了。

至少從表面上說，或者在孩子們看起來，父親心裡似乎只有工作、事業，幾乎很少顧及到自己的子女，特別是在二〇年代到三〇年代，兒女們初初成長的少年時代，來自父親的關心實在太少了。及至女兒到了英國上大學，每逢假期或長周末，她照例要去父親那裡住上一段日子，仍是難得和父親說上幾句。儘管有時父親也會問問她的學業和生活，但在顧菊珍當時的印象裡，父親確實太忙了。年事漸長的女兒也逐漸瞭解父親的工作和事業，所以，漸漸地，她已習慣了自主自立，很少再去埋怨父親，不過，女孩子敏感而脆弱的心底，多少還是存了一份抹不去的苦澀。

女兒眞正能理解父親，已是在父親退休後步入人生晚境的一段歲月裡。

那些時候，顧維鈞除了集中精力口述回憶錄外，更多的時間則是在家看看書、會會客，兒女們也得以眞正地走近父親，充分享受其樂融融的家庭生活。同住紐約的顧菊珍經常牽著自己的一雙兒女來看望他老人家，父女倆終於可以從容地談談家常，也能悠閒地去紐約街頭散散步。一張攝於一九八三年晚年顧維鈞與女兒顧菊珍街頭漫步的即景，正是父女倆在此期間共享天倫之樂的生活寫照。顧菊珍的女兒錢英英說過，自己小時候，外公最喜歡帶著他們幾個孫女孫子去動物園觀賞動物，老人一邊走，一邊還風趣地逗他們開心呢。不過她也知道，外公今天這份含飴弄孫的心情，這份閒適自在的消遣，都是在他老了之後才有的；這一切，對她母親顧菊珍的童年時代來說，是多麼難以實現的奢望呵！

看著老父親和他的小外孫們融洽無間的場景，顧菊珍不僅羨慕，更添了一份對父親的理解，她越來越能體會，當年父親之於他們不是沒有愛心，實在是身不由己，缺少了那份表達父愛的處境，他全心投入中國的外交事業中，還能顧得了家人和孩子嗎？

至於一九八四年的一次意外發現，更讓女兒眞正讀懂了父親，讀懂了曾經嚴峻的表情背後蘊藏著那份深沈的父愛。

那一年，顧菊珍來到北京中國社科院近代史研究所。沒想到，她在這裡意外地找到父親當年在國內留下用七十多個信封所裝的筆記。那是父親晚年一直設法尋覓的個人資料，但到一九七五年，他才跟女兒提起此事，爲此，顧菊珍每次回大陸探親，她總是想辦法探聽下落。當她在此終於看到了父親失而復得的東西，小心打開，細心翻閱，竟在其中一個信封裡看到她讀小學時的一張張成績單，還有她和哥哥寫給父親的一封封家書，兒時的記憶，一下子點點滴滴地浮現在顧菊珍的腦海裡。記得有一年學期結束，她照例拿成績單給父親過目，父親看了，隨即問道：「爲什麼畫畫和唱歌只考了六十分？」站在一旁的她一時未能答得上來，但心裡不免有些委屈、有些疑惑，不是有好幾門功課都是第一嗎？父親爲何偏偏隻字不提，視而不見？後來顧菊珍明白，那是父親以更嚴格的要求寄望於她。但萬萬沒想到，父親還如此細心地珍藏這些成績單。再度重溫她和哥哥當年寫給父親的信，顧菊珍已能感觸到父親矚望子女一路成長的深情目光。

時隔六十多年後翻到這些舊物，女兒已久久地說不出一句話來。其實，在父親的情感世界裡，他始終藏著沈甸甸的骨肉親情呵！從來沒有輕易流露的父愛，一直藏得那麼深、那麼久。

歲月匆匆，往事悠悠。眞是「此情可待成追憶，只是當時已惘然」。

走近了父親，讀懂了父愛，那麼，兒女們的心中，父親無疑是他們格外尊敬和愛戴的長者。

而今父親老了，做兒女的自當多盡一份孝心。

晚年的顧維鈞心繫著一份不絕如縷的綿綿鄉情，女兒看在眼裡記在心頭。所以每次回大陸去，顧菊珍總要代父親故地重遊，代父親看看家鄉的變遷，問候家鄉的父老。然後再把每次的所見所聞一五一十地稟告他老人家，好讓父親在如臨其境、如遇故舊中釋其念、寬其心。女兒成了父親聯結故土家園的中間紐帶。

晚年的顧維鈞希望自己的回憶錄能譯成中文。此事一經大陸遙相呼應，女兒又一次次地爲此奔走，或核對原文，或寄印資料，積極配合有關方面做好翻譯工作，費心費力地熱誠協助。顧菊珍的用心，也正在於促成父親的心願早日實現。

爲了能讓父親多一份起居清靜，凡遇困擾心神的事，除非必要，均由女兒和繼母嚴幼韻暗中商量，包攬解決，不讓他去操心。

凡此種種，對晚年心志淡定的顧維鈞而言，還有什麼比來自子孫後代別具會心的體貼更讓他銘心感懷呢？

一九七七年，在他九十壽慶之日，晚輩們借用哥倫比亞大學新落成的國際事務學院禮堂，爲父親舉行盛大而熱烈的祝壽會。在紐約的子女媳婿和孫兒女等二十餘人，與五百多位中外嘉賓一起歡宴共慶。席間，壽翁壽婆在長子長媳的扶持下，登臺致辭答謝。長媳還即興表演了舞蹈劍術，並恭獻壽桃，博得全場掌聲響起。

此後，幾乎每年的壽辰之日，兒女們總會不約而同地從各處趕來，爲父親拜壽。他們之中，除了顧裕昌、顧福昌兄弟倆不幸於七〇年代相繼逝世外，有顧維鈞的另二個親生兒女顧德昌和顧菊珍，也有顧維鈞的三個繼女，即楊蕎孟、楊雪蘭和楊茜恩三姐妹，論年齡，他們也都步入中老年的行列；論家庭，他們也都兒孫滿堂，但在父親的這一特別日子裡，無論親生子女，還是繼女，他們總是攜了自己的兒孫前來與父親歡聚，慶賀父親生日快樂，福壽兼隆。有感於此，一九七九年的生辰之際，九十二歲高齡的顧維鈞賦詩一首：

去年誕日承賜宴，
今日又逢誕日辰。
親友隆情永在懷，
舉杯答謝聊表心。

試想，四代同堂，繞膝承歡，尊老愛幼最是難能可貴；兒孫孝順，瑞氣盈庭，老人喜不自禁。

到了一九八五年，兒女們更相約爲父親籌備百歲生日慶典。顧德昌特意在臺北請人製一幅版畫，畫面以父親多姿多采的一生爲內容，右有題詞：

位居折衝，

馳譽中外。
在野淡泊，
鶴齡松壽。

以此爲乃父百歲誕辰的賀禮，並以此印贈親友留作紀念。

無奈，距期頤之年只差二個多月，老人終因年邁，心力衰竭而辭世，等兒女們紛紛趕到，已痛成永訣。追悼會上，四方親友畢集，場面備極哀榮。女兒噙著眼淚和親友說：以父親健康論，老人家可以活到一百多歲。在兒女們看來，父親是不會這麼匆匆而去的啊！但歲月不饒人，顧維鈞還是走了，冥冥之中，雖然他未能來得及趕上自己的百歲生辰，未能再一次分享一家四代齊聚一堂、歡聲笑語的樂趣和馨香，但有兒女一片孝心，和自己的一生事業，老人可以圓滿自足了。

斯人已逝，音容猶在。兒女們深知，父親不僅僅是他們顧家的驕傲，更屬於養育了他又鑄就了他的中華民族。所以，他們還要爲父親再做一些事，再盡一些心。

顧維鈞過世後不久，女兒女婿旋即趕赴歐美，多方收集父親生前的照片、資料和實物；一九八六年十一月，又將在此基礎上製作十七幅父親的生平照片，由美國帶到大陸，分別在父親生前工作和生活過的北京、天津和上海等地巡迴展出；隨後捐贈嘉定博物館作永久展覽之用。一九八八年五月，顧菊珍又將父親遺物四十餘件捐贈該館，以進一步充實展覽內容。一九九七年五月，繼女楊雪蘭代表家屬專程來嘉定，就顧維鈞陳列室的策劃、籌備工作與有關方面積極磋商，並捐贈一萬美元，用於製作反映繼父生平的光碟。一九九九年，顧維鈞生平陳列室在其故鄉法華塔院正式開館，凡能到場的顧維鈞子姪輩、孫兒輩大多來了，法華塔下，陳列室裡，晚輩們一個部分一個部分地認真看去，睹物思人，觸景生情，腳步緩而又緩，輕而又輕。在陳列室的留言冊上，顧菊珍深情地寫道：

這個陳列豐富美麗，非但紀念了父親五十多年的外交生涯，而且給後代留下一段中國的外交史，記載我國由半殖民地的時代到今天是一個富裕的獨立自主的大國。我代表我們家屬向祖國和有關單位表示感謝。

一代外交家終於魂歸故土。

在此前後，無論是《顧維鈞回憶錄》最終得以全部出版，還是有關顧維鈞研究專著和傳記的問世，總是少不了顧菊珍的大力支持和幫助。二〇〇〇年上海舉辦的「顧維鈞與中國外交」國際學術討論會上，年逾八旬的顧菊珍再次遠道而來……

兒女情長，那是人間至真至美的親情。

以上所述，顯然只是著眼於子女與父親之間。至於他們和母親之間的親情牽繫又怎樣呢？

豐富的生活內容自是我們無從得知，更不能隨意想像，但讀黃蕙蘭晚年的回憶錄，多少還是讓人體察到了一些生動的情景。

初為人母的黃蕙蘭，當然用不著成天忙著照料孩子，孩子們的日常生活，大多由身邊的保姆、傭人和家庭老師替她承擔了。這一點，連她本人也承認：「我只是在每天早上孩子們打扮整齊歡歡喜喜的時候看見他們，還有晚上我偶爾在家的時候。」

只是，儘管所有當母親的苦差事都免了，眼看著孩子們被和善的保姆寵愛，丈夫每天的行程又被大會小會安排得滿滿的，幾乎無暇顧及於此，身為母親的黃蕙蘭少不了對孩子管教。據說，有一次大兒子裕昌不肯吃晚飯，還把飯倒在地上。黃蕙蘭得知後，讓傭人給他再端上一份，然後一臉正色地站在他身旁。小傢伙明白，母親是不會讓他再耍花樣的。有一天，裕昌因為摔了一跤，鼻子流血，乾脆賴在地上連滾帶號，不讓任何人扶他起來。聞訊趕回家來的黃蕙蘭，當然由不得他繼續耍賴，一頓訓斥後，小傢伙便乖乖地站起來了。看著兒子日見滋長的任性脾氣，她又請來一位嚴格的家庭教師加以督教。甚至當年丈夫流亡加拿大，自己和母親住在巴黎，兩個小男孩只有三、四歲的時候，黃蕙蘭生怕孩子成天在保姆的簇擁下，將來可能變得女孩氣，因此請了一位黑人拳師來家裡教他們拳擊，這項早期訓練，到孩子們上了教會學校，還眞派上了用場，使他們都成了拳擊手。在一次青年會舉行的比賽中，小兒子福昌當選手和一個從外國孩子中選拔出的美國小男孩決一勝負，結果打贏這場比賽。但當初黃蕙蘭的這一舉動，一度還遭到母親責備，在外祖母的心裡，女兒對她的外孫未免管得太嚴了。

不過，打心眼裡說，對於孩子，母親總是疼愛比管教多得多。每次旅行，她總會帶著他們，除非環境對孩子們不太適宜。如果要離家出門較長一段時間，黃蕙蘭總是捨不得把他們留在家裡。

與難得見上一面的父親相比，孩子們更多的時候是和母親在一起，而黃蕙蘭也在與孩子們的相處中得到了做母親的樂趣。

在這期間，黃蕙蘭與顧菊珍，這對特殊母女彼此結下的融融親情，尤其感人至深。說特殊，是因爲顧菊珍並非黃蕙蘭的親生骨肉，而是顧維鈞與前妻唐寶玥愛的結晶。所以，當初顧維鈞在與黃蕙蘭相識相愛時，他不得不坦率地表示：「我有兩個孩子，需要一位母親。」言下之意，顧維鈞多麼希望自己再婚之後，能給兩個年幼失恃的孩子一份母愛的補償。這就意味著，走進顧維鈞生活天地的黃蕙蘭，從一開始起就得面對兩個不是親生的兒女，扮演起一個繼母的角色。

自古以來，爲人繼母者，在世俗的眼光裡總有一種偏見。言重言輕，可能都是一種話柄；舉手投足，都需要格外小心。對黃蕙蘭來說，該當如何是好，想必最初的尷尬和不適是難免的。

但據黃蕙蘭自己說：「我愛我的孩子，我一天比一天喜歡我前房的兒女，特別是那個小女兒。」

或許，這裡面與黃蕙蘭失落過的心願多少有關。本來，初有身孕的她曾盼望自己生個女兒，沒想到，前後兩次生下的都是男孩，此後未再生育的黃蕙蘭，也許是有遺憾，因而對顧菊珍越來越多特別的憐愛和歡喜。就像她後來在回憶錄中這樣道來：

我其實很想生個女兒，不過維鈞前妻生的女兒菊珍成了我最大的安慰和快樂。我把她當成我自己親生女兒，她也願意我這樣叫她。

對顧菊珍來說，作爲繼母的黃蕙蘭能有這份視同己出的心情，無疑是幸運的。當然，眞正明白這份超血緣的母女關係，一定是在她漸漸長大懂事後。因爲在此之前，少小時的顧菊珍終究不諳世事人情，相當一段歲月裡，肯定把繼母當作自己的生身之母。記憶中，繼母對待她，似乎比對待哥哥和弟弟還要好，這份另眼相待的疼愛，一直讓顧菊珍感受著母愛的溫情。直到有一天知道這是怎麼一回事，明理的顧菊珍倒也不覺意外；但畢竟長大了，女孩子的心裡可能還是難免有些許的敏感。

女兒這種心理上的微妙變化，顯然被黃蕙蘭注意到了。看上去，女兒多了一份憂鬱，少了一份自信，以致很少注意外表，穿著也很不講究。有一次，見女兒一個人鬱鬱不快，一副心事重重的樣子，黃蕙蘭決定找她坦誠相見，她要女兒先去把牙整治好，再跟她一起去理髮店洗髮燙髮，然後她爲女兒買些新衣服。當然，按黃蕙蘭的意思，並不是非要女兒這樣做，她可以聽，也可以不理睬。畢竟，以繼母的身份勸說女兒，黃蕙蘭唯恐長大了的女兒會誤解她。不知怎地，聽了繼母一番話，顧菊珍把自己關在屋裡哭了一場。其實，多少年了，女兒何嘗不能理解繼母的愛心依舊？又何嘗不願繼續保持這份親密的母女關係？只是顧菊珍覺得，繼母的話裡明顯多了一份顧慮，她想告訴繼母的是，女兒的心裡，她從來不是那種人們話柄中的繼母形象。

多了一份理解，便多了一份貼心。從此，這對母女間的關係也就靠得更近了。

黃蕙蘭的確爲有這樣一個貼心的愛女而高興。每次在她抱怨丈夫只顧工作，不顧家人，不把她和兒女們放在心上，做女兒的雖然也有些不解有些難過，但顧菊珍總會適時地寬慰母親幾句。後來父母之間的感情裂痕越來越大，隔閡越來越深，女兒也都看在眼裡。在她看來，父母雙方確實反差太大，因而難以指望再和諧地生活在一起。顧菊珍也不想說是誰的錯，她所想做的是對母親多一份貼心的安慰。

黃蕙蘭呢？當然也少不了爲女兒著想，以前顧維鈞要把前妻留下的首飾送給她，黃蕙蘭覺得應該留給女兒，等她大了交給她。女兒大學畢業後回國投入抗戰工作，遠在巴黎的她既欽佩女兒的勇氣，也不時爲她的安全擔憂；得知女兒在重慶那樣艱苦的環境下結婚，所有的嫁妝不過是一條肥大的棉褲和一條相配的棉襖，幾乎是她難以想像的，晚年回憶此事，黃蕙蘭仍是深深感歎，感歎中不無愧疚。

對女兒在事業上的出色成就，更是黃蕙蘭引以爲自豪的。在她看去，這些業績來自女兒的聰慧和能力。記得有一回，爲了歡迎中國的大主教，黃蕙蘭舉辦了一個六百人的招待會，爲此，她讓學會烹飪的女兒操持一切，在大管事和廚師的幫助下，女兒把所有的事都辦得十分完美。

最讓黃蕙蘭深感欣慰的是，雖說後來女兒在聯合國有著顯要的職位，但對她這位繼母仍一如既往地非常敬重。在與顧維鈞離婚後，黃蕙蘭基本上一直住在紐約，女兒總是抽空前去探望，始終沒有任何感情上的疏遠。也正因爲如此，一九七二年，聽說女兒、女婿首次回大陸觀光探親，黃蕙蘭想去送送他們。女兒說，還是讓她去母親那裡辭行，但黃蕙蘭思來想去，知道女兒工作很忙，爲節省她的時間，還是不顧年邁，乘車去和女兒珍重話別。母親的這份體貼，讓顧菊珍深受感動。

直到好些年過後，趕在黃蕙蘭百歲生日的那一天，女兒還特地去爲她拜壽，顧菊珍坐在繼母身邊，一如既往地說著貼心話，不知不覺間，老人平靜地離開了人世。

故鄉明月裡

有一種感覺，濃醇如酒又恬淡似菊，無論人們靠得多近或離得多遠，它都縈繞於懷，纏綿在心。這，就是鄉情。

對每一個人來說，故鄉是生命的本源。它與生命血脈相關，與生命之根相連，從生命的起點到終點，故鄉都是一個具有特殊意義的情結。

一九八四年十月十八日，大洋彼岸的美國紐約，已是雙鬢斑白、年屆九十七歲高齡的顧維鈞，飽含深情地寫下取自唐代詩人杜甫〈月夜憶舍弟〉裡的千古絕句：

露從今夜白，
月是故鄉明。

望月懷遠，鄉關何處？這樣一個月白霜清的秋夜，身處異域他邦，遙對冷月無聲，月亮驀然間照亮了老人返歸生命本源的路程，牽繫起老人綿長悠遠的記憶。回首匆匆百年，從出生地出發，走出家園，走出國門，人生之旅漸行漸遠，故鄉，終成了遠行者的背影。月色清輝下，老人的心底任絲絲縷縷的鄉情漫溢，這遠離故鄉的相思愁緒，成了他生命中不可排解的情結。此刻，他以海外遊子的身份，正渲洩著自己繾綣不釋的鄉梓情懷。

如今的嘉定博物館裡，還有顧維鈞爲家鄉孔廟所題的一幅墨跡，書贈條幅上錄的是唐代詩人李白的〈靜夜思〉，又一首爲人耳熟能詳的傳頌名作：

床前明月光，
疑是地上霜。
舉頭望明月，
低頭思故鄉。

月亮跨國界而越古今。思鄉心切的顧維鈞，和李白、杜甫等古人深有共鳴，早已把明月和故鄉緊緊地聯繫在一起，月亮已是他發抒鄉愁、寄託相思、返歸家園的精神象徵。

細想起來，顧維鈞自一九一二年從美國學成而歸，先後在北京政府和國民黨政府歷任外交要職，一生爲弱國爭外交，爲維護國家主權和捍衛民族利益，折衝樽俎，縱橫馳騁達五十五年之久，留下自己多姿多彩的人生歷程。

未曾想到，自四〇年代末登機赴美離開故土，此去一別，就再也未能重返。

當然，不是沒有機會。

早在一九七二年，昔日世交章士釗之女章含之的來訪，曾向他發出一個意味深長的邀請。當年九月，章含之作爲中國代表團成員，準備赴紐約出席第二十七屆聯合國大會。臨行前，受中共中央主席毛澤東的指示，要她專程拜訪顧維鈞，向他介紹大陸的情況並邀請他回來看看。毛澤東說他很敬佩顧維鈞的外交才華和爲人，不過他特別關照章含之：不要用官方名義去看望顧維鈞，也不必提是他要她去的。因此，顧維鈞事先並不知道章含之的到來是受毛澤東的委託。這樣，十月五日，在他女兒顧菊珍家裡，章含之拜會了顧維鈞，並和他共進晚餐。章含之回憶說：

那時老人雖已高齡，但精神極好，並步履矯健。他極有興趣地問了大陸許多情況，但卻迴避了訪問大陸的邀請。一年前我們剛剛取代臺灣恢復了在聯合國的合法席位，在此時計畫訪問大陸的確時機尚不成熟。

可惜，浮天滄海遠，風霜催人老。顧維鈞終於未能成行。

據說，當時毛澤東要章含之轉告顧維鈞，統一祖國是海峽兩岸愛國人士的共同意願。

實際上，以維護民族利益作爲自己從事外交活動最高準則的顧維鈞，雖在抗戰後十年倒向國民黨一邊，爲蔣介石發動內戰，不遺餘力地爭取美援，但他堅持把中國看作一個整體的態度始終沒有改變。一九七七年，在與來訪的美國作家康恩（Cahan Abraham）交談中，他就不無感慨地說：

我常心懷中國。我知道，中國終將會統一的。要等多久，由何人統一，我目前無法加以預測，但這並不重要。中國是地圖上最古老的政治實體之一，中國遲早還會成為一個單一的政治實體。

顯然，感念臺海兩岸的對峙局勢，這位曾經爲致力於民族團結和統一事業而奮鬥的外交家，正憂切期盼著祖國統一大業早日完成。

進入八〇年代後，改革開放的祖國大陸更在顧維鈞的熱切關注之中。

有人曾在他的遺物中發現了一張已經泛黃的剪報，那是一九八四年九月二十日美國《紐約時報》就此前二天中英兩國關於香港問題的聯合聲明所發的一篇報導。回想四〇年代中英新約廢除領事裁判權時，顧維鈞就表示要等待香港問題的最終解決。四十年過後，欣悉中國政府將於一九九七年七月一日恢復對香港行使主權，老人看到香港回歸中國的希望，於是把這則報導細心地珍藏了起來。

另據一九八五年七月前往紐約顧府拜訪的前上海市副市長張承宗回憶，他的到訪，受到顧維鈞夫婦的熱情接待。約兩個小時的談話中，「顧多次讚揚國內現行政策和國內政治經濟的成就，表示很滿意。顧反覆地問候鄧小平同志，稱頌他制定的國策。顧關心葉劍英同志的健康，關心現行政策的連續性，關心九月中央舉行的黨代表會議有關人事變動。」

由此可知，顧維鈞以他對故土家園的深情回望，向他魂繫夢牽的中華大地投注了多麼意味深長的目光。就在這一年的十一月十五日，老人走完了他生命的最後行程。

一個人最初的生命記憶，經由心靈的塵封，一如窖藏的老酒，年歲越久遠，越能瀰散出綿綿的馨香韻味。

退職後的顧維鈞在美國定居下來了，但他從未加入美國籍，也從未想過加入美國籍。山水迢迢，情更依依。種種跡象表明，越到晚年，鄉土情結越是沈重地壓在老人的心頭。

話說一九七九年，當顧維鈞在上海的外甥女去美國探望姨父姨母，一見面，老人就操著夾雜嘉定方言的上海話急切地問她：「你去過嘉定嗎？」據說，凡是遇到去上海的親朋好友，顧維鈞都要一遍又一遍地提起幾乎同樣的問題。也難怪，「君自故鄉來，應知故鄉事」。久居海外的他，遇到久別的故鄉親人，首先激起的就是急欲瞭解故鄉風物和人事的心情。聽外甥女說還未去過，老人便如此說開了：「嘉定在上海的西北方向，城裡有一座古塔，還有孔廟……」言談間，故鄉的山川景物、風土人情，一個個具體的形象都歷歷在目地浮現在他的腦海。到了一九八四年，當外甥女再度赴美，顧維鈞又問她去嘉定了沒有，這一回，外甥女告訴他去過了，城裡有一座很高的古塔，孔廟很宏偉，保護得很好，周圍環境很幽雅。老人聽了十分高興。當外甥女好奇地問他顧家離塔有多遠時，老人一下子興致來了，但見他隨手取了一張稿箋，篤篤篤地畫起了一幅嘉定鎮的草圖。先畫塔的方位，塔身由幾個疊起的不規則長方形構成，然後畫上一條東西大街，又在古塔附近寫上「孔廟」；還在街的西端寫上「西門」，說他的家就在那裡。

這幅小小的紙畫上，沒有濃墨重彩，只有寥寥幾筆，但落筆之處，卻讓人感到滿滿實實的份量，泛溢著老人濃郁的思鄉深情。

其實，就在一九八三年，當女兒顧菊珍回大陸觀光探親，顧維鈞已曾委託她，將自己珍藏了半個多世紀的明代「嘉定四先生」和抗清義士侯峒曾、黃淳耀的墨跡捐贈給了國家；並且再三囑咐女兒，一定要去嘉定走走，看看家鄉的變化。受父親所託，女兒到了上海之後，又專程去嘉定，不僅看了嘉定西門外的顧家宗祠遺址和馬陸鄉的顧家祖墓舊地，還拍了不少嘉定的照片；甚至因顧維鈞生肖屬豬，女兒還特地拍下好幾張婁塘農場梅山豬的照片，帶回去給父親留作紀念。當時的嘉定縣人民政府，也請顧菊珍轉贈了《嘉定縣城鄉建設》等畫册書刊，看到一幅幅反映家鄉建設風貌的圖片，老人撫今思昔，非常欣慰。

那一刻，故鄉的一山一水、一草一木，都在他充滿溫情的回憶裡有了獨特的感受和體驗。

顧維鈞晚年的生活中，還有很多生動的細節，能讓我們產生融融暖意。

退休後的他，可以自由支配每天的時間了。在恬淡自適的生活中，顧維鈞的最大消遣便是讀書，尤其愛讀中國古代名著。隨他多年的廚師曾經不解地問：「大使老是在看書的，怎麼有那麼多的東西可看？」但按顧維鈞的說法，過去因沒有時間而未讀的書，現在可以盡情享受了，一卷在手，可謂其樂融融。從浩瀚的書海裡，顧維鈞為中國先賢前哲的卓越思想深感讚佩，認為今日有些外國學者所標榜的高談闊論，其實在中國數百年或數千年前的文化典籍寶庫中早已有之了。

由於顧維鈞在國外留學，又長期任駐外使節，因此習慣用英文寫東西，而不善於使用中文。但是他閱讀中文文件的能力很強，他要改一些字，改一些話，一定改得很好，很中肯確切。曾為他晚年整理回憶錄的助手唐德剛為此感言說，顧維鈞從幼年時代開始，在十里洋場的上海灘上，所受的是百分之百的美式教育，所以他可以做百分之百的眞洋人。但出身舊式家庭的他在念ABCD之前，先被送進了私塾，苦苦地背誦四書五經和古文觀止。如此一來，顧維鈞和那些眞正全盤西化的人就是兩種不同的人物了。據稱，初入北京政府時，顧維鈞所見公文，全是「之乎者也」的文言體。他得批改，還得起稿，於是憑年幼時讀四書五經的老底子，和與生俱來聰明好學的老習慣，在此基礎上自習彌補，進步神速。由他自撰的政府公文，可稱朗朗成誦。唐德剛更進一步斷言：「這種童子功，不只是一項工具而已。它對一個人的立身處世，和文化修養，都有其決定性的關係。有之，你作爲一個『中國人』，所具有的『中國特性』（Chineseness；Chinese Characteristics）和你所受的西學內涵極重的現代教育，會發生彼此平衡的影響。相反地，你的文化人格，就會向某一特定方向有所偏激了。一個社會有足夠的人數，走向過分偏激之途，各是其是，則這個社會，就要走向彼此絕不能相互容忍的兩極分化了。但是人類的文明，都是各有其長短的。一個中國人，如果想把他自己人格中的中國特性，完全廢除，全盤西化，不僅不應該，也絕對做不到。」

所幸童年時代的顧維鈞沒有失去這個機會，而且隨著時間的推移，又不斷自習古漢語，溫故而知新。據說，他每天要秘書從古文中摘選一些材料，讓他晚上帶回家讀。他對秘書說：「一個中國人，當然應該把中文學好。一個人不能說年紀大了就不求進步。我應該學中文。您這樣做，是幫我的忙。」一套光緒年間的刻本《四書》，還有唐詩等線裝書，被他用上好的封皮細心包裝著，伴他周遊多少個年頭、多少個地方！有一次，女兒親家袁道豐來訪，問起他在中英文兩種書中，以讀何者較爲稱心愉快，顧維鈞感慨地回答：「是中國書，我們的『根』，究竟是中國啊！」在顧維鈞眼裡，根是生命中最爲重要的東西，丟了根，就等於失了魂魄，失了寄託。

常住海外的顧維鈞，西裝革履已是習慣成自然的事了，但每到寒冬臘月，他仍愛穿寬鬆舒適的中式棉袍和裘衣；日常飲食也愛吃中國菜餚，幾乎每晚必吃幾道簡單可口的中國菜，甚至於生前一直眷戀著想吃家鄉土產塌棵菜、羅漢菜，每年到了吃這種菜的季節，他總叨念著……

人說衣食住行，最關乎尋常而本眞的生態。顧維鈞在這中間保留的不少生活習慣，處處表露了他不泯的中國心，流貫其周身的始終是民族的養液。

一個人爲自己的一生定音定向定位，難免經風起雲湧的時代洗禮，難免經撲朔迷離的人事歷練。因此，也難免錯雜，難免曲折。

那麼，從多災多難的舊中國一路走來的顧維鈞，雖在歷史的急流中也曾有過他黯然失色的時候；但是，縱觀其飽經滄桑的百年人生，經久不磨的故鄉情結，亦即愛國愛家鄉的民族情感，無疑鑄就了他堅實的生命基石，成爲貫穿他一生的生命主旋律。因此，對顧維鈞而言，對他所代表的家族而言，也就賦予了彌久彌香的獨特個性魅力。由此，穿透百年歷史的迷霧，追尋顧維鈞家族伴隨近代中國社會演變而歷經的風風雨雨，我們從中尋覓到了滋養個體生命意志、玉成人生事業以及傳承家族精神之鏈。

我們可以，也應該這樣爲顧維鈞定格。

一九八五年，驚悉顧維鈞與世長辭，海峽兩岸同聲弔唁，就其一生業績，多有一致性的評價。

一九九四年，《顧維鈞回憶錄》中譯本由中華書局自一九八三年起出版第一分冊後，總十三分冊至此全部出齊，引起海內外廣泛關注。

一九九七年，經天津編譯中心歷經三年努力，將六百萬字的《顧維鈞回憶錄》縮編至一百萬字，分上下兩冊，由中華書局再度出版。

一九九九年，顧維鈞生平陳列室在其家鄉嘉定法華塔院掛牌開館，此開中國現代史爲民國外交家建館之先例，吸引了一批批中外遊客駐足忘返。同年，反映顧維鈞在巴黎和會上歷史功績的電影《我的一九一九》，作爲中華人民共和國國慶獻禮影片正式上映，此爲中國電影爲民國外交家宣傳的開端，顧維鈞因此成了幾乎家喻戶曉的人物。

二〇〇〇年，由復旦大學歷史系和美國哥倫比亞大學東亞研究所共同舉辦的「顧維鈞與中國外交」國際學術討論會在上海舉行，來自海內外專家學者就其外交思想和實踐多有認眞而深入的討論。

與此相應，新世紀來臨之際，有關顧維鈞的研究專著、傳記讀物頻頻問世：高克的《外交家與戰爭：顧維鈞外交官生涯片斷》、肖崗的《顧維鈞傳》、金光耀的《顧維鈞

後記

只有寧靜才能對晤歷史

「夜深還照讀書窗」。

歷經五百多個日日夜夜的苦辛工作，這部關於顧維鈞家族的書稿，終於趕在新世紀來臨前夕得以完成。此時此刻，再一次坐對窗外寂靜的冬夜，煎熬日久的心情已然如釋重負，而別一番感觸又驀然而生。

「緣此故彼起」。說起偏處一隅的我能與此課題結緣，還得感謝謝俊美教授的又一番盛情。正如我在另一本書的後記裡提及，當年因考研究生屢試不中而無緣登堂入室，但承先生不棄，從此得以結下一份特殊的師生情誼。幾年來，先生多示關愛，不遺在遠。先是讓我參與「醒獅叢書」之二種的撰寫；待至去年夏日，又來電要我承擔「百年家族叢書」的其中一本。學步路上際會因緣，讓我有了「道是無情卻有情」的不盡感歎。

最初的選題，難免一時躊躇，自感稍有把握者已被別人選定，最終以外交家顧維鈞爲題，在我多半還是承謝先生知勉有加的推促結果。

一俟定下選題，內心的惶恐便隨之而來。雖然八〇年代早期，也曾讀過一本顧維鈞的回憶錄，但那個時候的我，不過隨便翻翻而已，對於其人其事所知寥寥自不必說。如今既以此爲題，且要凸顯其百年家族的個性定位，那麼，有關中國外交史、國際關係史、西學東漸史、留學生史、宗族史等領域，便有了彼此衍生的必要。但以我原有知識準備、理論素養之缺憾，未免多有捉襟見肘的尷尬。家鄉先賢亭林先生曾有告誡：讀書不多，不可輕言著述。（《亭林餘集・與潘次耕劄》）以我學之不博，見之不卓，每感於此，心裡總是戰戰兢兢，唯恐造次。

不過轉而細想，「學然後知不足」，觸類可旁通，疏通可致遠。知難而勉力，豈不有助於我自身知識結構的重組與整合、理論視野的拓寬和深化？如此想來，我就不再猶豫了，也更不敢稍有懈怠了。

要說整個寫作過程，實際上是與百年家族對晤的過程，也是啓動百年歷史的過程。

有人說過：只有寧靜才能對晤歷史，只有感動才能啓動歷史。當然，這裡的寧靜不是來自客觀環境，而是來自主觀心境。人不擾自擾，只有靜下心來，才有可能走近歷史。這裡的感動，更需要冷靜的過濾，歷史上的事情往往會激發我們或感佩或惋歎的種種情感反應，只有平實平心地審視，才有可能逼近歷史。

根據叢書的要求，有血有肉的生動，必須賴以充分的有根有據；可敘可議，不等於隨心所欲。如此，當務之急是如何盡可能地擁有資料。

全套十三冊《顧維鈞回憶錄》，無疑是我依據的第一手材料。但在如許豐富而翔實的宏篇巨作裡，涉及家族方面的內容實在少之又少。幸好，如書後附錄所示，學術界多年來的研究成果足資借鑒和參照，他們的眞知灼見，讓我從中受益匪淺。但專家學者的論著，大體重在對顧維鈞外交事業的開掘，並不以「家族」爲立足點。本書要求緊扣家族這一主脈展開，所以它既不同於一般人物傳記，也有別於通常的學術專著，始終要求把握家庭、個人和社會三者之間的密切關係。

於是，不得不一次次地跑上海、跑嘉定。記得去年冬天，在上海圖書館的書海裡泡了一個星期，留意方志譜牒，翻閱報紙雜誌，查找檔案彙編，瀏覽文史雜憶，拜讀專著譯作。偶有所獲，欣喜莫名。在嘉定，除了參觀顧維鈞生平陳列室，也得住下，夜幕中獨步法華塔下、練祁河畔、孔廟門前，遙想著追尋少年顧維鈞在此留下的身影；待到翌日清晨，又匆匆徒步往古城西門外，尋訪顧氏宗祠遺址，遙想著當年顧氏家族從仕宦首戶到破落人家再到捐建義莊的歷史情景。隨後又去顧家祖墳所在村落，面對雖已了無踪跡的曠野，但聽那些上了年歲的村民你一言我一語的往事追憶，「口碑」中也能依稀感受到顧氏家族的興衰變遷。

但，僅此還是遠遠不夠的。

爲此，我亦一度設法與顧氏家族的後人取得聯繫，但由於他們大多遠隔重洋，星雲海外，且因時間倉促等原因，至今未能如願。無奈之下，有關顧維鈞父母兄弟、子孫後代的情況，如果還能稍有勾勒的話，主要還是依據從回憶錄及有關零星資料中梳理的一點東西。現在呈獻給讀者的這本名爲家族的讀物，看來只能說是一本別裁了的顧維鈞傳記。

總喜歡在夜深人靜的時候，面對書案上的一大疊回憶錄，嘗試著以對晤的情懷，一頁頁地讀下去，一步步地走進去，也一幕幕地想開去。

比如，試想隨其第一卷感受顧氏家族豐富的歷史場景：一個江南古城裡的著姓望族如何家道中落，又如何時來運轉？祖輩父輩如何艱苦創業，又如何寄望子孫後代光宗耀祖？舊式的包辦婚姻在長者眼裡如何天經地義，而在晚輩看來又如何違意違心？箇中蘊含的是怎樣一份剪不斷、揮不去的傳統理念和血緣情結！至於此後好景難長的顧唐聯姻，丈夫痛失妻子，孩子失去母親，青年顧維鈞如何忍家痛而顧國事，又如何語驚四座而聲名鵲起？更有後來漫長的歲月裡，多少是是非非、恩恩怨怨，交織著歷史、社會、人生和家庭的重重糾結，催人尋思更耐人品味。

想的總比寫的多得多。

比如，又試想著把容閎和顧維鈞作一番比較。他們同樣是留美高材生，同樣深受西方文化教育，同樣懷有一顆報國心，但一九一二年顧維鈞學成歸國之年，正當容閎抱恨而終之歲。與顧維鈞相比，作爲「近代留學生之父」的容閎，無疑是踽踽獨行的先驅者。一部《西學東漸記》，眞實地載錄了他以「西學東漸」之志，尋「維新中國」之路，卻又屢遭曲折磨難之遇的生命歷程。感覺深處，分明能體悟到一個不尷不尬的邊緣人身影，那是作爲一個西化了的中國人，與中國傳統文化的隔膜、與中國傳統社會的疏離。那麼，時移世遷，顧維鈞又怎樣呢？他與容閎有何不同？他有避免不了的尷尬嗎？尷尬又表現在哪裡？而有意義的比較還遠不止此。

這樣想去，就一發不可收了。

悠悠百年，意味深長而久遠。塵封的歷史有著尚未被我們充分認識的更豐富、更複雜、更深沈的內容，有著尚未被我們闡釋和解讀了的綿綿不盡的意蘊。

而這，對我來說顯然力不從心。

寫作於我實在不是那般輕而易舉。暢想時可以漫無邊際，入筆處只能務實求眞。古人有「意得則舒懷以命筆，理伏則投筆以卷懷」（《文心雕龍》）的放達神情。而我卻不得不在點點滴滴的積累中亦步亦趨。從起初的章節條目擬定，因爲資料的闕如而幾經反覆；至於行文鋪展，更是屢易其稿，不能滿意。每寫一個章節，先要閱讀大量的背景資料，每遇積疑難解處，日夕不能通，則耿耿不能忘，以此往往至廢寢食，精力消磨，苦不堪言。

記起友人在拙編《宗仰上人集》付梓後的一句勸言：爲了一本書，折騰了那麼久，何不輕輕鬆鬆換一種活法？我一時無言以對。人生天地間，各各有志。就我而言，私心向學已是我彌久彌深更彌堅的志趣，已是適乎我性情、滋潤我心田的生活方式。我相信，與歷史的對晤，不僅深化著我對歷史的反思、對現實的理解，也深化著對自我的認識。

紙上煙雲，生命留痕。雖自知才疏學淺，筆底蕭索，但字字行行、塗塗抹抹之間，卻可以眞實地攝錄自己斑斑點點、淺淺深深的學步印記。

也許，從某種意義上說，爲學之道乃是發乎內在自覺、合乎興趣愛好的個人行爲。但它隨時隨處會牽動起許多矚望的熱心。一份理解的目光，一句貼心的話語，能讓耐於寂寞的心靈平添格外的親切和暖意。

本書撰寫期間，就得到了各方面的關心和幫助。謝教授的頻頻指導自不待言。今秋復旦大學舉辦「顧維鈞與中國外交」國際學術討論會，師生倆爲此攜手合作，以文會友。會後，先生又把會議有關材料悉數轉我。平時來電來函，更是轉迷爲覺。福建省社科院研究員戴學稷先生也在來信中多示熱情鼓勵。業師楊增麒先生，還有吳正明、周鼎鼐、董金誠、毛延亨等先生，雖退休居家，仍多有關心和勉勵。此外，許霆、陸剛、印永清、郭正明、錢乃之、劉夢邕、吳義、王亮初、龔友德、李鐵匠、李峰、耿香玲、季忠平、蔡建、吳春年、陳哲、孫萍、高漢祥等師友，以及我校圖書館各部門人員，他們或創造條件，或提供線索，或切磋觀點，或拍攝實物照片，或代爲上網查詢，或抄寄複印資料，給予了多方面的支持。上海、嘉定、常熟等地圖書館、博物館、地方志辦公室也給予了大力協助。

當然，還需一提的是我的至親友好。愛妻雪花一直給予我最大的幫助。且不說生活上的體貼、精神上的鼓勵，書稿的每一章節更有她熱心的協助。小女逸然自幼嫻靜可愛，從不擾我心神。鄰里張長庚夫婦、陳利民夫婦，就近噓寒問暖，關切之情勝似手足。至於爲此書煎熬的一年多時間裡，與故鄉疏闊，與親人久違，但來自父母兄嫂、叔姨姑丈的問候，讓我仍時時感受著一個尋常百姓家庭所傳遞的馨香親情。

謹此不一，我向所有知我勉我護我愛我的人們表示由衷的謝意。

更要在此特別指出的是，雖然作者未能與顧維鈞的親友聯絡上，但本書選取了他們捐贈嘉定博物館的部分珍貴圖片資料，這是我要特別感謝的。

爲學之甘苦，如人之飲水。

那麼，該就此打住了，諒讀者能體會我如此拉雜的後記中所要表達的一份心情，一份沈甸甸的感愧心情。

沈潛

二〇〇〇年十二月二十五日凌晨於常熟望月樓

附錄一

顧維鈞家族世系表

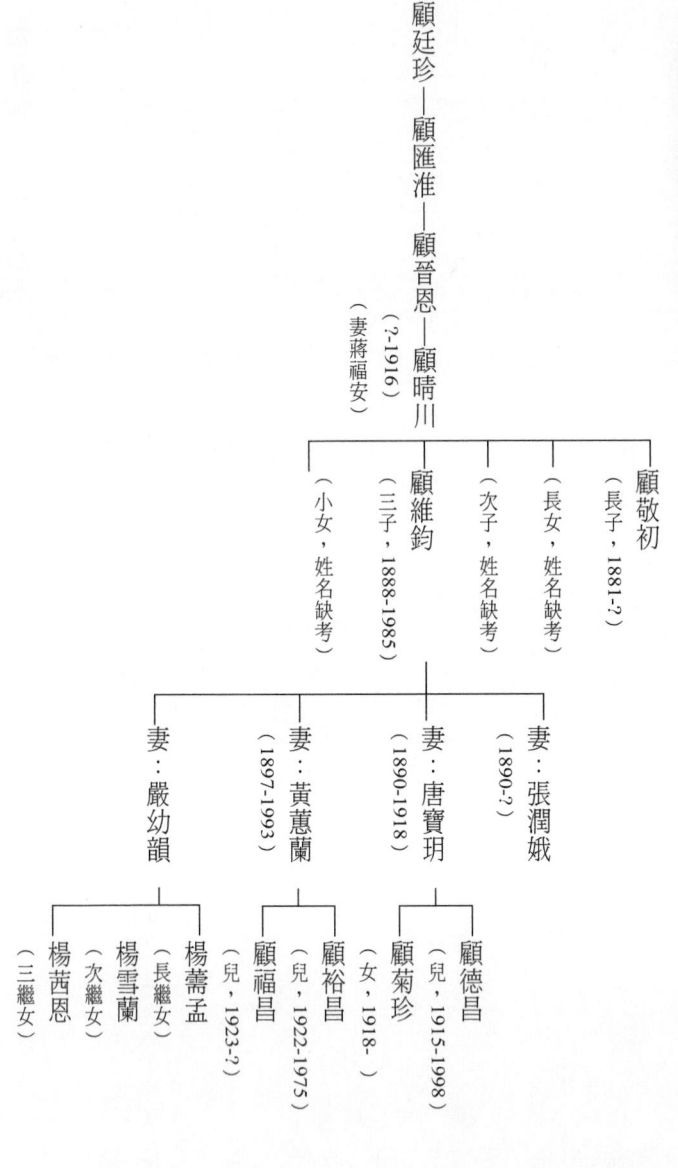

顧廷珍—顧匯淮—顧晉恩—顧晴川（?-1916）（妻蔣福安）

- 顧敬初（長子，1881-?）
- （長女，姓名缺考）
- （次子，姓名缺考）
- 顧維鈞（三子，1888-1985）
  - 妻：張潤娥（1890-?）
  - 妻：唐寶玥（1890-1918）
    - 顧德昌（兒，1915-1998）
    - 顧菊珍（女，1918- ）
  - 妻：黃蕙蘭（1897-1993）
    - 顧裕昌（兒，1922-1975）
    - 顧福昌（兒，1923-?）
  - 妻：嚴幼韻
    - 楊蕎孟（長繼女）
    - 楊雪蘭（次繼女）
    - 楊茜恩（三繼女）
- （小女，姓名缺考）

附錄二

顧維鈞家族大事年表

據民國年間纂修《嘉定縣續志》輯錄的〈嘉定顧氏承裕義莊碑記〉一文可知，顧維鈞一支系，其先世出於東吳名臣顧雍之後。自曾高祖顧在揚起，始從江蘇昆山遷居嘉定錢門塘村（今上海轄區），此後歷高祖顧廷珍，曾祖顧匯淮，至其祖父顧晉恩輩，已是嘉定城內的一戶官宦人家、著姓望族。

一八五七年　父親顧溶在嘉定出生，字晴川。

一八六〇年　太平軍逼近嘉定，祖父顧晉恩及其兄弟四人被綁架監禁，不久去世。祖母鄒氏攜兒帶女避居上海謀生，家道自此中落。

一八七〇年　顧溶進一家京廣洋雜店當學徒。

一八八一年　此前顧溶娶蔣福安爲妻，婚後在岳父所開報關行工作，生活有所好轉。是年，大哥顧敬初出生。

一八八六年　二哥出生。姐姐也在此前幾年出生。

一八八七年　顧溶在輪船招商局擔任一艘輪船的幫帳（會計），從此家境顯著改善。

一八八八年　農曆一月二十九日，顧維鈞出生於上海，字少川，排行第四。

一八八九年　妹妹出生。

一八九一年　隨二哥入私塾發蒙，前後有七年之久。

一八九五年　外祖母病逝。

一八九八年　年初，在已升任上海兵備道財政主管的父親安排下，入一家館讀書，旋因不適而退學。

一八九九年　姐姐出嫁。由姐夫蔣昌桂介紹，入基督教衛理公會所辦英華書院預科求學。

一九〇〇年　七月患瘧疾，因病輟學至十月。年內與上海中醫名家張驤雲的姪孫女張潤娥訂婚。

一九〇一年　先後報考基督教聖公會所辦聖約翰書院和買辦官僚盛宣懷所辦南洋公學，均被兩校錄取。繼而入聖約翰書院讀書。

一九〇四年　八月剪髮易服，赴美留學。父親自備資斧以助其行。旋入紐約庫克學院學習英語和預科課程。

一九〇五年　考入哥倫比亞大學，師從穆爾教授，主修政治和國際外交，歷時六年半。

先後獲學士、碩士和博士學位。其間擔任過學生會代表、校刊《旁觀者》編輯、校際辯論隊隊員、《中國學生月刊》主編，以及《紐約先驅報》的中文譯員。

一九〇八年　利用暑假，取道歐洲回國探親，奉父命與張氏完婚。婚後偕同赴美，繼續大學學業。

一九〇九年　是年秋，經友人介紹，結識孫中山。同年五月，漢冶萍廠礦股有限公司召開第一次股東會議，顧溶被選爲查帳董事。年內父親在嘉定西門外捐田二三二〇畝，闢屋二所，開設承裕義莊。

一九一〇年　一月應清特使唐紹儀之邀，去華盛頓訪問十天，並在所設宴會上代表受邀學生發言，始得唐氏賞識。此間與時任普林斯頓大學校長威爾遜會晤，相談甚歡。

一九一一年　三月，父親升任大清交通銀行上海分行第三任總辦。十月開始撰寫哲學博士論文《外國對中國政府的權利要求》，並熱切關注武昌起義後的中國時局走向。年內與張氏協定離婚。

一九一二年　二月，中國駐美公使轉達袁世凱電邀任總統府秘書。三月提前通過博士論文答辯。論文隨後以《外人在華地位》爲題，由哥倫比亞大學出版社年內出版。四月回北京後，兼任總統府和國務總理秘書。六月隨唐紹儀辭職去津小住，再回滬省親。八月兼任外交部秘書。

一九一三年 主持創建外交部圖書館、檔案科和翻譯科，並參與中英關於西藏問題的談判。是年六月，與唐紹儀之女唐寶玥在上海結婚。年內與周詒春、顏惠慶、梁敦彥、詹天佑等，發起聯合留美、留歐歸國學生，成立歐美同學會。

一九一四年 晉升外交部參事，仍兼任總統府秘書。時與汪精衛、梅蘭芳有「三大美男子」之譽稱。

一九一五年 一月，日本提出《二十一條》；此後協助總統和外交總長參與交涉。五月，抱病口述關於中國政府所持立場的聲明。是年八月，被任命爲墨西哥公使；十月改派駐美國兼古巴公使。十一月赴美後，應邀參加威爾遜總統的婚禮。年內，長子顧德昌在華盛頓出世。《外人在華地位》日文版問世。

一九一六年 一月袁世凱復辟帝制。接外交部通告，要求使用洪憲年號和更改行文格式，發電抗議並拒絕。四月代表北京政府簽署中美《六厘金幣庫券合同》；十一月又與芝加哥銀行簽訂五百萬美元的借款合同。

一九一七年 四月主張中國政府追隨美國對德宣戰，隨後在駐美公使館成立專事研究收回山東主權和廢除不平等條約的小組，廣集資料，研究對策，寫出報告書，為參加和平作好準備。六月初，父親在上海因病去世，終年六十一歲。十一月，就美日簽訂《藍辛石井協定》，向美方遞交照會。

一九一八年　女兒顧菊珍出生十月後，夫人唐寶玥在美國病故，年僅二十九歲。十二月奉派為代表參加巴黎和會。

一九一九年　一月二十八日，在巴黎和會上就山東問題代表中國發言，駁斥了日本的無理要求，語驚四座，聲名鵲起。至後期實際主持代表團工作，六月二十八日拒簽對德和約。

一九二〇年　八月任中國出席國聯全權代表。十月調任駐英公使。十一月與印尼華僑首富、糖王鉅商黃仲涵之女黃蕙蘭結婚。十二月當選國聯理事會非常任理事。

一九二一年　二月任修改國聯盟約委員會委員。八月向國聯提出庚子賠款說帖，並當選國聯理事會主席。十一月，作為中國第二全權代表出席華盛頓會議，提出關於中國關稅自主、收回租借地、取消領事裁判權等議案，惜未取得實質性成果。

一九二二年　一月，次子顧裕昌在華盛頓中國代表團駐地出生。二月簽署《解決山東懸案條約》和《九國條約》。四月奉召回國述職。六月任全國財政討論會會長。八月任王寵惠內閣外交總長，不久辭職，十二月任關稅特別會議籌備處處長。是年，夫人黃蕙蘭以鉅款購得北京鐵獅子胡同原陳圓圓故居作為府邸。

一九二三年　四月署張紹曾內閣外交總長。七月任高凌霨攝政內閣外交總長。同月三子顧福昌在北京出生。九月駁復十六國臨城劫車案通牒，聲明此舉絕非仇外之事。

一九二四年　一月任孫寶琦內閣外交總長。五月顧宅發現炸彈，傳為日本人所為；同月簽訂《中蘇協定》。七月兼代總理。九月留任顏惠慶內閣外交總長，兼中華教育文化基金會華董。十月馮玉祥發動「北京政變」，棄職離京。是年九月，發生江浙軍閥齊（燮元）盧（永祥）之戰，嘉定首當其衝，暫厝顧家宗祠內的前妻唐寶玥靈柩遭散兵劫掠。同月任嘉定兵災籌賑會會長，並捐款二千元賑濟難民。是年，岳父黃仲涵病逝於新加坡。

一九二五年　寓居上海。十一月，大哥顧敬初在嘉定馬陸置地營建顧氏陵園。為此專程回籍安葬亡妻靈柩，執紼者多至數百人，盛況空前。年內，《外人在華地位》由北京政府外交部圖書處出版中文版。

一九二六年　五月，任顏惠慶內閣財政總長兼關稅委員會主任委員。七月，在杜錫珪內閣留任財政總長。十月代理國務總理兼外交總長，並加入故宮博物院維持會。十一月代表政府宣佈終止一八六五年中國與比利時條約，開創中國近代外交史廢除不平等條約的先例。

一九二七年　一月出面組閣，任國務總理兼外交總長。同月罷免英籍總稅務司安格聯，引起中外震撼。六月奉系軍閥張作霖入主北京，成立軍政府，顧內閣集體總辭。

一九二八年　六月，國民革命軍進占北京。因歷任北京政府內閣要職，七月遭國民政府下令通緝，於年底出遊西歐。北京府邸被沒收，妻兒先避居天津，不久轉赴巴黎同住。

一九二九年　應張學良邀請，自加拿大回國，以在野之身為其提供外交諮詢。此後頻頻往來於北京、瀋陽和北戴河等地。

一九三〇年　年內對投資產生興趣，二月在黑龍江西北購得七千垧土地，籌劃開墾事業，並聘專人主持其事。同時與交通銀行和金城銀行組成投資集團，與美孚石油公司合作，擬在甘肅玉門勘探、開採石油資源，結果未成。是年夏，經張學良疏通，國民政府撤銷通緝令，聘請為中國展覽會委員。因母親病故，返滬料理喪事，上海市市長吳鐵城親往弔唁。

一九三一年　「九・一八」事變發生，事前提請張學良注意當時東北局勢。事後任國民黨特別外交委員會委員。十一月出任國民政府外交部長。十二月因主張和日本直接談判的「錦州中立化」方案，遭各方反對，旋即辭職回滬，發表

《東北問題宣言》。

一九三二年　一月，國聯成立李頓調查團。三月任調查團中方顧問，撰寫涉及滿洲問題的總備忘錄，隨同調查團走訪中國各地，特別赴東北調查事變眞相。八月任駐法公使。九月與李頓調查團同船赴歐。十月任國聯中國代表，以積極的外交攻勢，迫使國聯大會通過《李頓報告書》。

一九三三年　二月，因國內戰事失利，與顏惠慶、郭泰祺聯合電請辭職，未獲批准。五月任日內瓦裁減軍備會議中國代表。六月任倫敦世界經濟會議代表，並與宋子文出席國聯對華技術合作委員會。九月出席國聯第十四屆大會，發表演說，陳述遠東局勢，呼籲各國反對和制止日本侵略。

一九三四年　六月，請假回國。應請前往南京和江西牯嶺，與汪精衛、蔣介石商談外交情勢，並在青島與蔡元培、李石曾等老友敘誼，此後將近一年半內住在上海，也往杭州、無錫等地遊覽。

一九三五年　暫居國內，密切關注日本在華北的一系列擴張活動。是年六月，曾接受《旅行雜誌》記者採訪。

一九三六年　二月，中法使節升格，任駐法大使。四月到任後，爲籌建大使館館舍奔波，並著手加以整頓。九月代表中國出席國聯第十七屆大會。是年，顧裕昌、顧福昌入上海聖約翰附中讀書。

一九三七年　年初正式遷入新使館。「七・七」盧溝橋事變發生後，拉開中國全面抗戰的序幕，呼籲英法美採取聯合行動制裁日本，並建議政府爭取與蘇軍事合作，爭取各國對華物資援助。是年十月，奉命赴布魯塞爾參加九國公約會議。

一九三八年　因抗戰時局艱難，日本占領中國沿海各省並封鎖全部港口。年初即與法國多方交涉，以便借道滇越鐵路運輸援華物資。七月，與美國財長摩根索接洽援華事宜。九月，前妻唐寶玥之父唐紹儀以八十高齡在上海遇害身亡。

一九三九年　第二次世界大戰爆發。三月接到國民政府指示，與法國商討中法英合作事宜。五月在國聯理事會籲請制止日機在華濫炸暴行，促成國聯通過援華案。七月，出席國聯第二十屆大會。十一月召集駐歐各中國使節，商討外交方略，並敦促政府加強對美外交。

一九四〇年　六月，巴黎淪陷，隨法國政府將大使館遷往維希。是年夏，顧菊珍在英國完成學業，隨後回國參加抗戰。

一九四一年　七月抵倫敦，任駐英大使，主要交涉有關英國戰時援華貸款、開通滇緬路及收回香港等事宜。此間利用各種場合廣交朋友，宣傳中國抗戰事業，爭取各國的同情和支援，特別倡議中英美蘇組成反侵略陣線。是年，顧菊珍在重慶與錢家其結婚。

一九四二年　三月回國述職，陪同英國國會訪華團在各地訪問。十一月在重慶發表關於戰後和平問題的演講。是年，在蔣介石勸說下加入國民黨。

一九四三年　一月，參與並促成中英兩國簽署平等新約，至此，除九龍、香港問題留待戰後解決外，基本廢除不平等條約。三月，返英途中赴美，力促宋美齡訪美，未成。七月，安排宋子文訪英並參加英國政府會談等事。

一九四四年　四至六月，奉派爲出席舊金山聯合國成立大會的代表團代理團長，並代表中國最先在憲章上簽字。會前強調代表團應包括各種不同政治主張的代表，並提議由董必武作爲中共代表參加大會，由此產生良好影響。七月任聯合國籌備委員會委員，爲聯合國的建立頗多建樹。此後兼任盟國遠東委員會、戰爭罪行委員會和聯合國善後救濟總署理事會的中方代表。十二月任中國出席聯合國第一屆大會代表。是年五月，在國民黨六大上當選爲中央執行委員。年內，顧福昌參軍服役。

一九四六年　三月回國述職，七月抵達華盛頓赴任駐美大使，十月爲蔣介石國民黨政府遊說美國朝野，爭取美援。十二月，岳母魏氏（黃蕙蘭之母）去世。

一九四七年　五月向美國政府提出十億美元的貸款要求。年內，顧菊珍在聯合國託管部任職。

一九四八年　十一月，向杜魯門總統提出援華要求。十二月，在中共宣佈的頭等戰犯四十三人名單中名列第二十二，是年任出席聯合國糧農組織會議代表團團長。

一九四九年　五月，與胡適、蔣廷黻等人策劃一個由歸國的留美學者組成的自由內閣，未果。

一九五〇年　六月，針對美國總統杜魯門就朝鮮戰爭發表的聲明中有關臺灣地位未定的立場提出相應對策。

一九五一年　六月，向美國國務卿杜勒斯表明臺灣有關對日和約的立場。

一九五二年　十月，與葉公超面談辭職打算。

一九五三年　三月，根據臺灣指示向美國正式提出締結美臺《共同防禦條約》的問題。

一九五四年　十一月，參加美臺雙方就《共同防禦條約》的前後全部九輪談判，十二月正式簽約。

一九五五年　一至二月，與美國政府交涉國民黨軍從大陳島撤退和美國協防金門、馬祖事。

一九五六年　一月奉命回臺灣述職。四月辭去大使職務，同時受聘爲「總統府」資政。是年與黃蕙蘭離婚，從此結束三十七年的夫妻關係。

一九五七年　一月，經聯合國大會和安理會投票選舉，當選國際法院法官。四月赴荷蘭海牙任職。

一九五九年　與前駐馬尼拉總領事楊光泩之遺孀嚴幼韻結爲伉儷。

一九六〇年　應哥倫比亞大學東亞學院邀請，開始口述回憶錄的工作。年內在海牙租房安家，並接嚴幼韻來此同住。

一九六四年　三月當選爲國際法院副院長。

一九六五年　繼女楊蕾孟、楊茜恩，女兒顧菊珍，相繼從紐約和維也納等地前來看望，共叙天倫。

一九六六年　五、六月間，顧福昌、顧德昌攜家人來聚。十月，退出國際法院法官競選。年內，香港航運大王董浩雲一行來訪。

一九六七年　自國際法院任上退休。此後定居紐約，繼續整理個人回憶錄。

一九七二年　十月，章含之受毛澤東委託前來拜訪，並轉達訪問大陸的邀請。年內，顧菊珍夫婦應中國駐聯合國副秘書長唐明照之邀，首次回大陸探親觀光。

一九七五年　顧裕昌因心臟病去世。

一九七六年　歷時十七年，耗資二十五萬美元，計有一萬一千頁英文打字稿的長篇口述回憶錄至此完成。五月，將回憶錄原稿及私人藏書贈予母校哥倫比亞大學，該校特闢專室予以保存。

一九七七年　一月二十九日，由親友籌備，在哥倫比亞大學國際事務學院禮堂舉行九秩華誕慶賀會。

一九七九年　三月，哥倫比亞大學設立「顧維鈞獎學金」。

一九八〇年　中國社科院近代史所從美國購得《顧維鈞回憶錄》（英文打字稿）的縮微膠捲。十月，受近代史所劉大年之邀，回滬探親的顧菊珍專程赴北京磋商回憶錄翻譯事宜。

一九八一年　天津市政協編譯委員會（天津編譯中心）受近代史所委託，成立由高校學者和社會知名人士組建的翻譯組，開始著手翻譯《回憶錄》工作。

一九八三年　託女兒將珍藏半個多世紀的明代「嘉定四先生」和義士侯峒曾、黃淳耀墨跡捐贈國家。是年五月，《顧維鈞回憶錄》中譯本第一分册由中華書局正式出版發行，至一九九四年，總十三分册全部出齊，引起海內外廣泛關注。

一九八四年　爲嘉定博物館親筆書寫杜甫詩句「露從今夜白，月是故鄉明」的條幅。

一九八五年　一月二十九日，家屬在紐約照例舉行生日宴會。是年夏間，發起爲其百年華誕籌備慶典，並印就描繪顧氏一生的版畫以贈親友。七月，上海市副市長張承宗來訪，接受所贈壽星圖並合影留念。十一月十四日，因心力衰竭在紐約寓所逝世，享年九十八歲。一時間，《紐約時報》、《華盛頓郵報》以及華文報紙紛紛載文以示哀悼。

一九八六年　十一月，女兒顧菊珍、女婿錢家其專程回國，將在美製作的八十多幅生前活動照片，在京津滬三地展出，後捐贈嘉定博物館用作長期展覽。

一九八八年　五月，顧菊珍再次向嘉定博物館捐贈遺物四十餘件，充實展覽內容。

一九九一年　夫人嚴幼韻將其收藏的顧氏遺物一百五十五件捐贈嘉定博物館，並捐款十萬美元，以助顧維鈞生平陳列室的建立。

一九九四年　因《顧維鈞回憶錄》卷帙浩繁，經顧菊珍與天津編譯中心協定，決定出版回憶錄縮編本，以期流傳，便於一般讀者的閱讀需要。

一九九七年　繼女楊雪蘭代表家屬，與嘉定有關方面協商開設顧維鈞生平陳列室的事宜，同時捐贈一萬美元，製作顧維鈞生平光碟。是年六月，原六百萬字篇幅的回憶錄濃縮爲一百萬字，分上下兩册，由中華書局出版。

一九九八年　長子顧德昌去世。

一九九九年　在其一百一十一歲誕辰之際，顧維鈞生平陳列室在嘉定法華塔院正式向社會開放。是年，反映顧維鈞在巴黎和會上歷史功績的《我的一九一九》，作爲國慶獻禮影片正式上映，此爲中國電影爲民國外交家立傳的開端。

二〇〇〇年　九月，由復旦大學歷史系和哥倫比亞大學東亞研究所共同舉辦的「顧維鈞與中國外交」國際學術會議在上海召開。

附錄三

主要參考書目

(一)書籍文獻（方志、地方文史、回憶錄、資料彙編、研究專著、論文集）

《嘉定縣續志》十五卷　陳傳德修、黃世祚纂　民國十九年（一九三〇）鉛印線裝本

《嘉定縣誌》　上海市嘉定縣縣誌編纂委員會編　上海人民出版社，一九九二

《嘉定文史資料》（內部資料）　政協上海市嘉定縣委員會文史資料委員會編

《上海地方史資料》一—五輯　上海市文史館、上海市人民政府參事室編　上海社會科學出版社，一九八二—一九八六

《上海近代社會經濟發展概況：一八八二—一九三一》　徐雪筠等編譯　上海社會科學出版社，一九八五

《顧維鈞回憶錄》一—十三冊　顧維鈞口述、中國社科院近代史所譯　中華書局，一九

八三—一九九四
《沒有不散的筵席》　黃蕙蘭著，天津編譯中心譯　中國文史出版社，一九八八
《顧維鈞外交文牘選存》　金問泗編　上海，一九三一
《秘笈錄存》（近代史資料專刊）　天津市博物館編　中國社會科學出版社，一九八四
《近代史資料》第三八、五一號　中國社科院近代史所編　中華書局，一九七九；中國社會科學出版社，一九八三
《清末民初政情內幕：喬厄·莫理循書信集：一八九五—一九一二》（上、下）（澳）駱惠敏編　上海，知識出版社，一九八六
《六十年來中國與日本》　王芸生編　三聯書店，一九八〇
《中華民國史資料叢稿·奉系軍閥密電》第五、六冊合集　中國歷史第二檔案館編　中華書局，一九八六
《顧維鈞與戰時外交》　董霖著　臺灣傳記文學出版社，一九七八
《顧維鈞其人其事》　袁道豐著　臺灣商務印書館，一九八八
《外交家與戰爭：顧維鈞外交官生涯片斷》　高克著　上海人民出版社，一九九五
《顧維鈞與抗日外交》　嶽謙厚著　河北人民出版社，一九九八
《顧維鈞傳》　肖崗著　中國文史出版社，一九九八

《顧維鈞傳》　金光耀著　河北人民出版社，一九九九
《顧維鈞與中國外交國際學術討論會論文集》　復旦大學歷史系編（二〇〇〇・九）
《唐紹儀與清末民國政府》　張煥宗著　河北人民出版社，一九九八
《馬相伯與復旦大學》　宗有恆等編　山西教育出版社，一九九六
《康橋中華民國史》上、下卷　（美）費正清編，楊品泉等譯　中國社會科學出版社，一九九四
《中華民國史》第二編第一、二卷　李新等主編　中華書局，一九八七
《中華民國史》第二編第五卷　楊天石主編　中華書局，一九九六
《中華民國外交史》　石源華著　上海人民出版社，一九九五
《中美關係史上的一次曲折》　項立嶺著　復旦大學出版社，一九九三
《美國對華政策的緣起和發展》　資中筠著　重慶出版社，一九八七
《一個美國外交官使華記》　（美）芮恩施著，李抱宏等譯　商務印書館，一九八二
《上海史》　唐振常主編　上海人民出版社，一九九五
《上海研究論叢》一—九輯　上海市地方志辦公室編　上海社會科學出版社，一九八八
《明清時期上海地區的著姓望族》　吳仁安著　上海人民出版社，一九九七
《近代上海人社會心態：一八六〇—一九一〇》　樂正著　上海人民出版社，一九九一

《中華文化史》 馮天瑜等著 上海人民出版社，一九九〇
《近代中國社會的新陳代謝》 陳旭麓著 上海人民出版社，一九九二
《傳教士與近代中國》 顧長聲著 上海人民出版社，一九八一
《西學東漸與晚清社會》 熊月之著 上海人民出版社，一九九四
《走向世界：近代知識份子考察西方的歷史》 鍾叔河著 中華書局，一九八五

㈡報刊文章

《申報》（一九一八—一九一九）（一九二四—一九二五）（一九三〇—一九三一）（一九三二—一九三三） 上海書店影印，一九八二
〈關於顧維鈞先生和他的回憶錄〉 劉紹唐 《傳記文學》第四四卷第四期
〈顧維鈞博士生平重要事跡〉 顧毓瑞 《傳記文學》第四七卷第六期
〈廣陵散從此絕矣：敬悼顧維鈞先生〉 唐德剛 《傳記文學》第四七卷第六期
〈顧維鈞博士的一生〉 闞國煊 《傳記文學》第四七卷第六期
〈我所知道的顧維鈞〉 楊玉清 《全國文史資料選輯》第十七輯
〈著名外交家顧維鈞〉 石源華、錢玉莉 《上海研究論叢》第二輯
〈嘉定知名家族與家譜初探〉 吳義 《上海研究論叢》第十輯

〈和姨夫顧維鈞在美國相處的日子裡〉 徐景燦 《嘉定文史資料》第七輯（一九九二）
〈從《顧維鈞回憶錄》看顧氏其人〉 鄧野 《近代史研究》第二期（一九九六）
〈巴黎和會中國拒約問題研究〉 鄧野 《中國社會科學》第二期（一九八六）
〈外交家情史：顧維鈞博士的婚戀故事〉 谷雨青 《名人傳記》第十二期（一九九二）
〈九・一八事變後顧維鈞等致張學良電選〉（上、下） 中國第二歷史檔案館編 《民國檔案》第一、二期（一九八五）
〈顧維鈞在民國外交界的崛起〉 金光耀 《探索與爭鳴》第三期（一九九七）
〈顧維鈞的晚年〉 錢玉莉 《民國春秋》第六期（一九九七）
〈民國兩次國家政權中的顧維鈞〉 嶽謙厚 《山西師大學報》（社科版）第四期（一九九九）
《疁城文博》第三三期 上海市嘉定博物館主編（一九九九・三）

內文簡介：

無論是整個中華民族，還是顧維鈞個人及其家族，巴黎和會都是一個新的里程碑。從中國近代外交史來看，巴黎和會標識著中國外交開始衝破「始爭終讓」的慣例，開創了一個敢於抗爭的先例。

中國著名外交家顧維鈞在一九一九年五月巴黎和會，以其滔滔雄辯之才，力爭山東歸還問題，堪稱為中國近現代外交史上破天荒之壯舉，聲振中外。而其終以拒簽和約，令列強刮目相看，謂「今日之中國，眞中國也！」

他是弱勢年代中的強者，在弱國外交的情勢之下，發揮了其深謀遠慮的才識與機智，未讓列強壓服。消息傳回國內，掀起百年來中國一次重要的五四愛國運動，影響至深且鉅。當時，他才三十歲。

顧維鈞（一八八八—一九八五）二十七歲即嶄露頭角，出任駐美國與墨西哥公使，成爲最年輕的使節；四年後的一九一九年，代表中國出席巴黎和會。由於機變靈活而被法國「老虎」總理克里蒙梭戲稱爲「中國小貓」。

此後，他在服務政府的公職中，七任總長（六任外交總長、一任財政總長）、兩任閣揆（國務總理），並曾任攝政元首，擔任過五個月零三天事實上的國家元首。一九二八年六月後，除短期外，他一直服役於中國外交界，參與一些重大的外交交涉；一直到一九五六年才自駐美大使任上退休。總計他在外交等公職，達四十五年之久。一九五七年後，他更膺選擔任海牙國際法院法官十一年，其間於一九六四至一九六七年更擔任該法院副院長，至一九六七年完全退休。綜其一生，顧氏服務中國外交與國際社會，實達五十六年之久。他見證了中國百年來的外交風雲。

作者簡介：

沈潛

一九六五年生，江蘇省昆山市人，現任教於江蘇常熟高專社科系，從事明清史、中國近代史和中國文化史等教學與研究。出版有《宗仰上人集》（華中師大出版社）、《中國留學生之父的足跡與心跡：西學東漸記》（合著，中州古籍出版社）、《近代化中國大策劃：建國方略》（合著，中州古籍出版社），參與撰寫《風雲時代與風雲人物》（華夏出版社），發表論文三十多篇，隨筆雜記六十餘篇。

責任編輯：

馬興國

中興大學社會系畢業；資深編輯。

新世紀叢書（心靈）

世紀末
偉大心靈對這個時代的反思
Nathan P Dardels◎編
定價／350元

Rumi：在春天走進果園
伊斯蘭神祕主義重要詩人Rumi詩集
定價／精裝：360元、平裝：300元

四種愛
牛津大學教授C S Lewis◎著
定價／160元

孤獨
最真實、最終極的存在
Philip Koch◎著
定價／350元

情緒療癒
EQ作者丹尼爾・高曼◎主編
定價／280元

靈魂考
從古聖哲到當代藍調歌手的心靈探險筆記　Phil Cousineau◎著
定價／400元

孤獨世紀末
孤獨的世紀・孤獨的文化與情緒治療
Joanne Wieland　Burston◎著
定價／250元

愛的箴言
一行禪師◎著
定價／200元

新世紀叢書（生活美學）

簡單富足
寧靜愉悅的生活美學日記
Sarah Ban Breathnach◎著
定價／450元

擁抱憂傷
享譽全球的心靈治療大師
Stephen Levine 治療憂傷的名著
定價／320元

如果只有一年
若只剩一年可活，你要做些什麼？
Stephen Levine◎著
定價／380元

The Good Life
農莊生活手記
Helen　Scott Nearing◎著
定價／300元

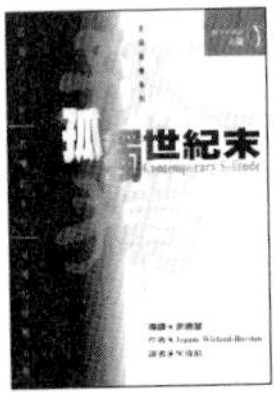

新世紀叢書（神話）

神話

內在的旅程、英雄的冒險、愛情的故事

定價／360元

神話的智慧（上）（下）

時空變遷中的神話

定價／上、下冊各250元

千面英雄

坎伯的經典之作

定價／420元

坎伯生活美學

生活藝術的反思

定價／360元

新世紀叢書(藝術)

人生論

孤獨的滋味

定價／320元

藝術論・上卷

創造的狂狷

定價／350元

藝術論・下卷新版

苦澀的美感

定價／350元

畫家論

大師的心靈

定價／480元

新世紀叢書（榮格學說）

導讀榮格

超心理學大師榮格全集導讀

Robert H Hopcke◎著

定價／230元

人及其象徵

榮格思想精華的總結

卡爾・榮格◎主編

定價／360元

榮格心靈地圖

人類神祕心靈世界的拓荒者

Murray Stein◎著

定價／250元

夢：私我的神話

夢是心靈最後的莽原

定價／360元

夢的智慧

夢搭起我們和古老智慧的橋樑

定價／320元

國家圖書館出版品預行編目資料

百年家族——顧維鈞／沈潛作.
－初版.－臺北縣新店市：立緒文化，2001（民 90）
面；公分.（新世紀叢書；89）

ISBN 957-0411-19-8（平裝）

1.顧維鈞－傳記

782.886　　　　90003432

百年家族——顧維鈞

出版——立緒文化事業有限公司（於中華民國 84 年元月由郝碧蓮、鍾惠民創辦）
作者——沈潛

發行人——郝碧蓮
顧問——鍾惠民

地址——台北縣新店市中央六街 62 號 1 樓
電話——(02)22192173
傳真——(02)22194998
E-Mail Address: service@ncp.com.tw
網址：http://www.ncp.com.tw
劃撥帳號——1839142-0 號　立緒文化事業有限公司帳戶
行政院新聞局局版臺業字第 6426 號

行銷代理——紅螞蟻圖書有限公司
電話——(02)27953656　傳真——(02)27954100
地址——台北市內湖區舊宗路二段 121 巷 28-32 號 4 樓
排版——伊甸社會福利基金會電腦排版
印刷——祥新印刷股份有限公司

法律顧問——敦旭法律事務所吳展旭律師

分類號碼——782.00.001
ISBN 957-0411-19-8
出版日期——中華民國 90 年 5 月初版　一刷(1～3,000)
中華民國 99 年 12 月初版　二刷(3,001～4,000)

本書由中國大陸北京大江流文化開發有限責任公司授權
立緒文化事業有限公司得以繁體字在全球出版發行

定價◉330 元